项目化学习教学指导手册

·设计篇

主　编：薄全锋
副主编：张麦克
顾　问：张民生
　　　　[美]谢利·肖特（Shelley Shott）

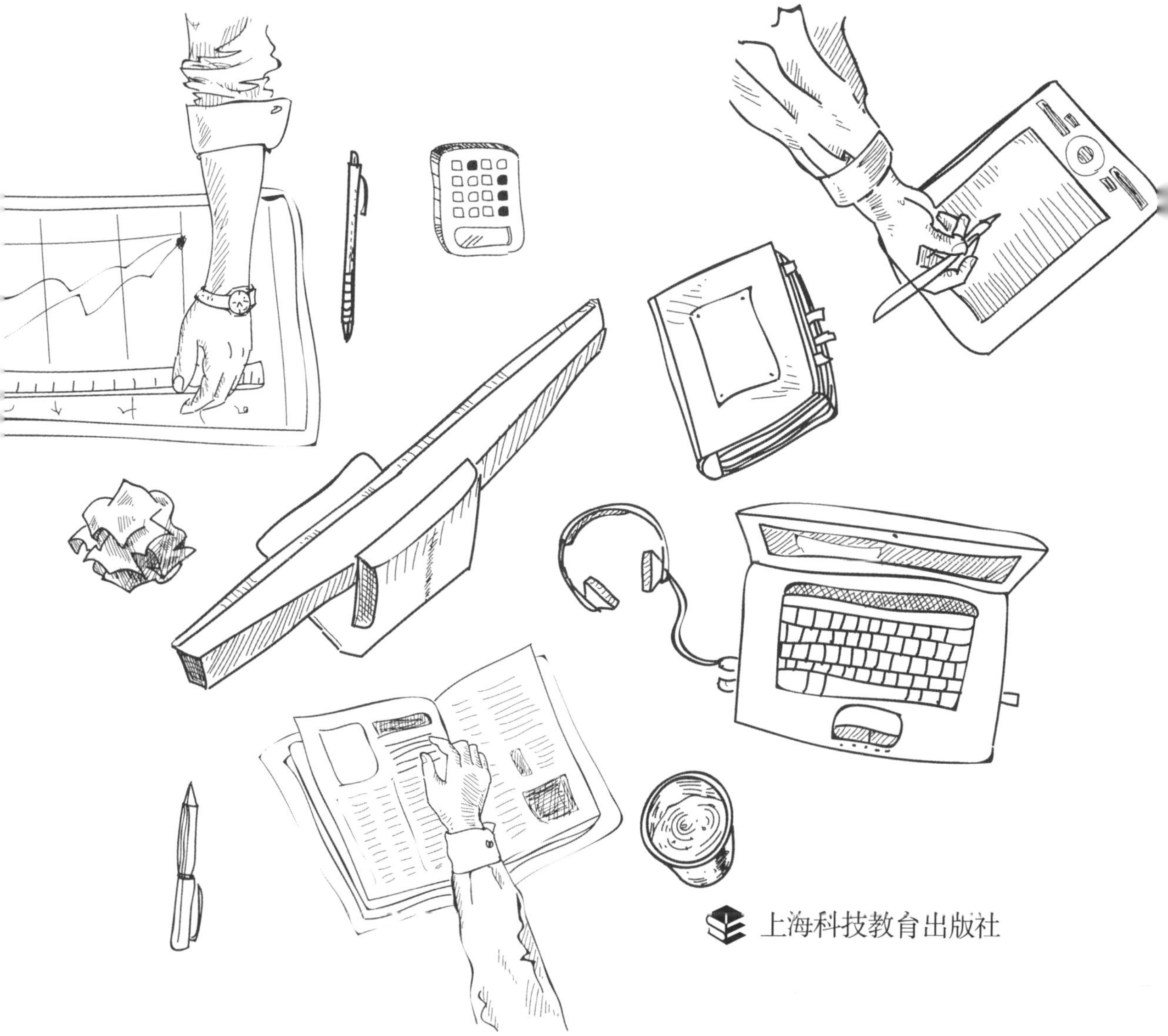

上海科技教育出版社

图书在版编目(CIP)数据

项目化学习教学指导手册.设计篇/薄全锋主编.—上海：上海科技教育出版社,2021.1(2021.7重印)

ISBN 978-7-5428-7465-8

Ⅰ.①项… Ⅱ.①薄… Ⅲ.①课程设计—教学研究—中小学 Ⅳ.①G632.3

中国版本图书馆CIP数据核字(2021)第005850号

策划编辑 唐 璐 张 蕊
责任编辑 张 蕊 曹 一 张心凯
封面设计 符 劼

项目化学习教学指导手册·设计篇
主　编　薄全锋
副主编　张麦克
顾　问　张民生　[美]谢利·肖特(Shelley Shott)

出版发行　上海科技教育出版社有限公司
　　　　　(上海市柳州路218号　邮政编码200235)
网　　址　www.sste.com　www.ewen.co
经　　销　各地新华书店
印　　刷　上海华顿书刊印刷有限公司
开　　本　787×1092　1/16
印　　张　16.75
版　　次　2021年1月第1版
印　　次　2021年7月第3次印刷
书　　号　ISBN 978-7-5428-7465-8/G·4376
定　　价　65.00元

编委会

主　编　薄全锋

副主编　张麦克

顾　问　张民生　[美]谢利·肖特(Shelley Shott)

编　委　（按姓氏笔画排序）

　　　　刘爱武　刘惠琴　肖玉敏　张匀韵

　　　　张麦克　周　虹　潘裕翼　薄全锋

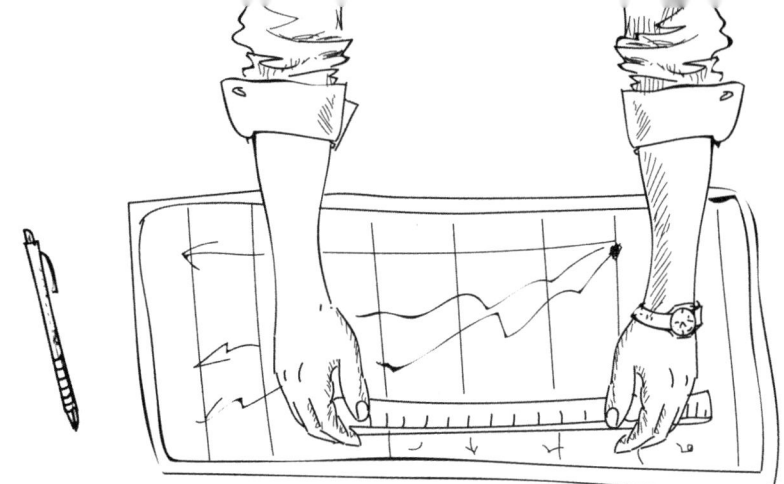

序

  随着时代的快速发展,人类所面对的未来似乎越来越复杂、越来越不确定。为应对这个充满变数、挑战日益加剧的世界,我国正在积极寻求符合时代发展、社会需要和学生成长特点的教育变革,以培养既能立足当前、又能面向未来的年青一代。2019年末开始的新型冠状病毒肺炎的严峻疫情,又激发了上述思考的深化。当我们对照这些思考,反思现在的学校教育,那改革真是迫在眉睫、时不我待。

  其实改革的步子已经迈出。这几年密集印发的中央文件,以"立德树人"为根本任务,以"五育并举"为目标,提出了系统的改革蓝图,即全面启动"双新"(新课程、新教材)改革。其关键词有:核心素养(核心价值、必备品格、关键能力)、课堂革命、评价改革、新高(中)考、全面提高教育质量、育人方式转变、智能学习、创新等。

  这一改革的关键就是要确立新的培养目标(为谁培养和培养怎样的人)和与之相匹配的培养方式(怎样培养人)。

  对一线的校长和教师而言,在深刻认识改革的意义和目标的基础上,重点是教与学的改革和评价的改革。对于任何一项有意义的改革,能否真正落地是判断其成功与否的唯一标准。改革开放以来,基础教育的课程改革已有30余年的历史,我经历了全部过程。反思这段历史,这一改革的成效是明显的,但是遗憾也有不少。最主要的不足是课堂改变不大,学生课业负担居高不下,学生的主动性、创造性的培养都显得不足。究其原因,从改革本身而言,教学和评价改革的滞后是重要的因素。

对照本次"双新"改革,中央从"高考改革"切入布局,继之有"全面提高教育质量""育人方式转变""评价改革",以及加强教研、实验等文件的出台,非常清晰地反映出,为落实改革的总体目标必须突破教学与评价这个改革关键点(当然也是难点)的战略思路。

在中央的文件中对教学改革有非常具体的阐述,如"探索基于学科的课程综合化教学,开展研究型、项目化、合作式学习"。据此,上海市教委去年颁发了《上海市义务教育项目化学习三年行动计划(2020—2022年)》,明确提出"逐步构建以创造性问题解决能力为导向的项目化学习理论框架,基本形成义务教育项目化学习行动指南和推进策略,涌现一批项目化学习的典型经验和案例,探索形成项目化学习的评价体系"。由此可见,项目化学习是当前教学改革中的一项重要内容(当然也不是唯一内容)。本书对项目化学习有全面且生动的阐述,本文就不再赘述了。

最后我要介绍一下本书的作者们。

2000年我们引进了一项全球教师培训项目——"英特尔®未来教育"项目,后在教育部的支持下该项目推广至全国,共培训全国约五分之一的中小学教师。其培训课程从1.0版一直发展到10.0版,其内容从最早的教师信息技能培训发展到以学生为中心的教学设计能力培训,这中间就包括了项目化学习、合作学习、混合学习等的设计,以及贯穿教学过程的多元评价的设计。

在项目开展过程中,也培养和形成了一支培训专家团队。2017年项目结束后,部分项目培训专家在上海嘉通互动网络技术有限公司("英特尔®未来教育"项目合作的大型网络教学平台的开发、运维者)的支持下,深入学校和课堂,开展项目化学习的研究、培训和指导。在三年的时间里,他们深入到上海静安、闵行等区的多所学校中,开展项目化学习的培训,并与教师们一起打磨项目化学习设计的案例,同时在听课、交流等教研活动中,不断地改进和完善相关主题。在实践中他们看到了项目化学习对学生和教师成长的明显作用,这成了他们工作的动力。他们的主体成员虽已退休,为了教学改革,他们还在发光发热。本书《项目化学习教学指导手册·设计篇》就是他们这几年辛勤工作的成果。作为见证人,我深受感动和激励。实际上,在他们身上闪耀的正是中国教师的光彩。

推荐书,推荐人,就是我这篇序的本意。

张民生

2021年1月10日

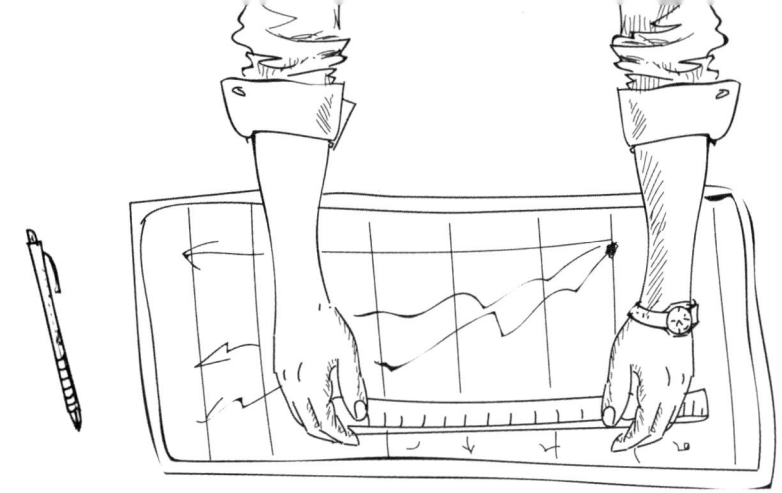

编者的话

20年前,一句"计算机并没有神奇的魔法,教师才是真正的魔术师"揭开了数字化时代课堂创新的帷幕。陆续有两百万名教师如痴如醉地参加了设计创新课堂的培训。这个教师培训项目——"英特尔®未来教育"项目历时17年之久,从基于问题的学习(Problem Based Learning)到基于项目的学习(Project Based Learning),从省市到区县自上而下推进,发展为直接面向全国各地的学校进行校本培训。

本书的编委们正是因为共同参与这个培训项目而相识相知,并于2018年共同创建了基于核心素养背景下的教与学设计创新项目——JT项目,致力于项目化学习的教师培训、设计与应用指导、实践案例研究与在线学习平台研发。

我们相信"实践出真知"。在项目化学习教学与研究这条道路上,团队成员共同分析每一个体验过的教学片段,比对环节差异产生的细微变化。我们坦诚、平等,用团队协作破解遇到的难题与困境。我们如此珍惜现在,不断寻找最适合的问题解决路径,不断苛求自己,是因为我们心中有一个执着的信念——披荆斩棘,追求项目化学习的未来。

在我们看来,项目化学习是一种鲜活的学习方式和工作方式,甚至也是一种思维方式。培训教师本身就是一个项目化的学习过程:培训中涌现的种种问题,会被纳入"真实情境中问题的解决";设定每一项阶段性成果,总能牵引团队成员的视线;评价的靶点不仅是项目过程表现和成果,还包括项目参与者——师生的成长性转化。

在项目化学习教学过程中,我们十分重视团队合作。我们将培训团队的合作表现作为团队成员考量内容之一,包括团队内的合作、与学员的合作。我们将合作看作一种互相滋养的共生行为。学员在合作中掌握项目化学习的思路和要点,同时,我们非常重视向学员学习,愿意了解一线教师的工作实际,理解他们的观点,感受他们的心绪,这是滋养我们成长的"活水"。

在这汪"活水"的滋润下,我们常常与学员结成知心朋友,分享彼此收获的喜悦,也更深刻地了解学员,包括他们的教学压力、师生关系、环境支持,等等。正因如此,我们深深懂得每一件作品为什么都是理性和感性合力的产物;每一个设计会怎样真实反映学员的专业进阶;每一件优秀作品对学生、对学员本人、对学校团队的发展意味着什么。这样深刻的理解赋予了培训团队适时"妥协"的判断力,因为我们可以结合学员的情况准确判断出他们的设计是否建立在真实认知的基础上。

当前,在贯彻落实基于核心素养的课程标准和培养创新人才的推动下,项目化学习方兴未艾。一部分人先知先行,已经参与了项目化学习培训,不少没有培训机会的教师希望了解什么是好的项目化学习设计并付诸实践。说得具体些,他们希望厘清那些似是而非的概念,知道如何选一个令学生感兴趣的主题,如何创建能够驱动学生思考和行动的问题,怎样筹划、支持学生开展自主学习、合作学习、探究性学习的项目过程,怎样制订一系列评价计划——不仅评价学生所学知识,还要评价学生的表现、思维以及在真实情境中应用知识的能力。

2018年以来,我们在静安和闵行两个区开展了区级培训,在全市7个区的几十所中小学开展了校本培训,创建了一批优秀的项目化学习实践案例。本书集中呈现了团队成员15年来对项目化学习有关理论与实践的领悟、对教师在项目化学习的实践应用中成败因素的分析和把握,以及3年来团队开展项目化学习教师培训过程中指导的优秀教学成果。

我们衷心希望本书能满足想要尝试开展项目化学习教学的教师们对理论和实践指导的需求。

根据上述目标,我们按照项目化学习教学设计的结构设计本书构架。教学设计的每一部分都具有相对的独立性,但更重要的是,它们是一个整体。某一部分的改进,会牵动其余部分的修改,有时一处创意会引发全篇升华;但不做系统跟进,也可能造成整体不均衡。

本书的编写具体分工如下:

模块1　走进项目化学习——潘裕翼

模块2　项目化学习的选题设计——刘爱武

模块3　项目化学习的框架问题设计——周虹

模块4　项目化学习的教学过程设计——薄全锋

模块5　项目化学习的评价设计——刘惠琴

模块6　项目化学习的前期准备——刘爱武

资料的收集与整理——肖玉敏

案例的筛选与整理——张匀韵

案例的专家点评——潘裕翼

案例的统稿——张麦克

全书统稿——薄全锋

衷心感谢国家教育咨询委员会委员、原上海市教育委员会副主任张民生,在我们项目创建与推进过程中给予的关注、帮助和指导。

我们要特别感谢上海市静安区教育局、闵行区教育学院先后与我们合作启动JT项目。历经三期,从校长、教研员和一线学科教师3个层面推进项目化学习工作坊,逐渐形成了从区域顶层设计到学校课堂教学实践落地的培训、设计、实践、研究四位一体的研修模式,并取得了丰硕成果。

还有为本书提供了教学设计案例的学校和教师们,所有正与我们合作积极开展项目化学习的学校和教师们,感谢你们！期待我们继续携手,推动具有本土特点的项目化学习在课堂中实践、落地。

JT项目组

2021年1月8日

目录

引言 ··· 1

模块1　走进项目化学习 ································ 5
活动1　项目化学习的意义 ······························· 7
活动2　项目化学习的内涵和基本要素 ············· 12
活动3　项目化学习教学设计模板 ···················· 16

模块2　项目化学习的选题设计 ······················ 23
活动1　学习回顾：什么是项目化学习 ············· 25
活动2　项目化学习选题的前期准备 ················ 26
活动3　项目化学习选题的步骤和要领 ············· 30
模块2总结与反思 ··· 42

模块3　项目化学习的框架问题设计 ··············· 45
活动1　学习回顾：选题的评析与修改 ············· 47
活动2　项目化学习为什么需要设计框架问题 ··· 48
活动3　框架问题的分类与运用策略 ················ 54
活动4　框架问题的设计方法和要求 ················ 59
活动5　设计你的框架问题 ······························ 65
模块3总结与反思 ··· 67

模块 4　项目化学习的教学过程设计 …………………… 71

活动 1　学习回顾：框架问题的评析与修改 …………………… 73
活动 2　规划项目化学习的进程与任务 …………………… 74
活动 3　项目化学习教学过程设计 …………………… 79
活动 4　设计你的教学过程 …………………… 104
模块 4 总结与反思 …………………… 106

模块 5　项目化学习的评价设计 …………………… 109

活动 1　学习回顾：教学过程设计的评析与修改 …………………… 111
活动 2　了解项目化学习的评价策略 …………………… 112
活动 3　项目化学习评价的总体设计 …………………… 122
活动 4　开发项目评价工具 …………………… 129
模块 5 总结与反思 …………………… 145

模块 6　项目化学习实施的前期准备 …………………… 147

活动 1　学习回顾：评价方案的评析与修改 …………………… 149
活动 2　确立项目化学习实施的目标——以学生为中心 …… 150
活动 3　项目实施前的准备工作——让师生进入学习状态 … 152
活动 4　项目启动——以终为始 …………………… 154
活动 5　项目实施中——确立学生的主体地位 …………………… 156
活动 6　成果展示——留给学生更多的选择 …………………… 158
活动 7　项目实施后的反思与总结——让师生都能"增值" … 160
模块 6 总结与反思 …………………… 162

附录　项目化学习教学设计案例 …………………… 165

附录1　活动项目 …………………………………… 166
案例1　设计"二宝"急救箱 ………………………………… 166
案例2　"我是小小讲解员"——由《故宫博物院》开启的博物馆
　　　　导览之旅 ……………………………………………… 175

附录2　学科项目 …………………………………… 185
案例1　《西游记》整本书阅读——性格如何推动情节 ……… 185
案例2　下一个星巴克 ……………………………………… 193
案例3　我的会徽我做主 …………………………………… 202
案例4　我的"合情合理"居家菜单 ………………………… 212

附录3　跨学科项目 ………………………………… 222
案例1　外来物种入侵研究 ………………………………… 222
案例2　畅想机翼的发展 …………………………………… 233
案例3　苏州河生态岸坡改造方案研究 …………………… 243

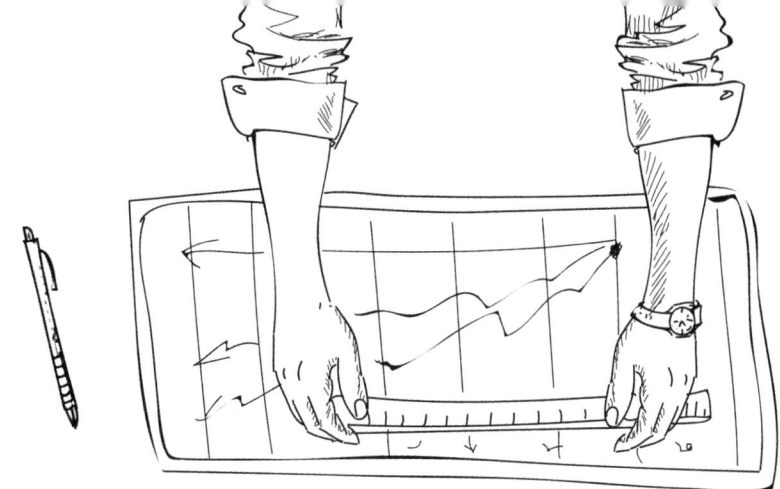

引言

项目化学习对学生和教师来说都是具有变革性的。我第一次在自己的课堂上带领学生开展项目化学习是在20世纪90年代中期,它让我看到了学生神奇的变化。

请允许我先回溯一下我做项目化学习的初衷。其中一个原因是,我想做一名在改变教育制度方面有所作为的教师。我自己经历的教育大都是阅读教材,记忆公式、历史事实或者各个国家的首都,等等。我的记忆力很好,所以考试对我来说是小菜一碟。但是如果你们问我,我学到了什么,我却说不出太多东西——我只是记忆力好而已,并没有真正理解所记住的内容。我想改变这种状况,我希望所有的学生都能够超越记忆事实性知识,能够在自己的生活中应用所学到的东西——既掌握学科内容也做有意义的事情,在做中学。项目化学习是实现我的理想的最佳选择,所以我兴奋地开始了自己的项目化学习教学实践之旅。我希望我的学生,并且最终所有的学生,走上毕业舞台时都明白自己是在走向生活的下一阶段,而且已经做好了成为一名杰出公民的准备。

我的第一次项目化学习教学实践并不是很成功。当时的我在学习新的教学组织过程,我的学生在学习新的学习方式。项目化学习要求充分的准备和计划,特别是当你第一次采取这种教学方式时,你会看到什么对你和你的学生是起作用的,什么是没用的。尽管我的第一个项目不是那么成功,但是我从自己犯的错误中学到了很多,接下来第二个项目就好多了。之后我实施的项目化学习让我和我的学生感觉越来越适应这种学习方式了——学生的参与度更高,有更多机会决策、解决问题、研究、合作、展示自己搜集到的信息和使用的技术,更富有创造力——所有的技能使他们成为自己学习过程的经理人。我也从一个站在讲台前面传递信息的老师,转变成了指导者和助力者。从实施第一个项目开始,我与来自全世界的成百上千的教师和学生们一起实践着项目化学习,令人欣喜的是,学习者都能够热情地投身于项目化学习中,在学习的旅程中保持积极和活跃。

在美国,项目化学习的实践方式有很多种。有一些学校是所有年级所有学科都采用项目化学习方式,有一些学校则是某些学科或某些年级采取项目化学习的方式。不管学校采取哪种形式,它们都遵循着同样的理念。

加州圣迭戈的高科技高中全面实施了项目化学习,项目成为学生学习体验的核心构成部分。学校不再以教材为基础,教与学都着眼于当今世界的需求,促使学生看到学科之间的联系,感受到他们正在学习的东西是有关联性的、有意义的。项目中的技术应用既给了学生们创造的机会,也使教师们在日常的学科教学中可以采取混合式的教学方法。这所学校的表现在当地甚至全国范围内都是出众的。

另一个例子是缅因州波特兰的国王中学,它采取的方式是一个年级一起实施同一个项目化学习,如设计和制造一个设备,以独特的方式解决现代化的一天所需要的能源,或者与波特兰市和缅因州海湾科学研究所合作,解决缅因州入侵物种引发的流行病。

全世界还有很多学校相信项目化学习的价值,它们都通过为教师提供充分的资源、合作规划的时间以及开展项目化学习的条件,促进了项目化学习的蓬勃发展。

这些学校延长了每节课的教学时间或者允许教师采取更加灵活的时间安排,当然这由开展项目化学习的教师自己决定,学校不对每一个教师做硬性规定。学校还为教师提供高质量的专业发展机会,而且这些教师采取了一种共享模式,使项目的质量得到保证。这些学校还为教师提供了足够的技术保障,并经常推动社区和学生家长参与到项目中。

像高科技高中这样在全校范围内开展项目化学习确实并非易事。它要求学校建立强有力的领导团队,有能力管理重大调整,如在课程、教学法、课时安排、专业发展方面的调整,以及培训教师改变教学方式。因此,美国绝大多数实施项目化学习的学校都是在班级层面实施的,教师可以和自己所教班级的学生或者同一个团队的教师一起来设计项目,短的项目可能为期两天,长的可达6个月,而多数项目为期几周。实施班级层面的项目化学习是一种可扩展的成功模式,可以让刚刚接触项目化学习的教师看到那些在学校尝试过项目化学习的教师正在做什么。它可以引导新手教师尝试开展一个自己的班级层面项目,且不必担心遇到在学校层面实施项目化学习会面临的诸多困难。这一模式似乎是加拿大、英国、巴西、韩国和印度等国家常见的模式。

　　实施项目化学习可以有很多种方式,但是其基本原理都是一样的。无论你是做一个为期两天的项目还是为期两周的项目,许多特点是一致的。

　　以下是一些帮助您在课堂上成功实施项目化学习的建议:

● 做计划的时候明确学习成果和评价方式。
  • 确保项目化学习与课程目标或课程标准保持一致。
  • 在设计学习活动之前先想想您会怎样评价学生。
    ☆ 您希望他们知道什么或者学会做什么。
  • 开展过程性评价通常能够确保学生掌握学科知识和技能。
  • 让学生个人承担责任。

● 提出基本问题以及附加的开放性问题,在项目化学习的过程中持续不断地要求学生回顾这些问题。
  • 确保这些问题不是回答"是"或"不是"就可以的问题,问题应该能够促进学生思考,需要他们使用高阶思维。
  • 提供一些支持性问题,帮助学生逐步找到回答基本问题的线索。

● 灵活些!
  • 计划"什么"和"如何"——不要计划"什么时候",因为时间总是在变化。
  • 不同学习任务花费的时间可能不同——这很正常,不要匆忙行事,但如果学生做好了进行下一阶段项目化学习的准备,请为他们准备好需要的东西。

● 确保项目化学习是真实的学习,与真实的世界有联系,而不是一堆彼此没什么关联的学习活动,要做到这一点,请您创建一些学习场景。
  • 让学生扮演一定的角色来完成学习任务,如:
    ☆ 作为生物学家为当地物种设计一个新的野生动物保护区。
    ☆ 作为政府官员提出一种新的方法来改变学校周围的交通流量。
    ☆ 作为网页设计师设计网页来推销一个新的想法。
    ☆ 作为废弃物管理顾问,分析学校当前和过去的废弃物管理做法,设计回收计划。
    ☆ 作为成立了公司的投资者,为父母的钱提出一项投资计划。

● 项目化学习进行的过程中,允许学生在一定程度上发出自己的声音或者做一些选择,如他们可以选择自己在小组中的角色或者最终项目呈现的形式,这会让学生有代入感和兴奋感。

● 与学生一起组织学习任务、安排日程,确定检测点和时间节点,以及去哪里寻找资源和如何使用资源。

● 开始和学生一起做项目时,请为他们提供一些学习支架。

● 在项目开始时就为学生提供项目评价量规,这既能指导他们完成作品,又能帮助他们更加准确地评价自己的工作。

● 参与和指导项目的全过程。和学生紧密合作,帮助他们明确在什么时候需要培养什么技能,适时转变方向以及给他们打气。做好放弃自己"权力"的准备,赋能给学生,让他们感到自己对项目的自主权,以及自己是有能力解决问题的。

● 对学生取得的成就给予肯定!学生需要得到肯定,您需要确保他们能从您这里获得肯定。请评估您和您的学生体验到了什么。

最重要的是,开始行动吧!项目化学习的旅程一定会让您和您的学生体验到惊喜的。尽管需要从错误和困难中学习成长,但不管怎样,它会切切实实给你们所有人带来激动人心的体验。我很期待你们能够把这种真实的学习体验带给你们的学生。祝你们在项目化学习环境中的教学之旅好运!

加利福尼亚州立大学教授

原英特尔公司全球教育项目总监　[美]谢利·肖特(Shelley Shott)

原"英特尔®未来教育"项目课程讲授专家

2020年12月20日

(肖玉敏　译)

模块 1

走进项目化学习

新世纪伊始,一种崭新的教学模式渐渐在全球升温,它在引导学生主动学习的前提下,提升教学效能;它重视在解决真实问题的体验中,锤炼创新思维和解决问题的能力;它以一板一眼又不失灵活的教学设计催生出生动活跃的课堂。这种教学模式不仅正在改变教与学,还正在成为一种行之有效的思维方式和工作方法,并深刻影响着学校管理。这种教学模式就是"项目化学习"。

本模块将带领大家从切身经验出发,了解项目化学习的内涵、基本要素及其在教育教学改革中的意义,认识项目化学习教学设计模板,了解本次学习之旅最终要完成的教学设计构成。

开启本次学习之旅意味着开启了一个"以合作学习的方式完成一份创新设计"为成果驱动的,在学中做、做中思的项目化学习过程,开启了教与学的新探索。

学习目标

1. 认识项目化学习的意义和价值,及其在中国发展的意义。
2. 了解项目化学习的内涵和基本要素。
3. 认识项目化学习教学设计模板的基本结构和内在联系。

活动 1
项目化学习的意义

"你能找到生活中的角吗?便利店中售货员怎样通过反光镜看到身后货架上的货物?一辆汽车向右变道前,司机只看右反光镜行不行?足球运动员沿一条直线带球,在何位置射门最合适?土方车事故和角有关吗?"以上问题,都是学生在项目化学习"用角丈量世界"主题中遇到的问题。

在这个项目中,学生自觉地将学科知识的学习与对真实世界的问题解决联系起来,不仅学会了角的相关知识,还掌握了利用数学建模解决实际问题的一般流程,并且在探索过程中体会了在合作学习中解决问题的乐趣。

你想知道这个项目是如何开展的吗?项目设计了哪些活动?教师如何对学生进行评价?学生有哪些收获和变化?如果想要了解更多详情,请扫描右边二维码,观看视频《用角丈量世界》,同我们一起走进项目化学习的世界吧!

> **思考与讨论**
> 你眼中的项目化学习是怎样的?

项目化学习是世界教育探索中结出的硕果之一

项目(project)也译作"设计"。著名教育家杜威的学生克伯屈(1871—1965)于1918年9月在美国哥伦比亚大学《师范学院学报》第19期上发表了《项目(设计)教学法:在教育过程中有目的活动的应用》一文,首次提出了"项目化学习"的概念。克伯屈说:"我采用'项目(设计)'这个术语,就是专为表明有目的的行动并且特别注重'目的'这个名词。"

从20世纪二三十年代设计(项目)教学法在美国的小学和中学低年级投入应用以来,大量实践已经证明,比起单一的"测验本位学习",学生主动参与的实践体验——以自己的亲身经历获得综合素养的发展相对更具价值。

100年过去了,人类社会面临着知识大爆炸。学校假如仍然把单一知识传授及记忆作为唯一教育方式来应对知识大爆炸时代,必然造成高负荷、高压力的教育结果。有识之士普遍认为,"如果课堂短视地应对明天,人类将失去未来"。

好的教育理念之间总有许多相通之处,新的研究成果为传统课堂带来越来越多冲击。世界各地的教育理论家和实践家在认知科学、发展心理学、神经科学、人类学以及学科学习研究

学习材料

21世纪技能

近几十年来,我们所生活的世界一直在发生巨变——日益先进的通信技术,迅猛发展的经济与激烈的竞争,日益加剧的各种全球性挑战。

21世纪的教育,更应注重匹配现代社会的主题,如全球化意识、金融/经济、健康与环境保护等。生活于复杂而又互相关联的21世纪,必备的技能应包括:

● 学习与创新技能——批判性思考和解决问题能力、沟通与协作能力、创造与革新能力。

● 数字素养技能——信息素养、媒体素养、信息与通信技术素养。

● 职业和生活技能——灵活性与适应能力、主动性与自我导向、社交与跨文化交流能力、高效的生产力、责任感、领导力等。

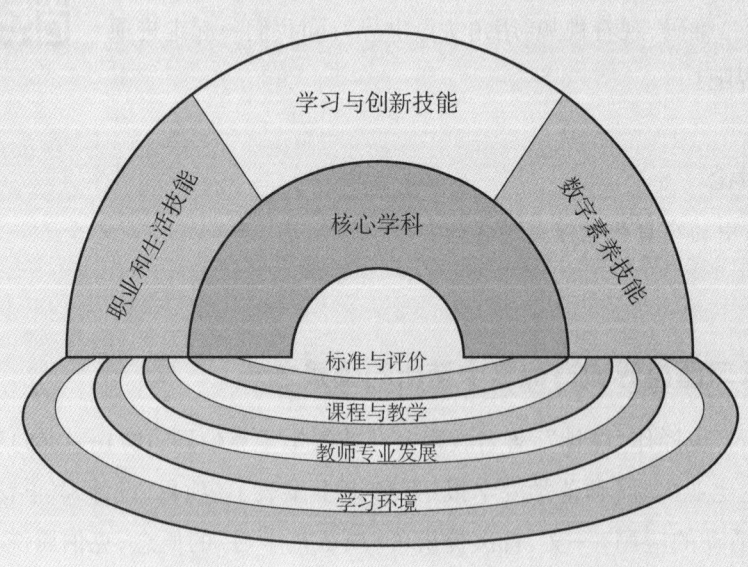

方面建立的跨学科新成果,再次赋予项目化学习以新的时代意义和价值。

在中国,一批教育实践家对于以学生为主体的教学做了大量成效卓著的探索,而且从未停止。仅中小学语文学科就涌现了一批关注情境学习、重视学生主动参与、擅长在教学中以问题带动思维并激活课堂的优秀教师。如主张顺应儿童天性、创建"儿童—知识—社会"为核心的"情境教育"的教育家李吉林;把学生主动参与态度看成语文教学关键的教师钱梦龙;强调"疑是思之始,学之端"的"人民教育家"于漪。还有许许多多各学科的教育教学专家,他们的教育思想与项目化学习理念有许多共同点,他们的经验和已经创造的教学好案例为项目化学习的"纵向继承,横向借鉴"奠定了良好的基础。

项目化学习是中国培养创新人才的重要渠道

中国的发展需要大量创新型人才。学生仅有知识积累和答题的本领还不够,创新型人才所必备的批判性思维能力和创造精神唯有在发现问题和解决问题的实践中才能培养。

但在传统教学课堂"惯性"运作中,真实问题解决缺失、学生主动思维缺失、体验式学习缺失是不争的事实,这些问题得不到解决,创新人才的培养只能停留于口号之中。

项目化学习给了学生自由的思维和动手空间。项目化学习并不排斥知识学习,而是给学生创设解决真实问题的情境,从而促使学生学习更加灵活、主动、富有创意,体会到知识的价值和意义。项目化学习是通往深度学习知识之路,也是通往创新和创造之路。

学习材料

由中共中央、国务院印发的《关于深化教育教学改革全面提高义务教育质量的意见》(以下简称《意见》),提出了全面提高义务教育质量的主要任务,包括强化课堂主阵地作用,切实提高课堂教学质量。《意见》在优化教学方式方面提出的具体意见是:"坚持教学相长,注重启发式、互动式、探究式教学,教师课前要指导学生做好预习,课上要讲清重点难点、知识体系,引导学生主动思考、积极提问、自主探究。融合运用传统与现代技术手段,重视情境教学;探索基于学科的课程综合化教学,开展研究型、项目化、合作式学习。精准分析学情,重视差异化教学和个别化指导……"

2020年上海市教委印发了《上海市义务教育项目化学习三年行动计划(2020—2022年)》,指出:"推进义务教育教与学方式变革,着力培养学生创造性解决问题的能力,进一步提高义务教育质量。""以创造性问题解决能力为导向,以项目化学习的实践和研究为着力点,以活动项目、学科项目、跨学科项目为载体,促进义务教育学校教与学方式变革,进一步激发学校办学活力。"

项目化学习是中国培养学生学科核心素养的重要抓手

2020年6月,教育部印发了《普通高中课程方案和语文等学科课程标准(2017年版2020年修订)》,文件在前言部分指出:"中国学生发展核心素养是党的教育方针的具体化、细化。为建立核心素养与课程教学的内在联系,充分挖掘各学科课程教学对全面贯彻党的教育方针、落实立德树人根本任务、发展素质教育的独特育人价值,各学科基于学科本质凝练了本学科的核心素养,明确了学生学习该学科课程后应达成的正确价值观、必备品格和关键能力,对知识与技能、过程与方法、情感态度价值观三维目标进行了整合。"高中主要学科的核心素养见表1-1。

表1-1

高中主要学科的核心素养

学科	学科素养	学科	学科素养	学科	学科素养
语文	语言建构与运用 思维发展与提升 审美鉴赏与创造 文化传承与理解	数学	数学抽象 逻辑推理 数学建模 直观想象 数学运算 数据分析	英语	语言能力 文化意识 思维品质 学习能力
思想政治	政治认同 科学精神 法治意识 公共参与	历史	唯物史观 时空观念 史料实证 历史解释 家国情怀	地理	人地协调观 综合思维 区域认知 地理实践力
物理	物理观念 科学思维 科学探究 科学态度与责任	化学	宏观辨识与微观探析 变化观念与平衡思想 证据推理与模型认知 科学探究与创新意识 科学态度与社会责任	生物学	生命观念 科学思维 科学探究 社会责任
体育与健康	运动能力 健康行为 体育品德	音乐	审美感知 艺术表现 文化理解	美术	图像识读 美术表现 审美判断 创意实践 文化理解

(续表)

学科	学科素养	学科	学科素养	学科	学科素养
信息技术	信息意识 计算思维 数字化学习与创新 信息社会责任	通用技术	技术意识 工程思维 创新设计 图样表达 物化能力	艺术	艺术感知 创意表达 审美情趣 文化理解

教育要根据时代的要求发展演化,反映先进的教育思想和理念。新时代教育关注信息化环境下的教学改革,关注学生个性化、多样化的需求,促进人才培养模式的转变,着力发展学生的核心素养。

学习材料

如果用过去的方法来教现在的学生,那么我们就会夺去他们的明天。

——杜威

教育的根本使命并不是告诉学生今天已确信的答案,而是教会他们如何批判地看待这个世界,以便在未来将世界改造得更好。

——2014"美国年度教师"肖恩·麦库姆

教育还要着眼于学生的长远发展,给予他们未来走上社会所需要的终身学习能力,涉及内容包括:文学、数学、科学、文化与公民素养等基础素养;批判性思维、创造性、沟通、合作等竞争性能力;好奇心、主动积极、适应能力、领导力等个人素质。总之,教育要面向未来,让学生成为成功的学习者,就必须在增强综合素质上下功夫,引导学生培养综合能力,培养创新思维。

项目化学习是一种重要的学习方式,通过"做项目",在学习知识的同时,培育多方面能力,以实现它最大的价值。在项目化学习过程中,如何将原本的知识教学转换成做项目、转换成真实问题的解决,这是项目化学习助力新课改的关键问题。因此,我们应从当前课改目标去思考项目化学习的价值。

思考与讨论

1. 今天开展项目化学习的难与易分别体现在哪些方面?
2. 什么才是学校推动项目化学习的合适路径?

活动 2
项目化学习的内涵和基本要素

项目化学习的内涵

项目化学习是从真实世界的问题或与真实世界相关的学科问题出发,让学生扮演一定的社会角色,运用学科的基本概念和原理,借助多种资源,经过探究解决一系列有关联的问题,并将探究结果用项目成果的形式呈现出来。

项目化学习的基本要素

有效的、高质量的项目化学习设计是打造一个完整而开放的系统。在项目化学习教学设计和实施过程中应充分体现其基本要素(见下页图1-1):

- 素养目标:项目化学习关注并着力于提升学科核心素养。学科核心素养不仅是项目化学习设计的目标,也是实施路线的依据。学科核心素养必须通过实践养成,项目化学习正好为学科核心素养发展提供了宝贵的体验时空。
- 真实情境:项目必须和真实世界相联系,解决生活中的实际问题。真实情境不仅是学习的导入,还开启了学生发现和解决真实问题的经历,使学习者的"做""思""学"等一切行为浸润其中。
- 框架问题:框架问题是激发学生参与项目的动机和兴趣,推动项目不断引向深入和发展最核心的思维构架,它包括基本问题、单元问题和内容问题。内容问题提示应掌握的重要的学科基础知识,单元问题驱动学生沿着问题解决之路前进,基本问题乘单元问题"之势"而上,让学习者站在大概念的高度做出深度思考。
- 角色与成果:学生根据项目要求扮演不同角色,完成相应的任务,并创建和主题相匹配的项目成果。项目化学习独特的可视化成果,使它很容易区别于其他研究性学习模式。成果成为项目中的动力源之一,它决定了学生将扮演的社会角色、采取的计划和创造性解决问题的路线。

• 合作探究:学生通过合作的方式对项目所要解决的问题持续地进行探究,并且探究活动也是培养学生合作能力最适宜的场所。作为中外重视的核心素养之一,在项目化学习线上线下多样化的活动中将呈现多样化的合作学习方式。

• 过程性评价:项目化学习不仅关注终结性评价,更关注过程性评价,通过过程性评价引导学生为达成项目目标

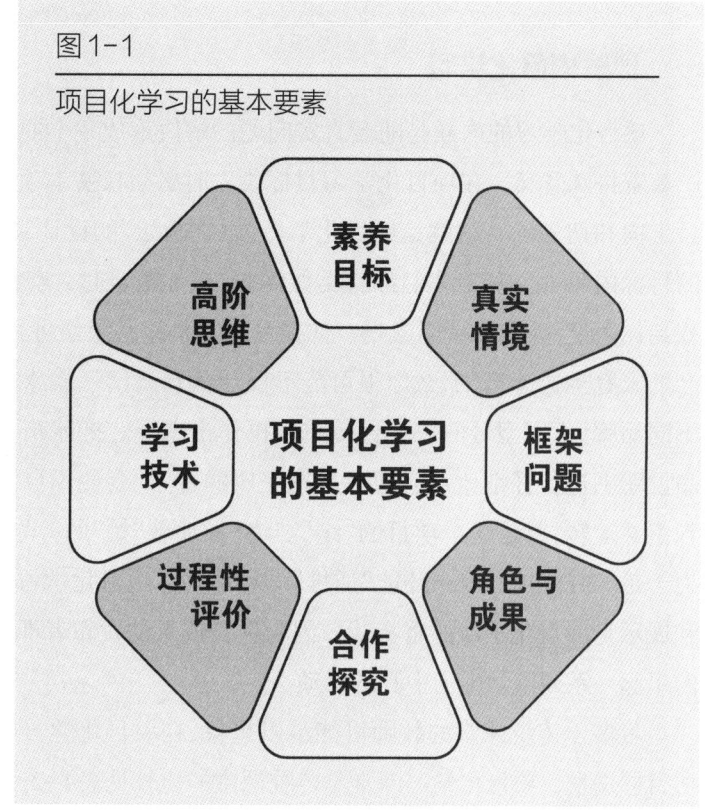

图 1-1
项目化学习的基本要素

而努力。过程性评价在项目过程中成为学生自主学习和合作学习的"路标",完成任务的"方向盘"。自评、互评、师评等全方位的评价方式,帮助学生将体现在评价指标中的核心素养渐渐内化,成为个体终身学习的财富。

• 学习技术:学生用多样化学习技术改变学习方式,培养自主学习、合作学习、探究性学习的能力。学生运用技术发现问题和解决问题的过程,也是他们学会寻找、选择、掌握合适的技术工具的过程。因此,项目化学习是学生发展信息素养、媒体素养、技术素养的最佳途径之一。

• 高阶思维:项目化学习中的学习活动和项目成果设计,能培养学生的思维品质,提升高阶思维能力。有别于"知识识记+测验本位"的学习模式,项目化学习提供更多知识迁移和实践体验的机会。在框架问题驱动下,面对项目实践过程中的复杂性和不确定性,学生会有更多更深层次的思考,并且有更多机会将"思与做""思与学"结合起来,将高阶思维与创新行动融合在一起。

理解项目化学习

项目化学习的内涵是随着真实问题的解决形成一个或多个显性的成果,成果在项目设计中有着特殊意义。在项目化学习目标设立时必须权衡本项目最终成果的形式与内容,确定项目走向和切入点。这就是项目化学习"以终为始"的设计策略。好的项目成果能释放学习者的目标内驱力。其实我们都有类似体验:当你散步时,突然有人将一份家电促销广告宣传单塞到你手里,你会认真阅读吗?你很可能只是扫一眼便将其扔进垃圾桶。但假如你是在为自己的家庭挑选冰箱,那么你很可能不仅会认真阅读一款冰箱的广告宣传单,而且会对比几份不同品牌、不同型号的广告宣传单后再作出选择。把冰箱买回家后,你还可能拿宣传单与产品说明书进行仔细比对。现在如把完成购置、学会使用自家的冰箱作为一个项目,最后冰箱到家并运转,就是这个项目的"终"。"终"推动着"始"的筹划和购买,"终"使"始"方向明确,动力十足。好的项目成果还能"逆推"学习活动。项目化学习的成果与真实生活相连,它的创建和展示是项目化学习的重头戏。因为项目成果的发布者即是其创建者,所以项目成果能够逆向串起一系列以学生为中心的活动。

习惯于传统课堂的教师可能难以想象,在项目化学习中,学生可以离开老师有序地向学习目标进发。项目化学习课堂与传统课堂的比较见表1-2。

表1-2

项目化学习课堂与传统课堂对比

项目化学习课堂	传统课堂
以学生为中心	以教师为中心
应用、呈现——21世纪的技能	倾听、记忆、重复——了解事实、术语和内容
各种教学策略(有时甚至可能使用直接教学)	独立工作
长期调查,答案可能因数据支持和证明过程而发生变化	简短、孤立的课时,答案正确/不正确
基于标准的	基于标准的
持续进行的形成性和总结性评估	以测验的形式进行评估
与现实世界有关系	校内活动

传统课堂与项目化学习课堂在运用技术方面主要差异是,前者把技术看成教师的工具,侧重知识呈现的"觅取-放大"功能,目的为支持教师的"讲"和学生的"听"。后者把技术看成学生和教师的工具,侧重于学生在教师的指导下自己用技术来解决问题,表达和展示自己的成果。

项目学习不仅将掀起课堂变革的波澜,而且会助力学校治理方式的变革:管理重心下移、支持教师的创造实践,鼓励学生在书本世界和真实世界之间遨游和发现。实践证明,持续开展项目化学习的学校,一定是充满办学活力、人才辈出的环境和土壤。

项目化学习对学生发展的意义

项目化学习在我国还处于起步阶段,但从目前项目化学习实践中,我们已经认识到它对学生发展带来的影响。主要表现在以下几个方面:

- 真实情境、真实问题、真实的成果展示吸引学生的学习兴趣,增强他们参与的主动性。
- 由于知识迁移应用,促使深度理解学科知识,帮助学生学业成绩的进步。
- 参与解决真实问题的思与做,超越识记型的学习方式,提升高阶思维。
- 只有用合作的方式才能克服项目过程中不时出现的复杂性问题,在体验中建立合作意识。
- 项目多种形式的评价,尤其是自评和互评活动以及对评价量规内容的学习,有利于发展学生的自我引导能力。
- 对学习程度不同的学生都能产生积极的影响。

活动 3
项目化学习教学设计模板

认识教学设计模板的基本结构和内在联系

项目化学习教学设计主要包括项目主题、涉及学科、项目实施年级、项目实施时间、项目概述、对应的课程标准、项目目标、框架问题、项目时间线、教学过程、评价计划和资源等。项目时间线梳理了项目实施前、项目启动、项目实施中、成果展示和项目实施后五个阶段开展各活动的进程与相应使用的评价工具。教学过程呈现五个阶段各活动的名称、内容和模式、信息技术应用。评价计划呈现五个阶段中各活动使用的评价工具，以及评价的目的。以下为项目化学习教学设计模板（见表1-3）：

表1-3

项目化学习教学设计模板

项目主题			
教师姓名		学校	
涉及学科		项目实施年级	
项目实施时间	（准备开展教学实践的时间段）		
项目概述			
（用300字左右简要阐述项目，包括：项目来源、项目需要解决的驱动问题、项目成果、学生扮演的角色和承担的任务、有效的技术应用）			

（续表）

对应的课程标准
（条目化摘录国家制定的课程标准文件中与本项目直接相关的内容）

项目目标
（本项目需要达成的体现学科核心素养的目标）

框架问题
（由基本问题、单元问题和内容问题组成）
基本问题：（一个处于课程核心地位，能引发学生深度理解课程大概念的问题）
单元问题：（2—4个立足于特定主题，可以促进一系列具体项目活动的开展，并能导向对基本问题思考的问题）
内容问题：（基于事实的、有标准答案的多个问题）

（续表）

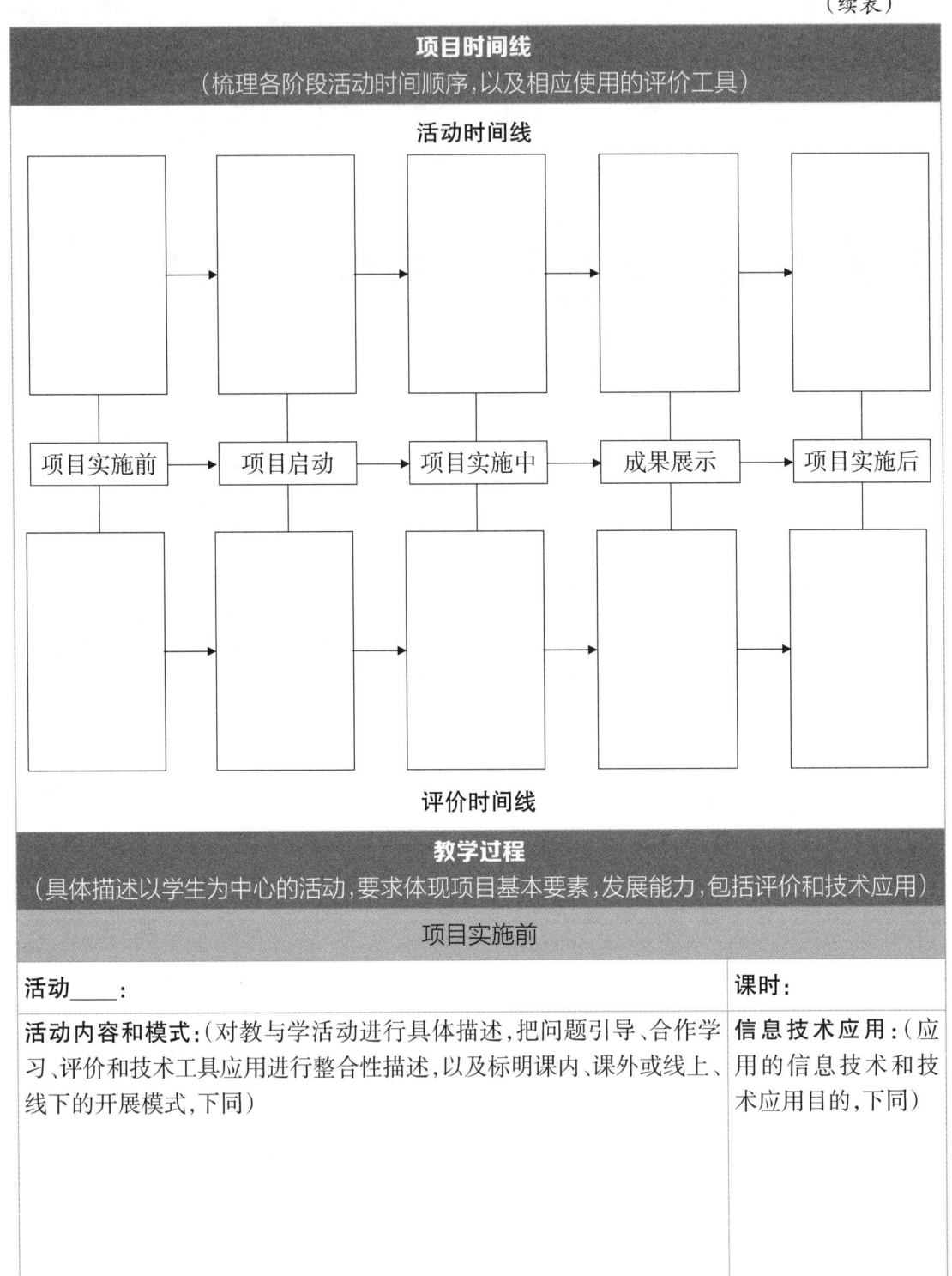

活动____:	课时:
活动内容和模式：(对教与学活动进行具体描述,把问题引导、合作学习、评价和技术工具应用进行整合性描述,以及标明课内、课外或线上、线下的开展模式,下同)	**信息技术应用：**(应用的信息技术和技术应用目的,下同)

（续表）

项目启动	
活动____：	课时：
活动内容和模式：	信息技术应用：
项目实施中	
活动____：	课时：
活动内容和模式：	信息技术应用：
活动____：	课时：
活动内容和模式：	信息技术应用：
活动____：	课时：
活动内容和模式：	信息技术应用：

（续表）

活动____：	课时：
活动内容和模式：	信息技术应用：
成果展示	
活动____：	课时：
活动内容和模式：	信息技术应用：
项目实施后	
活动____：	课时：
活动内容和模式：	信息技术应用：

评价计划		
（过程性和终结性评价的工具和目的）		
阶段	评价工具	评价目的
项目实施前		

(续表)

项目启动		
项目实施中		
成果展示		
项目实施后		
资源（支持项目的数字化和非数字化设备、物件）		

注：附重要的学习支架和评价工具。

教学设计模板的特点

系统性：教学设计模板各栏相互关联并自成体系。从学习顺序看，可以看作相对独立的若干组，组与组之间又紧密联系，没有清晰的界限。如：选题阶段与项目主题、项目概述、项目成果；框架问题设计阶段与课程标准、学习目标、项目成果；教学过程设计阶段与学习目标、框架问题、学习技术、评价计划；评价计划制订阶段与学习目标、教学过程、项目成果、学习技术。各组之间关联并互相影响着，每一组的修正都会影响整体的变动。系统性的特点将鼓励和推动项目设计在不断修订中臻于完美。

开放性：项目化学习的元素不是孤立和不变的。项目元素，如情境、技术、成果等，会随着客观世界的发展而变化。这种开放性使设计案例千变万化。不仅不同主题会生成不同的项目内容，相同主题下由于学习者、真实情境、学科内容以及所应用技术工具的变化，也会生成不同的学习过程。即使同一教师应用自己打造的项目主题，也会由于上述因素的改变而重新调整项目内容。开放性的特点使每一次设计都有创新和创造更多价值的机会。

实践性：好的项目设计总是指向实践应用，而且设计者会迫切希望用实践来证明设计中教育理念的正确与步骤安排的可操作性，充实设计中的遗漏或粗疏之处。在好的项目设计中，几乎每一个环节都交集着可追溯的理论背景与具有可操作性的特点。这些可操作的设计不仅体现项目特征，符合当前的学习者需求，而且总是渗透着作者既有的实践经验和创意。换言之，再漂亮的设计，不付诸实践就无法证明其设计之美；相反，有缺陷的设计经过实践的洗礼会获得可弥补的新想法甚至新创意。

> **思考与讨论**
> 1. 在教育改革不断深化的今天，我们为什么关注并推进项目化学习？
> 2. 推进项目化学习，对教师提出哪些新的挑战？

模块2

项目化学习的选题设计

选题是教师的理念与课程标准、单元目标在合适的问题情境中整合的过程。因此，本模块首先通过回顾项目化学习的内涵和基本要素，反思传统的教学行为，加深教师对项目化学习的认识，让教师了解新时代教育教学改革的政策背景，思考项目化学习对教育教学改革和学生培养的促进作用，进而更新理念、转变观念。在比较透彻地了解项目化学习选题的重要性、要求和基本内容之后，请你完成自己项目化学习设计的第一步——选题，为后续设计打下良好的基础。

学习目标

1. 了解教育改革的现状与发展趋势，理解项目化学习的作用和意义。
2. 根据项目化学习的内涵和基本要素，明确选题的重要性。
3. 掌握项目化学习选题的内容和方法，完成一个项目的选题。

活动 1
学习回顾：什么是项目化学习

经过对项目化学习的了解，你是否有自己尝试的愿望？让我们一起开启项目化学习之旅吧！

回顾与思考

项目化学习的内涵是什么？项目化学习的基本要素有哪些？

你对项目化学习印象最深的是什么？

项目化学习要素的应用

项目化学习的基本要素在你之前的教学实践中是否有体现？请列举具体的事例和效果。

根据课程与教学改革的要求，你认为在今后的课堂教学中可以尝试应用项目化学习的哪些要素？应该如何去实施？

活动 2
项目化学习选题的前期准备

项目化学习教学设计包括选题、框架问题、教学过程、成果展示、评价等方面的设计，不论哪一步我们都要跳出传统教学模式的束缚，用项目化学习的内涵和基本要素来更新教育理念，以培养学生的学科核心素养和终身学习能力为目标。

选题的重要性及要求

项目化学习的教学设计从选题开始。选题是进行项目化学习教学设计最基础的工作，一个好的选题对项目化学习教学设计和实施的作用和意义是不言而喻的。选题并不仅仅是设计项目化学习的标题，而是对整个学习项目进行整体构思和规划。

由于项目化学习与传统教学在理念和方式上都有较大的差异，所以选题时我们应该反复对照项目化学习的要素，不断修正和创新。项目设计应关注重构与整合两个方面：重构是指依据课标的要求，对项目目标进行分解，将学习内容重新归纳、整理、分层和连接，所以在选题前可以先对学科教材进行知识梳理，寻找适合开展项目化学习的单元、主题或内容；整合是指基于学情，综合考虑学生的学习情境、生活经验、社会需求等因素，进行学习内容重整，并依据学习目标进行可行性、有效性验证，设计完整的学习项目。

选题的途径及单元构建

项目化学习的主题从哪里来？一般来说项目化学习的主题来源于课程或生活。来源于学校课程的项目化学习选题，可以是单学科项目，也可以是两门及以上学科构成的跨学科项目，还可以从拓展型课程、探究型课程、社团活动课程中选择合适的内容进行选题设计。来源于生活的项目化学习选题，是从现实生活中的情景、事例、人物等视角出发，从中挖掘并设计需要解决的真实问题,而构成学科项目、跨学科项目或活动项目。项目化学习是在学科知识学习的基础上,综合运用一门或多门学科的知识内容进行自主学习的一种综合性、活动性、探究性的教育实践形态,它无法取代系统的学科教学,但对学科教学是一种很好的拓展,因为它能够帮助学生理解不同学科的独特价值以及学科间的相互联系,也能够提供学科教学难以提供的,帮助学生体验当下社会生活、融入现实生活的任务。

整个项目化学习活动是一个完整的学习单元。学科项目可以以现有的学科教学单元为基础,然后创设真实情境、设计角色任务与成果。有时学科项目也可以根据真实情境,在学科教学单元基础上根据主题进行重组,如合并几个单元的内容并进行扩展或删减。源于综合实践活动的项目可以根据活动主题来构建学习单元,或者自主选择主题并构建单元。

学习材料

教育部印发的《关于全面深化课程改革　落实立德树人根本任务的意见》指出:"要在发挥各学科独特育人功能的基础上,充分发挥学科间综合育人功能,开展跨学科主题教育教学活动,将相关学科的教育内容有机整合,提高学生综合分析问题、解决问题能力。"

跨学科项目要由一位或多位教师对两门及以上的学科知识、观点、概念等内容进行整合而成,以提高学生理解问题、处理问题、创造性地解决问题的能力。资深教育专家李佩宁在《STEM教育:学校、老师如何进行跨学科整合和教学》一文中指出,跨学科项目具有以下几大特征:

- 以真实情境下的现实问题的研究和解决为依托。
- 基于学科又要超出单学科研究的视野,关注复杂问题或课题的全面认识与解决。
- 有明确的、整合的研究方法与思维模式。
- 为了推动新认知、新产品的出现,鼓励在跨学科基础上完成创新与创造。

跨学科项目不是多门学科的"简单组合",而是要在思想和方法上整合。具体表现在项目选题时,要注重现实情境下真实问题的研究与解决,注重学科大概念的学习与应用,注重学生高阶思维能力的培养。跨学科项目的单元可以选择同一主题下不同学科的相关内容来构建。

项目化学习实践定位与选题

项目化学习已经引起许多学校和教师的关注,随着大家相继开始实践,在选题时要根据学校和个人后续实践的意向确定选题内容,以学科项目为例,可以分成下面几个层次:

- 对于初次尝试和体验项目化学习教学的教师,可以先确定自己将进行项目化学习教学实践的学科、年级、时间,在相应的学科知识中选择适合项目化学习的主题内容,然后进行项目化学习的选题设计。
- 对于基本了解项目化学习的特点并希望进行项目化学习专题研究的教师,则要根据设定的研究目标和内容,在对教材进行梳理和分析的基础上,选择若干合适的主题内容,分别完成几个项目化学习的单元设计并实施后形成若干案例,才能达到专题研究的目标。
- 对于已有实践经验并希望进行常态化应用的教师,可能要进行较长周期试点。若希望能较好把握项目化学习的要领并在实践中有所创新,建议形成项目化学习的系列。根据自己设定的研究目标和内容,仔细研读教材进行梳理和分析,选择合适的、有内在联系的内容主题分别进行选题设计并实践,进而有可能形成独具特色的系列。
- 对于因各种原因而暂时不能够完整地开展项目化学习的教师,可以选择项目化学习的某些要素先开展实践,这样对传统的教学也能起到改进和完善的作用。

> **思考与讨论**
>
> 在本学期的教学内容中,你觉得有哪些单元或知识点适合自己开展项目化学习?

项目化学习选题设计要求及模板

项目化学习选题设计要完成项目主题、涉及学科、项目实施年级、项目实施时间、项目概述、对应的课程标准和项目目标这几项内容的填写。其中项目概述是重点,具体可以包括项目来源、项目需要解决的驱动问题、项目成果、学生扮演的角色和承担的任务、有效的技术应用这五项内容,还可以加上学习过程的简单列举。项目化学习选题设计模板见下页表2-1。

表2-1

项目化学习选题设计模板

项目主题			
教师姓名		学校	
涉及学科		项目实施年级	
项目实施时间	（准备开展教学实践的时间段）		
项目概述			
（用300字左右简要阐述项目，包括：项目来源、项目需要解决的驱动问题、项目成果、学生扮演的角色和承担的任务、有效的技术应用）			
对应的课程标准			
（条目化摘录国家制定的课程标准文件中与本项目直接相关的内容）			
项目目标			
（本项目需要达成的体现学科核心素养的目标）			

思考与讨论

请完成上表相应内容的填写，并与学习同伴交流，互相评析。

活动 3
项目化学习选题的步骤和要领

项目化学习的选题是对整个项目的一次完整构思,需要考虑的内容包括项目化学习的主题、来源、目标、任务、成果等,并遵循"以终为始"的理念和方法。

寻找真实情境

真实情境使知识和真实世界相联系,并让学习者成为生活中实际问题的解决者。学生将体验到知识不是孤立地存在于书本上,而是来源于生活又能应用于生活。真实情境的确定要注意:

- 项目化学习的真实情境能够与所学知识相关联。项目化学习是基于真实情境中学习并应用知识的,一般都是在学生正在学习的学科内容中挖掘与日常生活有实际关联的真实问题情境。
- 项目化学习的真实情境是在学生身边的真实生活情境,即学生能够看得见、摸得着的,如果所选情境在时代感、角色代入、理解能力等方面距离学生的知识基础、认知能力较远,则学生将很难投入其中。

项目化学习的真实情境能够激发学生的好奇心和求知欲。项目化学习是以学生为中心的学习活动,项目的真实情境能够调动学生参与的主动性和积极性,提升高阶思维能力、培养创新能力并激发他们的潜力。

> **思考与讨论**
>
> 请从本学期任教的学科内容中,选择2—3个知识点,说说你联想到的真实问题情境。

设计合作探究过程中学生的角色任务与成果

项目化学习的设计中,项目的成果和学生的角色与任务是重中之重,决定了整个项目化学习的质量,而项目的亮点也会在这里体现。

调查学习者的需求

因材施教要求教育者针对学习者的基础和能力等具体情况进行不同的教育,项目化学习也需要对学生的情况开展调查,如学生对相关知识理解与掌握的情况、学习能力、信息技术水平、兴趣特长等,以便根据他们的最近发展区和特长来设计角色与任务。

为了在后续的学习过程中更好地融入学生的创意,教师可以利用KWL*表等工具,了解学生对核心概念或基本问题的认识和看法,掌握他们已经知道和通过探究想知道的内容,目前的预测或猜想,以及存在的疑问等情况,并将收集到的信息融入项目设计中,使整个项目更贴近学生的实际需要。

设计切实可行的角色任务

学生是项目化学习的主体,项目实施过程中学生通过与同伴、专家和其他人士共同合作的方式,对项目所要解决的问题持续地进行探究,教师是学生学习的辅助者。区别于传统教学课堂从书本到卷子的学习过程,项目化学习是让学生在真实情境中学习专业人士的思想方法来解决问题,获得体验和收获,这就要设计学生扮演的角色和要完成的任务。例如:

- 飞机机翼数据分析师:为机翼选型变化找到科学的解释,畅想未来机翼发展的趋势。
- 假设自己"穿越回明朝,生在××(明朝的真实人物)家":探究"科举制度的变革会对自己及自己的家庭带来怎样的影响"。
- 垃圾桶的设计师、工程师:利用日常生活中的纸制作一个垃圾桶,借助微型电脑开发板micro:bit设计一款智能垃圾桶。
- 创业策划师:在自己学校周边寻找新建星巴克的位置,并撰写商业计划书。
- 小小急救员:在家中年长老人看护"二宝"的情况下,为防止意外伤害的发生,设计"家用急救箱"。

设计项目化学习的成果和展示方式

美国教育心理学家加涅说过:"分析一个主题,首先要陈述最终目标——人们期望学生在

---

* KWL表是教师常用的一种评价工具。通常在学生学习开始前,填写前两栏,关于该主题"我已经知道了什么"以及"我想学习什么";学习结束后,再填写最后一栏"我学到了什么"。

完成学习主题后能够展示的表现。"一个好的项目一开始就应该明确其成果,即项目化学习中学生完成一系列学习活动后要有一个实实在在的成果展现出来,只有在开始时让学生明确成果和评价标准,过程中学生才有目标和方向,并能在合作学习中不断完善成果、提升质量。好的成果能够释放学习者目标内驱力,能够逆向推动学习活动,能够变学习者为创造者。项目化学习的成果类型和展示方式见表2-2。

表2-2

项目化学习成果的展示方式

成果类型	展示方式
制作类	模型、音频、视频、小发明、工艺制作等。
设计类	PPT、方案、研究报告、海报、小报(书面、电子)、绘本、画册、书刊、倡议书、食谱、菜单、网页等。
活动类	课本剧、辩论会、游戏、竞赛、运动项目、展览会、演讲等。

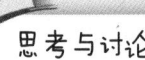

思考与讨论

  在你之前所创设的真实情境中,结合相应的知识点,思考:学生的角色任务和项目成果分别是什么?

创建项目化学习的目标

  项目化学习的目标是关注并着力提升学生学科核心素养,因此除了知识学习的目标外,重点要考虑学习素养和综合能力的培养。项目化学习的目标具体可分为以下三个方面:

- 知识学习的目标。依据自己任教学段、任教学科的课程标准,查找准备设计的项目化学习中所涵盖知识内容的目标要求,设计制订本项目的知识学习的目标。
- 学科核心素养的目标。了解自己任教学科对应的课程标准中学科素养的要求,然后结合本项目的内容设计制订培养学科核心素养的目标。
- 终身学习能力的目标。根据学生面向未来所需要的终身学习能力,结合本项目的内容设计制订培养终身学习能力的目标。

> **思考与讨论**
>
> 请以你本学期任教的年级、学科为例，找一找课程知识点对应的学科核心素养或能力要求。

确定项目化学习的主题

项目化学习的主题既要能够反映项目化学习的特征，又要能够吸引眼球，可以分别从学生扮演的角色和承担的任务、项目成果、学习过程的亮点等角度设计。项目化学习的主题举例：

- 从学生的角色任务角度设计
  - 我是河长（综合实践）
  - 我是小小讲解员（语文）
  - 如果我穿越回明朝……（历史）
- 从项目成果的角度设计
  - 开一家网红店（综合实践）
  - 智能垃圾桶（信息技术、劳技）
  - 一杯私人订制的碳酸饮料（化学、生物、美术）
- 从其他方面设计
  - 校园落叶变废为宝（综合实践）
  - 生命的诗意（语文）
  - 我在长大（自然）

> **思考与讨论**
>
> 你在项目化学习主题的设计上有哪些思考？有什么创意点？

项目化学习选题设计案例分享

项目化学习选题设计案例见表2-3至表2-8。

表2-3

项目化学习选题设计案例1

项目主题	外来物种入侵研究*		
教师姓名	蒋爱芳、孔悠嘉、朱琦	学校	上海市洛川学校
涉及学科	地理、生命科学	项目实施年级	七年级、九年级
项目概述			

  "外来物种入侵"是近年的社会热点问题,它也是适合以地理和生命科学等学科融合的方式解决实际问题的项目化学习好主题。

  在本项目中,七年级和九年级的学生分别从不同深度共同探索"外来物种入侵"。首先,学生以小组为单位搜集国内外来入侵物种的信息,并且尝试分类。接着他们设计社区调查方案并开展实践,对调查数据进行分析和讨论,探究其对环境的影响。最后,教师引导学生策划、撰写《应对外来物种入侵建议书》。学生在项目实践中,学习应用植物图鉴形色App、智图绘图软件、会声会影视频编辑软件等工具,完成外来入侵物种分类表、外来入侵物种分布图、数字故事、《应对外来物种入侵建议书》等一系列任务。

  教师在项目过程中不断引导学生打开视野,从学生提出与外来物种入侵研究相关的方方面面问题开始,鼓励他们做好信息搜集、调查探究、分析总结、思考辨析和宣传推广等工作,使他们能够充分体验跨学科的学习,培养批判性思维和创新能力。

对应的课程标准

1. 初步了解生命科学与人类生存和发展的密切关系。
2. 能初步运用信息技术,获取、处理和表达有关生命科学的信息。
3. 初步认识人与自然和谐发展的意义,关注并乐于参与环境保护。

——《上海市中学生命科学课程标准(试行稿)》

1. 学会阅读常用地图和简单地理图表的方法。
2. 初步学会搜集、分析地理信息资料的方法。
3. 初步形成正确的环境行为价值取向。
4. 初步树立可持续发展观。
5. 树立爱家乡、爱祖国的情感。

——《上海市中学地理课程标准(试行稿)》

---

* 本案例来源于上海市洛川学校JT项目。

(续表)

项目目标
1. 通过调查社区外来入侵物种,学会归纳分析相关信息及数据。 2. 通过绘制社区外来入侵物种分布图,学会应用地图三要素。 3. 通过创设外来入侵物种数字故事,辩证思考外来物种入侵对环境的影响。 4. 通过策划《应对外来物种入侵建议书》,向身边的人宣传防治应对措施,为保护国家生态环境、维护生物多样性贡献自己的力量。

表2-4

项目化学习选题设计案例2

项目主题	畅想机翼的发展*		
教师姓名	陈斌	学校	上海市市北初级中学北校
涉及学科	数学、物理	项目实施年级	七年级
项目概述			

　　本项目主要来源于实验活动及航宇科普中心参观过程中学生产生的问题。实施中采用"校—馆—校"的活动模式,让学生带着研究问题去参观场馆学习后再回到学校。本项目为跨学科研究项目,内容涉及初中数学八年级上册的函数章节、九年级上册的向量章节,以及八年级上册物理的运动与力章节的相关知识。学生在项目学习中扮演着机翼演变的数据分析者和解释者的角色,采用函数图像以及向量工具对机翼中变量和常量进行客观的数学分析,为机翼选型变化找到科学的解释,并畅想未来机翼发展的趋势。在项目启动阶段,学生填写了KML表格进行评估,并按照评估结果进行分组。在项目实施阶段,学生学习了函数、向量知识和控制变量法实验要求,探究了纸飞机升力来源,进行了动力纸飞机实验,还通过参观了解了飞机的发展历史。活动中,在获取知识、应用知识的基础上,他们解决了动力纸飞机在实验中出现的问题,掌握了运用实验数据解释飞行原理的方法,并对机翼进行了创新构想。最后,每个小组都以飞机升力探究报告、场馆参观学习单、小报、飞行原理实验设备、创新机翼设计图来展示小组在项目学习中的收获。在这个过程中,学生提升了解决数学问题的能力,发展了数据分析观念以及数学建模思想。

对应的课程标准
1. 关于数学探究能力、应用能力和创新能力:懂得从数学的角度去思考问题,能通过数学的操作实验或理性活动进行合情推理,提出猜想并进行判断;会利用已有的知识经验,自主进行探索和尝试解决新情境中的数学问题;在实践应用中逐步积累有关发现、叙述、总结数学规律的经验,能解决一些简单的实际问题。

* 本案例来源于上海市静安区教育局JT项目。

（续表）

2. 关于研习能力、批判思维能力、自我调控能力、交流与合作能力：能在教师指导下自主进行学习和探究；初步学会对知识学习和解决问题的过程进行自我批评和调控，对知识进行系统整理；初步学会对已有的知识经验进行反思、质疑和对问题进行多方面分析、发散性思考，能提出自己的见解；乐意与他人进行交流、沟通和合作。

——《上海市中小学数学课程标准（试行稿）》

1. 能够注意和感受身边的物理现象，对有关的物理对象进行分类、比较，认识其基本特征。
2. 能对给定的探究任务表达自己的见解，实施探究方案；能初步运用简单实验手段和科学方法获得证据，并针对探究的目标要求，得出初步的结论。

——《上海市中学物理课程标准（试行稿）》

项目目标
1. 通过纸飞机飞行距离实验掌握实验的基本方法——控制变量法。 2. 为纸飞机添加动力，展开飞行实验并总结经验，思考动力飞行和滑翔的不同，为场馆参观活动做准备。 3. 通过参观上海航宇科普中心，寻找影响飞机飞行机翼的变量或飞行原理。 4. 通过小组实验完成一份实验报告或者一个验证模型，说明本小组寻找到的机翼变量如何影响飞机飞行。 5. 针对当前飞机飞行中存在的某个问题，设计一种新型飞行器。

表2-5

项目化学习选题设计案例3

项目主题	What would you like to be?*		
教师姓名	宋唯佳	学校	七宝中学附属鑫都实验中学
涉及学科	英语	项目实施年级	六年级
项目概述			
本项目主题来源于牛津（上海版）六年级上册的第四单元，围绕职业这个话题进行讨论与实践，指导学生规划职业生涯，激励学生积极向上，让他们有一个比较明确的奋斗目标。首先，让学生化身为小记者走访相关单位，采访相关工作者，开展职场调研，促使学生展开思考，			

---

* 本案例来源于上海市闵行区教育学院JT项目。

（续表）

从而对职业有初步的认识。其次,让学生给十年后的自己制订一份职业规划,以此激励他们追逐、实现职业理想。最后,让学生分组饰演雇主和雇员,要求雇主设计招聘海报,雇员制作简历,通过举办模拟招聘会,让学生感受和体验求职的过程。通过课上讨论、项目评价表的制订和项目关键节点的讨论,同学之间相互交流成果,取长补短,共同进步。除了教师对学生的表现和成果给予评价外,学生还运用评估量表学会如何给予和接受同伴建设性的意见,评估自己的学习成果。

对应的课程标准

1. 学生通过英语学习和语言实践活动,要逐步掌握英语知识和技能,培养和提高语言综合运用能力,拓展视野,汲取知识,发展个性,并提高人文素养和科学素养。

2. 初步具备英语语言能力,侧重听说能力;能在设定的情景中进行问答;能就熟悉的话题同他人(包括英语国家人士)进行简单交流;能阅读基本无生词的短文,理解大意,获取关键信息;能书写一般文体的短文,进行简单描述和表达个人喜好,拼写和标点正确。

3. 具有使用英语进行初步交际的意识并能参与实践;能与他人合作共同完成学习任务;具有接受外来文化的意识,能初步了解中外文化的差异。

——《上海市中小学英语课程标准(征求意见稿)》

项目目标

1. 学习职业相关词汇,学会职业相关的英语表达。
2. 收集真实的职场资料,了解不同职业的现状、求职渠道,建立对不同职业的初步认识。
3. 学会撰写英语简历和制作招聘海报,并尝试制订未来的求职计划。
4. 小组合作创编招聘会场景,发挥团队创新作用,围绕"How does one's career affect his or her life?"这个问题不断探究,树立正确的人生观和价值观。

表2-6

项目化学习选题设计案例4

项目主题	如果我穿越回明朝*		
教师姓名	陆晓蕾	学校	上海市闵行区君莲学校
涉及学科	历史	项目实施年级	七年级

* 本案例来源于上海市闵行区教育学院JT项目。

（续表）

项目概述
本项目主题来源于初中历史部编版教材《中国历史》（第二册）。教材的第三单元对明朝的历史进行了相关介绍：明朝是中国历史上最后一个由汉族建立的大一统中原王朝，享国276年。明朝一度出现强盛局面，在政治、经济、外交等方面都有其鲜明特点，而科举制度的变革更是明朝历史上的一个重要事件。 　　在本项目中，学生将通过对明朝历史的自主学习，假设自己"穿越回明朝，生在某某家（明朝的真实人物）"，以小组合作的方式选择并查阅某个关键人物及其家庭、同一阶层同一身份的人物家庭对科举制度及其变化所持的立场与态度，搜集资料、分析整合，深入探究"科举制度的变革会对自己及自己的家庭带来怎样的影响"。本项目以科举制度的改变作为切入点进行以点带面式的深入学习，最后学生自主选择最适合本小组的展示形式（如PPT、辩论、课本剧等）向班级同学展示研究成果。

对应的课程标准
1. 了解历史的时序，初步学会在具体的时空条件下对历史事物进行考察，从历史发展的进程中认识历史人物、历史事件的地位和作用。 　　2. 初步学会从多种渠道获取历史信息，了解以历史材料为依据来解释历史的重要性；初步形成重证据的历史意识和处理历史信息的能力，逐步提高对历史的理解能力，初步学会分析和解决历史问题。 　　3. 在了解历史事实的基础上，逐步学会发现问题、提出问题，初步理解历史问题的价值和意义，并尝试体验探究历史问题的过程，通过搜集资料、掌握证据和独立思考，初步学会对历史事物进行分析和评价，并在探究历史的过程中尝试反思历史，汲取历史的经验教训。 　　4. 初步掌握解释历史问题的方法，力求在表达自己的见解时能够言而有据，推论得当；学会与教师、同学共同对历史问题进行探究与讨论，能够积极汲取他人的正确见解，善于与他人合作，交流学习心得和经验。 　　——《义务教育历史课程标准（2011年版）》

项目目标
1. 熟悉明朝的兴与亡、科举制度、皇权强化、经济发展、对外关系、科技文化等情况。 　　2. 在查找、分享、对比、分析、选择、交流中了解明朝社会变迁、时代风貌、风土人情，从而引发对时人生活情况的关注，加深对明朝重大事件、重要人物的理解。 　　3. 通过探究活动及展示等环节，提高分析、研究、解决问题的能力和思辨能力。 　　4. 通过小组任务，强化合作学习能力，增强个人和小组责任意识。

表2-7

项目化学习选题设计案例5

项目主题	智能垃圾桶*		
教师姓名	金辉平	学校	上海市实验学校西校
涉及学科	信息技术、劳动技术	项目实施年级	六年级
项目概述			

  本项目的内容由初中六年级劳技教材《纸艺》的教学内容改编而来,将学生研究的范围引向生活、社会。项目过程中学生扮演垃圾桶设计师、工程师的角色,通过调查问卷收集在垃圾分类过程中使用垃圾桶时出现的问题,利用网络查找资料,小组合作分析问题,尝试利用日常生活中的纸制作一个垃圾桶,借助微型电脑开发板micro:bit设计一款智能垃圾桶,并利用视频、演讲等方式推广他们的新产品。

  在本项目的探究过程中,学生不仅可以综合运用信息技术、劳动技术学科知识,建立学科联系,还能将课程学习内容与真实生活情境相结合,培养学生的计算思维能力,提高学生跨学科解决实际问题的能力和实践创新素养、团队协作能力,从而真正落实学科核心素养。

对应的课程标准			

  在解决问题能力方面,要求学生通过实践体验,了解和学会解决问题的一般方法和行为规范。其中初中阶段(六至九年级)要求学生熟练解决问题的各个步骤,并根据需要自觉完成解决问题过程中的各个环节。

——《上海市中小学信息科技课程标准(试行稿)》

  劳动技术教育通过设计一个项目、完成一件制作、满足一种需求、解决一个问题等活动,让学生经历需求的产生、方案的设计、材料的选择、工具的使用、评估与改进等过程,掌握基本的技术学习方法,提高学生应用知识与技能解决实际问题的能力。

——《上海市中小学劳动技术课程标准(试行稿)》

项目目标			

  1. 通过查找资料的过程,体会访问合适信息源的重要性,能积累并提升搜索经验;能鉴别并筛选出有用、可靠的信息,合理、审慎、负责任地使用互联网信息。

  2. 能运用图片、视频等多媒体信息加工工具,对原始信息集成、编辑和加工,形成更具价值的信息。

  3. 会用多媒体演示文稿表达、传递和分享自己的观点和成果。

---

* 本案例来源于上海市闵行区教育学院JT项目。

（续表）

4. 通过micro:bit学习编程，体验与探究新技术，提升使用信息技术的探究能力，并在此过程中感受信息技术的迅速发展，提高学习新技术的乐趣和信心。

5. 能根据需求，选择合适的材料、工具，设计、制作有创意的作品。

6. 初步学习调查法，学习使用思维导图梳理探究的过程。

7. 能理解项目主题，制订项目的实施计划，并根据需要和实施情况进行修改和完善；知道项目活动的流程和方法，并能灵活运用。

8. 在项目化学习的驱动下，通过实践体验与探究学习等活动，小组协同完成项目，激发学生主动合作的意识，提高学生团队合作的能力。

表2-8

项目化学习选题设计案例6

项目主题	《西游记》整本书阅读——性格如何推动情节*		
教师姓名	张鸿	学校	上海市致远中学
涉及学科	语文	项目实施年级	七年级
项目概述			

由于七年级学生处于创意和逻辑共同发展阶段，又对游戏这一崭新的通俗文学载体有着充分的兴趣。为此，本项目尝试应用文字冒险游戏（AVG）的形式，将学生带入一个创编新情节的活动，体会小说人物性格与故事情节发展的关系，帮助学生拉近和古典神魔小说在时间、空间上的距离感，形成立体化的学习场域。

在项目中，学生结合自己对人物性格的理解，尝试自由改编原有的故事情节，AVG支持学生在小说人物性格不变的前提下，发掘情节发展的多种可能性及变化。学生根据自己在组内分配到的任务，细读、深读文本，在开放的学习时空里，开始自主探究合作式的学习实践，他们将判断自己选择的合理性，决定情节能否继续顺畅发展，同时开展批判、质疑、辨析和论证，深入理解与鉴赏原著。

本项目力求通过以上方式完成学生对于整本书从表层阅读到深层阅读的递进，并借助项目成果的多样化、趣味性、创造性激发他们对于书中人物性格的深入研究，进而培养语文学科的核心素养。

对应的课程标准

1. 在语文学习过程中，培养爱国主义、集体主义、社会主义思想道德和健康的审美情趣，发展个性，培养创新精神和合作精神，逐步形成积极的人生态度和正确的世界观、价值观。

---

* 本案例来源于上海市致远中学JT项目。

（续表）

2. 在发展语言能力的同时，发展思维能力，学习科学的思想方法，逐步养成实事求是、崇尚真知的科学态度。

3. 能主动进行探究性学习，激发想象力和创造潜能，在实践中学习和运用语文。

4. 具有独立阅读的能力，学会运用多种阅读方法。有较为丰富的积累和良好的语感，注重情感体验，发展感受和理解的能力。能阅读日常的书报杂志，能初步鉴赏文学作品，丰富自己的精神世界。

5. 能具体明确、文从字顺地表达自己的见闻、体验和想法。能根据需要，运用常见的表达方式写作，发展书面语言运用能力。

——《义务教育语文课程标准(2011年版)》

项目目标

1. 通过以小组为单位制作的《西游记故事新编》AVG剧本，深入理解西游记人物性格和故事发展的合理性，了解文学作品中人物性格和故事情节发展的关系，从而把握小说主题。

2. 在项目过程中开展生生互动，加强小组合作能力。

3. 培养阅读经典文学的兴趣。

思考与讨论

项目化学习选题的重点和难点是什么？如何让我们的项目化学习有亮点？

模块 2
总结与反思

1. 请结合下列内容进行总结与反思

（1）选题的重要性

- 开始设计项目化学习之前必须学习新课改理念，尤其是明确项目化学习是以学生为中心的，教师应该是指导者、陪伴者、激励者。
- 项目化学习的选题要有一个完整的架构，并在设计与实施过程中不断补充完善。

（2）选题的主要内容

- 项目化学习的选题是对整个项目的一次完整构思，需要考虑的内容包括项目化学习的主题、来源、目标、任务、成果等，并遵循"以终为始"的理念和方法。
- 项目概述是对项目化学习选题的主要概括，要重点完成，让读者一看就明白项目的内容与亮点，所以要写出项目来源、项目需要解决的驱动问题、项目成果、学生扮演的角色和承担的任务，以及有效的技术应用等。

2. 请使用下列评价工具进行自评和互评（见下页表 2-9、表 2-10）

表2-9

学习过程自查表

序号	学习内容检测点	学习评价		
		好	较好	须努力
1	学习政策形势,理念更新,理解开展项目化学习的意义和重要性。			
2	理解项目化学习选题的重要性。			
3	掌握项目化学习选题的基本内容。			
4	完成自己的项目化学习的选题方案。			

表2-10

选题方案的评价量规

项目	评价内容	评价结果(在对应的框内打"√")			
		很好	较好	一般	不理想
项目主题	项目主题的表达简明扼要、不落俗套并体现项目的要点。				
项目化学习的目标	知识目标明确,学科素养、终身发展能力的目标恰当,项目的选题内容能体现目标的达成。				
学生的角色任务、项目成果	学生的角色任务符合实际,并指向问题解决,项目成果有新意并留有创新空间。				
项目概述	项目概述条理清晰、表达完整,让人能够了解项目中学生活动的概况,体会作者选题的创意。				

模块3

项目化学习的框架问题设计

本模块将学习并了解什么是框架问题(包括基本问题、单元问题和内容问题),以及框架问题在项目化学习中的重要作用;通过研究、讨论、交流案例,初步掌握框架问题的设计方法和要求,并根据自己的项目化学习选题,完成框架问题的设计。本模块的学习,将帮助你确立以学生为主体的项目化学习教学过程中框架问题的运用策略,并在教学过程中不断提升学生的高阶思维能力,培养学生发现问题和解决问题的能力。

学习目标
---

1. 了解框架问题在项目化学习中的重要意义和作用。
2. 初步掌握基本问题、单元问题和内容问题的内涵、设计方法和要求。
3. 为自己开发的项目设计框架问题。

活动 1
学习回顾：选题的评析与修改

回顾与思考

观看一组选题，并展开讨论：选题的策略和要素是否清晰？

对照下列问题进行反思：

- 选题是否与真实世界相关联？
- 选题中要解决的核心问题是什么？项目成果在项目概述中是否清晰？
- 项目主题是否引发了学生的兴趣？
- 选题中学生的角色和任务是否具有可操作性，学习活动是否可评价？
- 学生的学科核心素养在项目中能否得到培养？合作、探究、解决问题的过程能否提升他们的高阶思维能力？

修改选题

修改后的选题应满足以下特征：

- 具有新颖性，能激发学生的学习能动性。
- 过程和结果激发了学生的高阶思维发展。
- 培养了学生合作探究、思辨、创新能力。

活动 2
项目化学习为什么需要设计框架问题

好问题引发思考

我们应该如何精心设计项目化学习的教学过程，才能帮助学生发展他们的理解能力？又应该如何重新组织知识，使之吸引学生，帮助他们全神贯注地进行探究学习？一个关键的设计策略就是，围绕知识诞生的原始情境中发生的问题来构建教学过程，而不是教给学生课本中现有的"标准答案"。如果不引导学生提出并深入探究一些具有普遍意义的实际问题，那么他们只能接触一些相互脱节的内容和活动，导致对重要概念的肤浅认识。

如果我们想培养一批能够真正深入思考、有能力解决复杂问题，并具备核心素养的学生，就必须让他们学习如何提问。

> **思考与讨论**
> 1. 课堂上我经常使用哪些问题？这些问题对教学起到怎样的作用？
> 2. 如何用问题来启发学生的学习兴趣和能动性？

封闭性问题和开放性问题

为了帮助学生进行思考，教师经常采用提问的方式。如果问题不是经过审慎设计的，那么就有可能得不到我们希望学生给出的答案。

事实性问题、解释性问题、反思性问题和探究性问题等，不同类型的问题寻求的答案是不同的。提问的目的不同,学生所使用的思维技能也会随着教师提问的思路而延伸。在平时教学中可将问题分成两大类:封闭性问题和开放性问题。

封闭性问题

封闭性问题的答案包含一个在有限范围内,有唯一的或正确的答案,通常用来检验事实性知识。

例如:
- 一个好的故事包括哪些要素?
- 南京路有哪些老字号门店?
- 制作定格动画需要哪些材料和设备?

开放性问题

开放性问题建立在事实性知识基础之上,需要充分研究、调查、反思;有多种不同的答案,能促进学生讨论、辨析、探究;需要更深层次地进入某个主题以扩展思维,回答问题时须构建知识。

开放性问题往往从一些关键词(如"为什么""怎样")开始。回答"为什么"的问题经常要求学生发现变量和分析信息之间的关系。"怎样"的提问指向的是信息的综合和问题的解决。

例如:
- 经典作品为何经久不衰?
- 如何制订一份完善的商业计划书?

其他关键词也可以使用在开放性问题中,但是使用频率较少。"哪些""谁"作为关键词的问题指向的是有意义的决策,"什么"作为关键词的问题指向的是反思,"肯定"或"否定"作为关键词的问题常常是讨论概念的委婉表述。

例如:
- 谁是英雄?
- 创新有规律可循吗?
- "征服不可能"是可能的吗?

框架问题的意义和作用

框架问题将框定并贯穿项目化学习全过程,引导学生的深度学习,探索、解决与最终作品创建相关的系列问题。学生循着框架问题为核心的问题链,扮演问题解决者和成果创造者的角色,在具有一定复杂性和不确定性的问题情境中,通过学科或跨学科知识的应用和高阶思维来发展创新精神和实践能力。

框架问题有利于设计者对问题驱动的对象、过程和目标建立完整的认识,包括基本问题、单元问题与内容问题。

为什么项目化学习需要设计框架问题?框架问题可以帮助教师:

- 引导学生专注于探究。
- 不必担心解决的问题过于宏大,只需要关注是否触发了学生的具体行动。
- 把握项目目标的推进方向,并在学习过程中及时给予学生指导性建议。
- 制定评价标准,引导学生制订学习计划并达成学习目标。

框架问题可以让学生:

- 产生兴趣,或想要挑战。
- 在项目中深度挖掘。
- 在学习过程中的每一个阶段都能围绕基本问题、单元问题进行思考、反思,并寻求正确的答案。
- 明确学这节课/单元的目的,知道自己所学的东西是有实际意义的。
- 懂得不仅要学习知识,还要用所学的知识解决现实问题。

项目化学习框架问题设计案例分享

项目化学习框架问题设计案例见表3-1至表3-3。

表3-1

项目化学习框架问题设计案例1

项目主题	外来物种入侵研究*		
教师姓名	蒋爱芳、孔悠嘉、朱琦	学校	上海市洛川学校
涉及学科	地理、生命科学	项目实施年级	七年级、九年级
项目概述			
"外来物种入侵"是近年的社会热点问题,它也是适合以地理和生命科学等学科融合的方式解决实际问题的项目化学习好主题。 在本项目中,七年级和九年级的学生分别从不同深度共同探索"外来物种入侵"。首先,学生以小组为单位搜集国内外来入侵物种的信息,并且尝试分类。接着他们设计社区调查方			

---

* 本案例来源于上海市洛川学校JT项目。

（续表）

案并开展实践,对调查数据进行分析和讨论,探究其对环境的影响。最后,教师引导学生策划、撰写《应对外来物种入侵建议书》。学生在项目实践中,学习应用植物图鉴形色App、智图绘图软件、会声会影视频编辑软件等工具,完成外来入侵物种分类表、外来入侵物种分布图、数字故事、《应对外来物种入侵建议书》等一系列任务。

教师在项目过程中不断引导学生打开视野,从学生提出与外来物种入侵研究相关的方方面面问题开始,鼓励他们做好信息搜集、调查探究、分析总结、思考辨析和宣传推广等工作,使他们能够充分体验跨学科的学习,培养批判性思维和创新能力。

框架问题
基本问题： 怎样看待生态系统的稳定与变化？
单元问题： 1. 社区里发生的外来物种入侵是利还是弊？ 2. 为应对外来物种入侵,我们可以做什么？
内容问题： 1. 生活中有哪些常见的外来入侵物种？ 2. 外来入侵物种对我们的生活有哪些影响？ 3. 常见的外来入侵物种防治方法有哪些？

表3-2

项目化学习框架问题设计案例2

项目主题	南京路上老字号店铺*		
教师姓名	项目团队	学校	上海市市西初级中学
涉及学科	地理、美术、历史	项目实施年级	六年级、七年级
项目概述			
学生通过南京路(静安段)的实地考察,了解老字号在南京路上的分布;学生自主上网或通过图书馆查阅资料,了解这些老字号的过去和现在,并对资料进行梳理、归纳;学生之间展开讨论,为老字号出谋献策,寻求老字号的发展道路;最后整理和总结,完成南京路老字号的手绘地图及老字号衍生作品。			

---

* 本案例来源于上海市静安区教育局JT项目。

(续表)

框架问题
基本问题： 城市的今天怎样继承它昨日的光华？
单元问题： 1. 老字号的可贵仅仅在于它的"老"吗？ 2. 老字号如何更好地发展？
内容问题： 1. 南京路上有哪些老字号门店？ 2. 各家老字号的过去和现在是怎么样的？ 3. 各家老字号的产品特点和优势有哪些？

表3-3

项目化学习框架问题设计案例3

项目主题	畅想机翼的发展*		
教师姓名	陈斌	**学校**	上海市市北初级中学北校
涉及学科	数学、物理	**项目实施年级**	七年级
项目概述			

　　本项目主要来源于实验活动及航宇科普中心参观过程中学生产生的问题。实施中采用"校—馆—校"的活动模式，让学生带着研究问题去参观场馆学习后再回到学校。本项目为跨学科研究项目，内容涉及初中数学八年级上册的函数章节、九年级上册的向量章节，以及八年级上册物理的运动与力章节的相关知识。学生在项目学习中扮演着机翼演变的数据分析者和解释者的角色，采用函数图像以及向量工具对机翼中变量和常量进行客观的数学分析，为机翼选型变化找到科学的解释，并畅想未来机翼发展的趋势。在项目启动阶段，学生填写了KML表格进行评估，并按照评估结果进行分组。在项目实施阶段，学生学习了函数、向量知识和控制变量法实验要求，探究了纸飞机升力来源，进行了动力纸飞机实验，还通过参观了解了飞机的发展历史。活动中，在获取知识、应用知识的基础上，他们解决了动力纸飞机在实验中出现的问题，掌握了运用实验数据解释飞行原理的方法，并对机翼进行了创新构想。最后，每个小组都以飞机升力探究报告、场馆参观学习单、小报、飞行原理实验设备、创新机翼设计图来展示小组在项目学习中的收获。在这个过程中，学生提升了解决数学问题的能力，发展了数据分析观念以及数学建模思想。

---

* 本案例来源于上海市静安区教育局JT项目。

(续表)

框架问题
基本问题: 　　在设计中应该怎样考虑功能与结构之间的关系?
单元问题: 　　1. 机翼形态蕴含着哪些知识? 　　2. 什么是未来机翼的发展趋向?
内容问题: 　　1. 机翼的外形是怎么变化的,为什么这么演变? 　　2. 滑翔机阶段哪些变量影响了滞空时间和飞行距离? 人类如何控制这些变量?(用数学工具说明) 　　3. 动力飞行初期莱特兄弟的双翼飞机是如何设计的? 有什么优缺点?(用数学工具说明) 　　4. 单翼机"布莱里奥11型"是如何设计出来的? 有什么优缺点?(用数学工具说明) 　　5. 机翼由长方形演变到椭圆形再到后掠翼的原因是什么?(用数学工具说明)

思考与讨论

1. 为什么上述这些问题是好问题?
2. 基本问题和单元问题作为驱动问题,在教学中的作用是什么?

活动 3
框架问题的分类与运用策略

框架问题的分类与相互关系

框架问题自下而上分为三个层次:内容问题、单元问题、基本问题。其中单元问题和基本问题作为开放性问题,能引导学生进行深度思考,并培养他们在合作、探究中创造性地解决实际问题的能力,我们称之为"驱动问题"。

内容问题

所有的能力培养都要在必要的事实性知识与基本技能的积累下才能达成。指向事实性知识与基础性技能的问题,我们称之为"内容问题"。这类问题为学生发展高阶思维能力打造知识基础。

内容问题有以下特点:

- 属于封闭性问题。
- 来源于课程标准中的学习目标或知识点。
- 大多涉及的是事实而不是对事实的阐释。
- 往往具有明确的答案。
- 需要知识和理解力来回答。

内容问题示例:

- What job does your father or mother do?
- 生活中的垃圾桶在使用中存在哪些问题?
- 一个好故事包括哪些要素?

单元问题

虽然内容问题在学生的学习与探究过程中是必不可少的,但如果学习与探究仅仅停留在回答内容问题的水平上,那么学生所做的不过是寻找一些书本上的现成答案,运用的也只是低阶思维能力。他们的高阶思维能力如何才能得到发展呢? 为此,我们有必要以单元为背景,给学生提出一些开放的、没有现成答案的、需要他们深度思考才能够回答的问题。当这类问题与单元学习的主题相关时,我们就将其称为"单元问题"。对单元问题的回答应该是建立在对该单元内容的掌握和理解基础上的。内容问题与单元问题之间的关系见表3-4。

单元问题具有以下特点:

- 是开放的、没有唯一答案的。
- 在一个主题范围内能够激发学生探索。
- 对一个单元的学习而言是具体的。
- 能够引导学生对某些基本问题深入探索。
- 在概念框架内,能够帮助学生理解事实和概念。
- 需要高阶思维技能去评价、综合、分析。

单元问题示例:

- 你想从事什么职业? 为什么?
- 如何利用智能垃圾桶解决垃圾桶使用中的问题?
- 小说《西游记》的独特魅力究竟体现在什么地方?

表3-4

内容问题与单元问题之间的关系

内容问题	单元问题
• What job does your father or mother do? • What do you want to know when you interview a person about his/her job?	• What would you like to be? Why?
• 生活中的垃圾桶在使用中存在哪些问题? • 智能产品的特点是什么? • 智能垃圾桶有什么优势?	• 如何利用智能垃圾桶解决垃圾桶在使用中存在的问题?
• 一个好故事包括哪些要素? • "西游小队"中4个人分别担任什么样的角色? • 故事结局与故事中的哪些因素相关?	• "西游小队"中的4个人的性格是怎样推动情节发展的? 人物性格是复杂的,假如"西游小队"的4个人展示他们性格中不同的侧面,情节会怎样发展? • 小说《西游记》的独特魅力究竟体现在什么地方?

基本问题

好的单元问题可以帮助学生深入理解主题，但提出这样的问题还不够。为了让学生获得透彻的理解，我们必须利用更具挑战性、深层次的问题来揭示学科内涵的丰富性和复杂性。

基本问题有以下特点：
- 是关于开放的学科大概念问题。
- 能够作为各学科之间或各单元之间学习的桥梁。
- 可以用于某个学科或几个学科共同讨论的实际问题。
- 能帮助学生理解事实和概念及生活真谛的讨论。
- 需要高阶思维能力去评价、综合与分析。

基本问题示例：
- How does one's career affect his or her life?
- 人工智能终将超越人类吗？
- 在设计中应该怎样正确处理功能与形态结构的关系？
- 如何健康、安全地成长？
- 人类历史是不断进步的吗？

基本问题与单元问题一样，没有明显的正确答案，指向高阶思维，能够激发和维持学生学习兴趣。单元问题是由学科和项目主题决定的，更适合推进具体知识应用和开展特定研究，而基本问题则直接指向学科的核心思想和大概念的探究，指向更广，更具挑战性。单元问题和基本问题作为驱动问题，能激发学生深度学习的主动性，并培养他们在合作探究中发现问题和发展高阶思维的能力，以及创造性地解决问题能力和表达能力，因此教学中应该经常使用驱动问题。单元问题与基本问题之间的关系见表3-5，内容问题、单元问题、基本问题之间的关系见图3-1。

表3-5

单元问题与基本问题之间的关系

单元问题	基本问题
为什么现在我们还在阅读莎士比亚的作品？莎士比亚的作品和我们的生活有什么关系？	为什么有些故事能经受历史的考验而长存？
战争是如何开始的？战争是可以避免的吗？谁从战争中受益？	怎样借鉴历史，预测未来？
为什么要珍惜时间？怎样利用小工具管理时间？	为什么古人说一寸光阴一寸金？

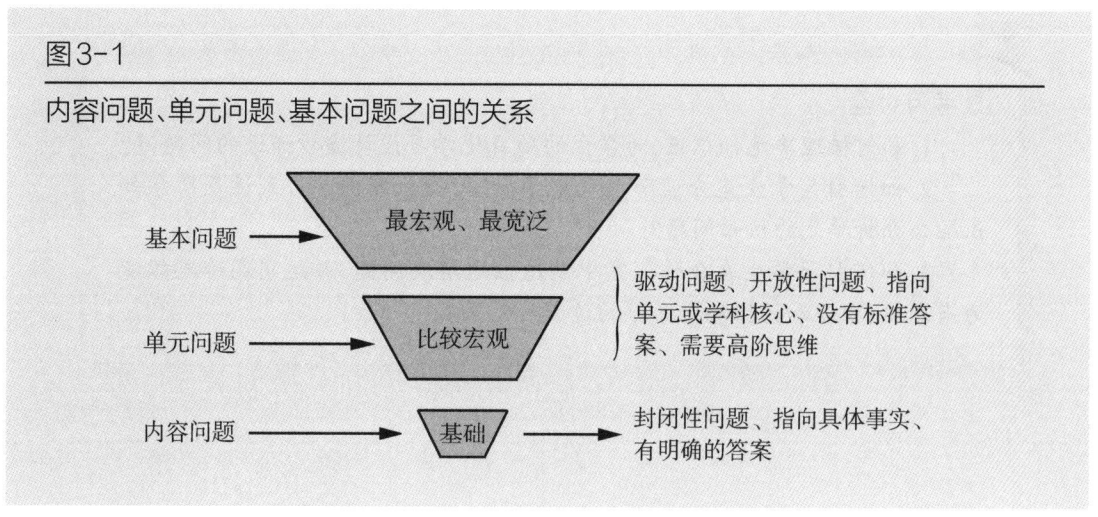

图3-1

内容问题、单元问题、基本问题之间的关系

框架问题的运用策略

在项目化学习的过程中,如何运用框架问题作为学生学习的支架,以支持学生的合作探究活动,并培养他们的高阶思维能力和核心素养是教学设计的难点,更是项目得以成功实施的关键。框架问题的运用见图3-2。

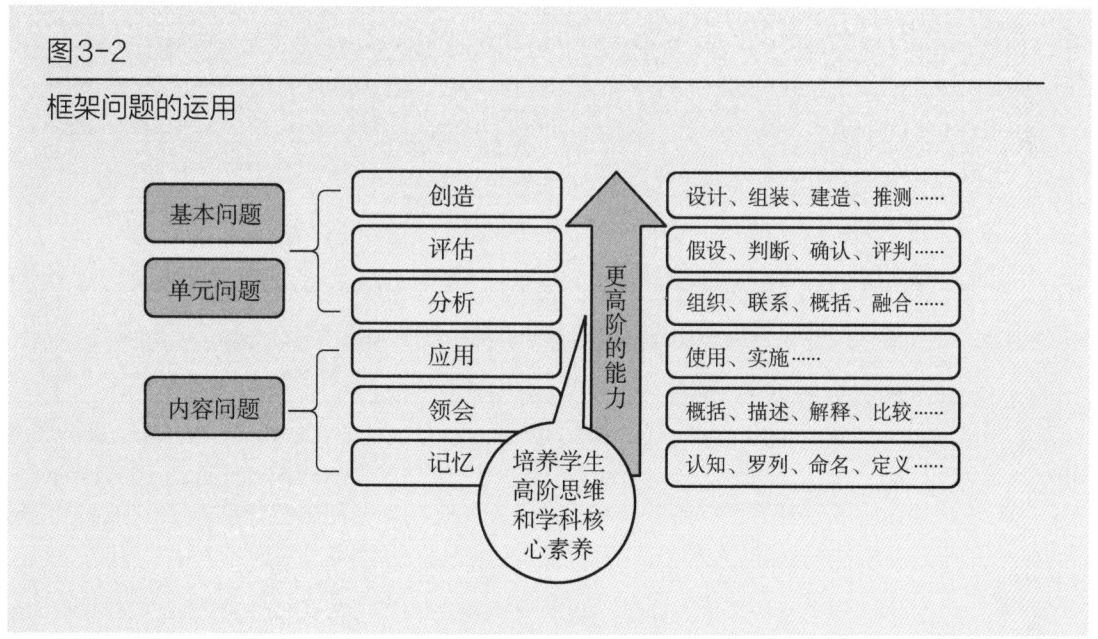

图3-2

框架问题的运用

思考与讨论

1. 如何梳理单元知识点,为学生的项目化学习设计逐步递进的问题链?

2. 如何引导学生充分理解单元重要内容,并从知识学习到运用所学知识综合分析单元的核心问题?

3. 如何引导学生在合作探究中创造性地解决问题,并运用高阶思维能力来表述、推理和论证整个学习的过程和结果?

活动 4
框架问题的设计方法和要求

框架问题的设计

自下而上的设计方法（内容问题—单元问题—基本问题）

由浅入深、从具体的教学内容入手，逐步引导学生对单元重要内容充分理解并运用所学知识综合分析、解决单元的核心问题，最终达成创造性地解决问题的能力培养；从事实性、阐述性问题到反思型、探究型问题，通过问题的逐步递进让学习走向深入，透过现象看本质地思考问题，培养学生的高阶思维能力。具体设计方法如下：

1. 依据课程标准和单元教学内容，为本项目学习设计2—3个内容问题，检验学生对基础知识、概念或事实的掌握和了解，内容问题有明确或唯一的答案。

2. 根据内容问题，找到单元需要学生深入学习并解决的核心问题，确认这些问题足以涵盖项目中的大多数议题，且需要学生经过合作、探究来解决。单元问题可以有1—2个。

3. 参照单元问题和内容问题，采用头脑风暴法形成关于学科大概念的问题，或重大的主题，使其成为本项目的基本问题。基本问题是高位的开放性问题，也是本项目学习中最宏大的问题，指向学科核心。基本问题可能需要几个单元的学习和不断探讨，以及创造性地关联所学知识来回答。

自上而下的设计方法（基本问题—单元问题—内容问题）

从最宏观的学科大概念问题入手设计基本问题，思考需要解决的学科核心问题或重大的主题，结合目前所教学的单元的学科内容和需要解决的核心问题，引发学生从宏观思考，逐步落实细化到具体学习内容，用大概念问题统领学科思维和探究，用具体的知识和事实来支撑学习的过程和结果，以及解决实际问题。具体设计方法如下：

1. 根据课程标准和学科内容，找到项目化学习的开放性的、最高位的、宏观的学科大概念问题,或者是需要学生持续探索、跨越几个单元和不同学科共同解决的同一个重大的主题,设为1个基本问题。

2. 对照课程标准和具体学习要求,在本项目中找到那些单元的核心问题或主题,这些问题需要学生深入学习并通过合作、探究,创造性地解决并推论过程和结果。将1—2个这类问题设为单元问题。

3. 在综合考虑基本问题和单元问题的基础上,思考学生需要用哪几个学科概念和基础性知识来回答和阐述事实。把2—3个这类问题设为内容问题。

根据问题角度的设计方法

我们在设计基本问题或单元问题时,可以从以下不同角度进行设计。

1. 以哲学思辨为导向的问题设计。这类问题能引导学生通过分析、推理和判断,系统性、创造性地表述解决问题的过程和结果。例如:

- 我们何时长大?
- 谁是英雄?
- 什么样的战争是正义的?

2. 以事实调查为导向的问题设计。这类问题能引导学生通过调查、取证等方式,对事物进行分析、总结和概括,进而提升分析问题和概括表达的能力。例如:

- 我为什么没从滑板上摔下来?
- 广告为什么会促使我购物?
- 一双好的运动鞋是怎样的?

3. 以问题解决为导向的问题设计。这类问题能引导学生通过了解现状,分析问题产生的根本,并通过合作探究等方式,提出独特的解决问题的方案和设想,从而培养分析运用、思辨和创造能力。例如:

- 我们如何改善社区交通?
- 如何消除学校中的鼠患?

4. 以产品创建为导向的问题设计。这类问题能引导学生通过对比、分析与评估,在实践中不断挑战,积累社会经验,培养自主学习、合作探究、分析和解决问题、思辨和创造等综合素养能力。例如:

- 如何设计文化墙展现社区的过去与现在?
- 如何在学校开一家店?
- 如何设计一份商业计划书来吸引投资者?

框架问题的评价量规

表3-6

框架问题评价量规

评价对象	等级			
	4	3	2	1
基本问题	能激发对跨学科大概念和社会深层问题的思考,避免项目停留在问题解决的表面;基于单元问题的解决,能继续激发学生做跨学科或同学科多单元批判性思考。	指向大概念,引起学生对跨学科领域或某学科多个教学单元的思考。	指向本项目的主要概念。	局限于项目中关于知识性目标的达成。
单元问题	引导项目的问题解决、指向创建项目成果,使学习目标能循序渐进地实现;具有开放性,能促进学生对项目的兴趣,激励学生运用高阶思维和参与项目活动的积极性。	以其开放性帮助学生运用一定的高阶思维理解项目目标中的主要概念。	具有开放性,但只对应部分学习目标、高阶思维及学科单元中的主要概念。	没有体现开放性,或者开放空间过于宽泛,反而模糊了重点知识的学习。
内容问题	是封闭性的,聚焦于学科关键概念和重要的基础知识;能支持单元问题,展现重要知识在应用中的深度理解。	构建基础知识,有明确答案。	部分内容问题注重基础知识理解,而有些则包罗太多且太杂或忽视对单元问题的支持。	失去了封闭性,有的甚至忽视了对项目中学科知识理解的支持。
框架问题的内在联系	三类问题有自上而下的引领关系,也有自下而上的支撑作用,能使学生创造性地回答基本问题。	三类问题有自上而下的引领关系,也有自下而上的支撑作用,能使学生批判性地回答基本问题。	有些问题能让学生根据解决内容问题所得,回答出单元问题,对基本问题有所思考。	三类问题互不相关,更无法引发学生对基本问题的思考。

框架问题的评价量规(见上页表3-6)具有以下特点:

- 帮助教师在教学设计时充分思考如何以框架问题为导向,促进项目化学习的教学目标达成,针对项目化学习进行由浅入深式引导。
- 为教师和学生提供明确的侧重点与学习方向,增进学生的理解,使学习聚焦在重要的主题上,且能够与其他学科的研究和其他主题联系起来。
- 引发学生思考更多感兴趣的探究性问题,在项目过程中培养自主学习、合作探究、分析问题、解决问题和思辨创新等高阶思维能力。

学习单

1. 请用连线的方式为下列问题分类。

项目主题1:彩泥动画＊

- 怎样制作定格动画?　　　　　　　　　　　基本问题
- 那些好故事是从哪里来的?
- 怎样让彩泥"动"起来?　　　　　　　　　单元问题
- 制作定格动画需要哪些材料和设备?
- 什么是好的彩泥动画故事?　　　　　　　　内容问题

项目主题2:印象儒家＊＊

- 儒家有哪些代表人物?　　　　　　　　　　基本问题
- 儒家文化对我们的生活产生了怎样的影响?
- 儒家文化的基本内容有哪些?　　　　　　　单元问题
- 文化有哪些值得我们继承的精华?
- 儒家文化后世是如何演变的?　　　　　　　内容问题
- 今天我们该如何审视儒家文化?

＊ 本案例来源于上海市静安区教育局JT项目。

＊＊ 本案例来源于上海市闵行区教育学院JT项目。

2. 请根据下列项目概述设计框架问题。

项目主题1:清澈的水池[*]

项目概述:学校校园内有一个景观池,由于学校水池相对封闭,经常发生水华现象,池水水质发生变化,池里养的金鱼相继死亡,学校只能定期换水、换鱼,水池生态问题一直没能很好地解决。学校面临的核心问题是如何解决水池的水华现象,让学校景观池成为一个可以自我循环和净化的生态景观池。学生通过扮演生态学家和环境治理专家,自学水华现象的相关知识,了解上海地区水体中常见的藻类;找出学校水池中的藻类,查找资料,了解该藻类的生长习性,弄清学校水池发生水华的原因;查阅上海的气候资料,实时监测每天的气温和降水情况,对比不同月份的天气状况和水华发生时间的长短;通过实验研究相关解决方法,最终提出一份关于学校水池水华现象的解决方案,并在第二阶段着手治理学校的景观池。

基本问题:

单元问题:

内容问题:

---

[*] 本案例来源于上海市闵行区纪王学校JT项目。

项目主题2:国际美食节*

项目概述:本项目化学习取自沪教版牛津英语七年级九单元,单元话题为"国际美食节"。在本项目中,教师将引导学生利用已有知识获取新知识,并且带着问题去了解各国美食及饮食文化,分析各国美食及饮食文化的差异。学生分别扮演厨师、策划者、售货员等角色,通过烹饪美食、制作海报、讨论定价等活动,最终策划一次国际美食节。通过本项目的学习,学生能够掌握各国美食及饮食文化相关的英语词汇;了解各国特色传统美食的制作过程,并能用简单的英语进行口头或书面表达;提升使用信息技术搜索、整合信息的能力;能从英语文本材料中获取相关信息,并制作食谱与海报;与同伴对比讨论、分析总结,提升团队协作的意识和能力;增强国际视野,从而对世界多元文化更加包容和开放。

基本问题:

单元问题:

内容问题:

(参考答案见p.69—70)

---

* 本案例来源于上海市万里城实验学校JT项目。

活动 5
设计你的框架问题

1. 请你利用项目化学习框架问题设计模板(见表3-7),根据自己的教学内容选择主题,完成框架问题的设计。

提示:梳理单元知识点,根据选题和教学目标,思考为了达成项目成果需要设计哪几个教学任务,并列出对应的框架问题。(注意三类问题之间的关系)

关注:框架问题能否引发学生的合作探究?能否培养学生的问题解决和思辨创新能力?

表3-7

项目化学习框架问题设计模板

项目主题	
框架问题	
基本问题:(一个处于课程核心地位,能引发学生深度理解课程大概念的问题)	
单元问题:(2—4个立足于特定主题,可以促进一系列具体项目活动的开展,并能导向对基本问题思考的问题)	
内容问题:(基于事实的、有标准答案的多个问题)	

2. 请结合以下几点和学习同伴交流：
- 简述项目主题和项目概述。
- 学生扮演的角色、承担的任务和项目最终的成果；希望培养的核心素养目标。
- 框架问题如何结合上述特点在教学中发挥作用。

模块 3
总结与反思

1. 请结合下列内容进行总结与反思

（1）框架问题的意义

• 基本问题跨越了多个学科领域或某个学科的多个教学单元,能激发批判性思维,令人深思。

• 单元问题有利于学习目标的实现,具有开放性,与学习目标清楚地对应,要求学生使用高阶思维形成对某个教学单元或学习目标的实质性理解。

• 内容问题着重突出了关键概念,有利于构建事实性知识以支持单元问题,有确定的答案。

• 要求学生运用在解决内容问题中获得的信息回答单元问题,创造性地回答基本问题。

（2）框架问题的运用策略

• 结合项目选题和学习目标,从项目的学习内容、探究的过程和完成的成果这一完整环节设计引发学生深度思考的问题链。

• 通过项目化学习中重要的活动节点,穿插并分阶段用好三类不同的问题作为活动的引导问题逐步展开,递进运用,并根据活动的需要增加其他教学必需的问题,让学生的思维过程能在教学活动中更形象地呈现,体现学生综合运用所学知识发现问题、解决问题的能力。

2. 请使用下列评价工具进行自评和互评(见下页表3-8、表3-9)

表3-8

学习过程自查表

学习内容检测点	学习评价		
	好	较好	须努力
了解框架问题在项目化学习中的重要意义和作用。			
初步掌握基本问题、单元问题和内容问题的内涵、设计方法和要求。			
为自己开发的项目设计框架问题。			

表3-9

框架问题设计评价量表

项目	评价内容	评价结果（在对应的框内打"√"）			
		很好	较好	一般	不理想
基本问题	能激发对跨学科大概念和社会深层问题的思考，避免项目停留在问题解决的表面；基于单元问题的解决，能继续激发学生做跨学科或同学科多单元批判性思考。				
单元问题	引导项目的问题解决、指向创建项目成果，使学习目标能循序渐进地实现；具有开放性，能促进学生对项目的兴趣，激励学生运用高阶思维和参与项目活动的积极性。				
内容问题	是封闭性的，聚焦于学科关键概念和重要的基础知识；能支持单元问题，展现重要知识在应用中的深度理解。				
框架问题的内在联系	三类问题有自上而下的引领关系，也有自下而上的支撑作用，能使学生创造性地回答基本问题。				

学习单参考答案

1.

项目主题1：彩泥动画

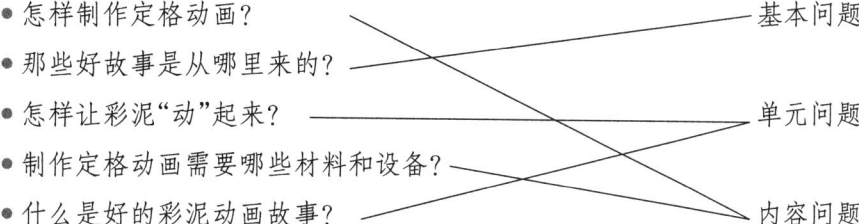

- 怎样制作定格动画？ ——基本问题
- 那些好故事是从哪里来的？
- 怎样让彩泥"动"起来？ ——单元问题
- 制作定格动画需要哪些材料和设备？
- 什么是好的彩泥动画故事？ ——内容问题

项目主题2：印象儒家

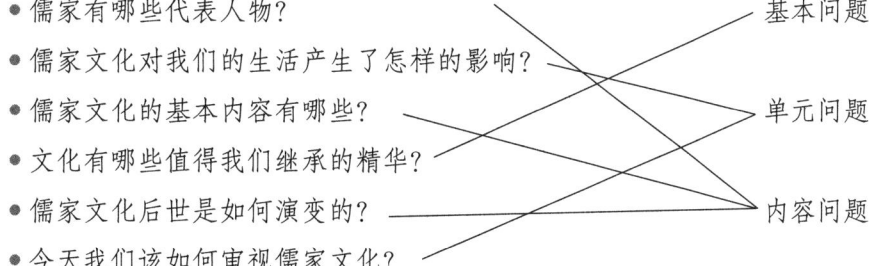

- 儒家有哪些代表人物？ ——基本问题
- 儒家文化对我们的生活产生了怎样的影响？
- 儒家文化的基本内容有哪些？ ——单元问题
- 文化有哪些值得我们继承的精华？
- 儒家文化后世是如何演变的？ ——内容问题
- 今天我们该如何审视儒家文化？

2.

项目主题1：清澈的水池

基本问题：

怎样看待生态系统的变化与稳定？

单元问题：

怎样让校园的景观池变成生态水池？

内容问题：

1. 上海地区有哪些常见的藻类植物？
2. 藻类大量生长繁殖的气候条件是什么？
3. 影响水华现象形成的因素有哪些？
4. 在一定的水域，控制藻类生长速度的方法有哪些？

项目主题2：国际美食节

基本问题：

如何尊重理解世界文化的多元性？

单元问题：

1. 你眼中的各国传统美食有哪些特点？
2. 怎样组织一次国际美食节？

内容问题：

1. 如何用英语准确、生动地描述美食制作的过程？
2. 如何用英语询问价格？
3. 英语宣传海报需要包含哪些元素？

模块 4

项目化学习的教学过程设计

本模块主要学习项目化学习教学过程的设计。通过理论讲授、案例分析、问题研讨、实践操作等方式，了解项目化学习教学过程的5个阶段，以及各阶段的目标和任务；学习用活动时间线初步规划各阶段的学习活动；掌握教学过程中学习活动、项目成果和成果展示等活动的设计方法，并为自己开发的项目主题进行教学过程设计。

学习目标

1. 了解项目化学习经历的5个阶段及各阶段的目标和任务，并应用活动时间线规划各阶段的学习活动。

2. 掌握教学过程各学习活动的设计方法。

3. 为自己开发的项目主题完成教学过程设计。

活动 1
学习回顾：框架问题的评析与修改

回顾与思考

1. 框架问题的分类及相互关系：
- 框架问题自下而上分为3个层次：内容问题、单元问题、基本问题。
- 单元问题和基本问题：开放性问题，能引导学生进行深度思考，并培养他们在合作、探究中创造性地解决实际问题的能力，也称之为"驱动问题"。
- 内容问题：属于封闭性问题，指向事实性知识与基础性技能。

2. 设计单元问题和基本问题的4个角度：
- 以哲学思辨为导向的问题设计。
- 以事实调查为导向的问题设计。
- 以问题解决为导向的问题设计。
- 以产品创建为导向的问题设计。

3. 怎样的问题是好问题：
- 能指向真实世界的实际问题，有利于培养学生创造性解决问题的能力。
- 能引导学生进行深度学习，不断加深对学科大概念的理解。
- 能激发学生的学习动机和探究欲望，有利于培养学生高阶思维能力和学科核心素养。

修改框架问题

1. 邀请你的学习同伴对设计的框架问题互相进行评析，至少提出3个优点和两个修改建议。
2. 根据同伴的建议和自己的思考对框架问题进行修改。
3. 和同伴交流修改思路及修改后的框架问题，互相评价。

活动 2
规划项目化学习的进程与任务

项目化学习教学设计与实施的主要内容

项目化学习教学设计的主要内容

项目化学习的教学设计主要包含以下六方面的内容：选题设计、框架问题设计、教学过程设计、项目成果设计、评价设计、技术应用设计。其中，教学过程的设计是整个项目化学习教学设计的主要内容。实际上，项目成果、评价和技术应用的设计，都是教学过程设计的组成部分，但为了强调项目成果、评价和技术应用在项目化学习中的重要性，我们将这几方面的内容单独列出，以供教师在进行教学设计时，对它们进行具体分析和设计。

项目化学习实施的五个阶段

在项目化学习的实施过程中，各学习活动依照先后顺序，主要可分为五个阶段：项目实施前、项目启动、项目实施中、成果展示和项目实施后。这五个阶段相互影响、前后呼应、环环相扣，前一个学习阶段是后一个学习阶段的先导和基础，后一个学习阶段是前一个学习阶段的延续和发展，进而形成项目化学习实施的整体。教学过程设计就是对教学实施五个阶段进行具体的规划和设计。

项目化学习教学设计和实施的相互关系

项目化学习教学设计和实施是相互影响、相互促进的。教学设计是对教学的一种规划和预设，是教学实施的前提和基础，尤其对于刚开始进行项目化学习教学实践的教师而言，做好教学设计显得尤为重要。项目化学习教学设计质量的高低，将直接影响项目实施的教学效果；反过来，项目实施过程中，可能遇到新的困难、新的问题或突发性事件，需要教师对原教学设计进行调整和完善，以保证项目顺利进行。同时，教学实施过程中的经验和成果，又能不断丰富教学设计的理论与实践，促进项目化学习不断走向成熟和高效。（见下页图4-1）

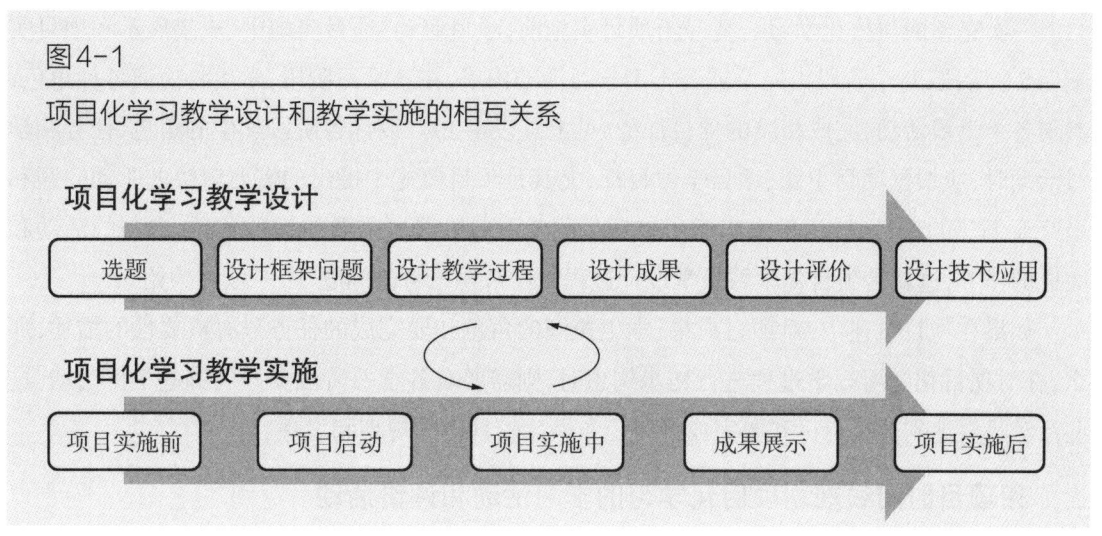

图4-1
项目化学习教学设计和教学实施的相互关系

规划项目化学习的进程与任务

项目化学习的教学过程是一个丰富多彩而又复杂多变的过程。它包含的内容丰富、涉及面广,由一个个相对独立而又互相紧密相连的学习活动构成。设计好这个过程并不容易,尤其对于初次进行项目化学习教学设计的教师而言,更会感觉难度较大而难以把握。为使教学过程的设计顺利而高效,教师在进行具体设计之前,须对整个项目学习过程进行初步构思和规划。构思、规划项目化学习的进程与任务的具体步骤如下:

"以终为始"初步构思各阶段的任务与学习活动

表4-1

项目化学习各阶段的任务与学习活动示例

项目化学习进程	项目任务	学习活动
项目实施前	学习项目需要应用的知识和技能	教师讲授、自主学习
项目启动	明确项目的目标、内容、成果和实施计划	教师讲授、头脑风暴、合作学习、评价
项目实施中	学习项目相关的知识与技能,探究并解决与社会、生活相联系的真实问题,设计并创建项目成果	自主学习、合作学习、探究性学习、社会实践活动、作品创建、评价
成果展示	展示、评价项目成果	合作学习、展示活动、评价
项目实施后	反思和总结	合作学习、头脑风暴、反思迁移

一次完整的项目化学习需要经历项目实施前、项目启动、项目实施中、成果展示和项目实施后5个阶段,每个阶段由一个或若干个学习活动构成,在各学习阶段,学生将扮演各种角色,参与各个学习活动,完成相应的项目任务(见上页表4-1)。设计各阶段学生的角色、任务和学习活动时,应根据项目主题、项目学习目标,尤其是项目概述中提出的需要解决的驱动问题和最终要创建的项目成果,逆推出学生在项目化学习各阶段所需要扮演的角色、参与的活动和完成的任务,这就是项目化学习教学设计过程中经常要思考的问题——"以终为始"。

如果在项目概述中,对项目成果、学生扮演的角色和要完成的任务只有概要性的描述,那么,在对项目化学习教学过程进行初步构想时,则需要对各学习阶段要开展哪些学习活动,这些活动将要达到什么目标和要完成哪些任务做比较具体的规划和设想。

用项目时间线规划项目化学习的学习活动和评价活动

项目时间线是一款可视化的思维工具,能形象、直观地呈现项目化学习各阶段所要开展的学习活动和评价活动,是进行教学过程设计的支架。正确运用项目时间线,能对各阶段所要开展的活动做初步的整体规划。项目时间线由三部分内容构成(见图4-2):上部的活动时间线、中部的项目阶段和下部评价时间线。每个项目阶段方框的上方是和它对应的学习活动设计框,下方是和它对应的评价活动设计框。项目化学习活动时间线案例见下页图4-3、图4-4。

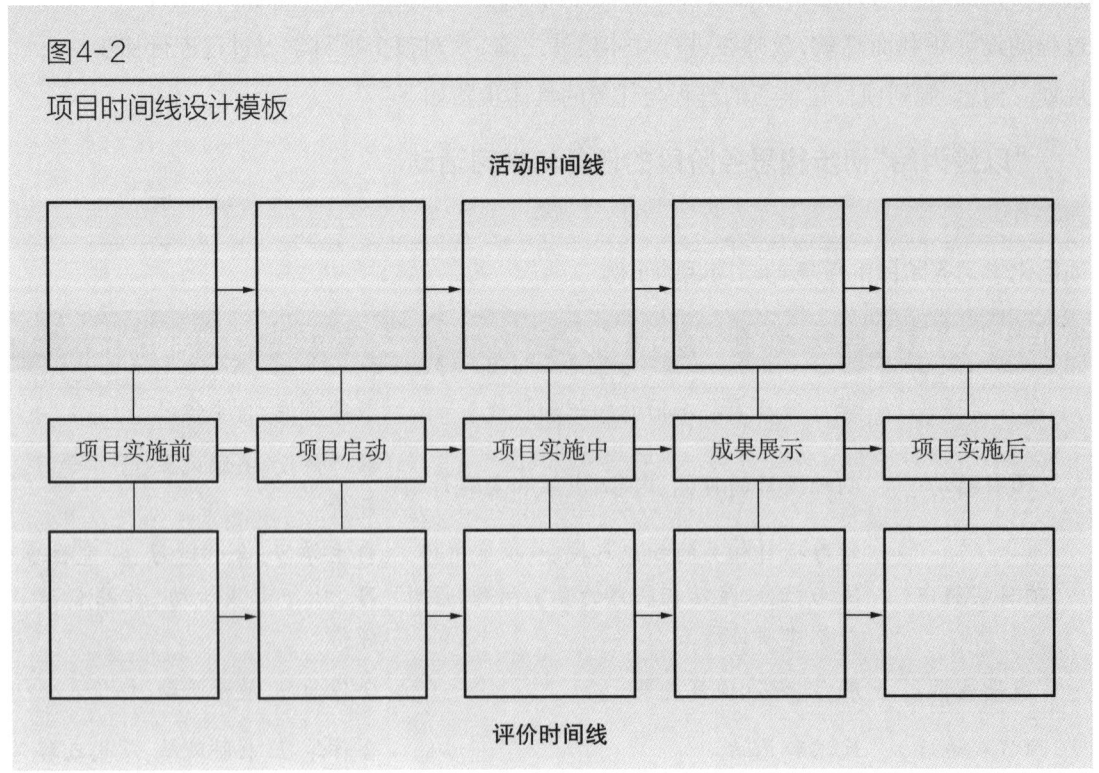

图4-2
项目时间线设计模板

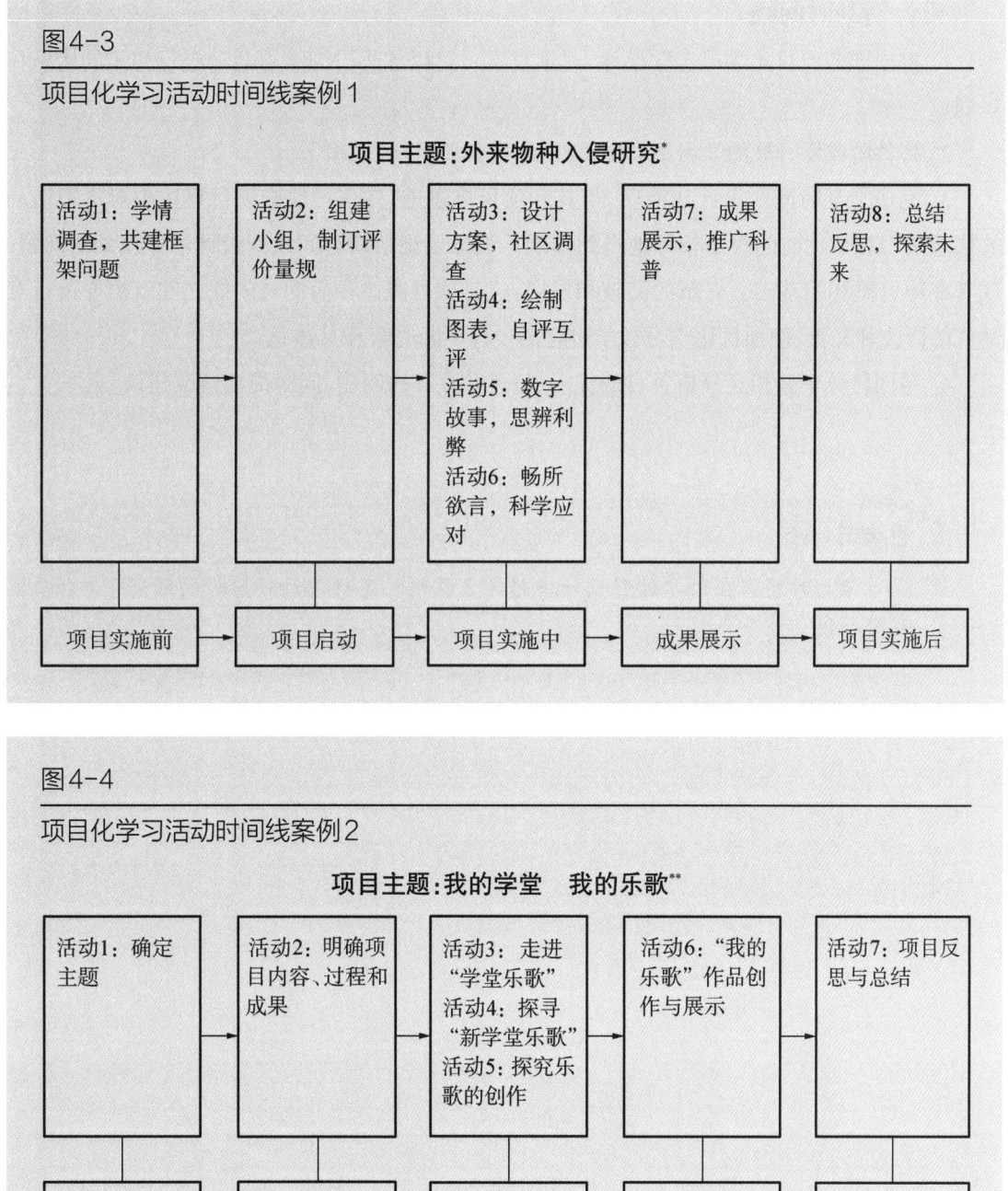

图4-3 项目化学习活动时间线案例1

图4-4 项目化学习活动时间线案例2

（上海市实验学校西校　王雅琪提供）

---

* 本案例来源于上海市洛川学校JT项目。
** 本案例来源于上海市实验学校西校JT项目。

设计活动时间线

1. 根据你的项目化学习选题设计,对项目学习过程各阶段的学习活动进行初步的构思和规划。

2. 将各阶段要开展的学习活动填写在活动时间线设计模板上。

3. 完成活动时间线设计初稿后,将其和项目概述进行比对,检查项目概述中对学习活动的构想是否在活动时间线中较好地得到体现。如果发现活动时间线的设计还存在某些问题,或者在项目概述的基础上有新的突破和发展,这时项目概述和活动时间线之间就需要进行互动式的修改和完善,使项目化学习教学过程的设计不断完善和具体化。

4. 与同伴分享并相互分析各自的优点、特色和存在的问题,同时提出修改建议。

思考与讨论

　　活动时间线在教学过程设计中起什么作用?怎样设计一份好的活动时间线?

活动 3
项目化学习教学过程设计

项目化学习中师生的角色转变

项目化学习的教学模式以学生为中心,与传统的课堂教学相比较,项目化学习中教师和学生的角色都发生了很大的转变。具体表现在以下几方面:

教师角色的变化

1. 由知识的传授者转变为学生发展的促进者

当今社会要求教师不仅要关注基础知识的传递,而且要注重激励学生思考和探究。项目化学习要求教师不是将知识的结果直接告诉学生,而是通过适当的质疑和探究,让学生处在真实情境中,像专家一样思考和探究解决实际问题的策略和方法,在解决问题的过程中建构知识。作为促进者,教师首先要积极地观察学生在思考、实验、探究或讨论时的所作所为、所思所想,随时掌握各种情况,在学生需要的时机,给予心理上的支持和学习方法上的指导,促使学生更积极主动地进行学习、探究和创建。

2. 由知识的输出者转变为学生自主学习的指导者

在项目化学习中,教师要把自己的一切教育行为定位于支持和指导学生自主学习和自我解决问题的层面。在指导学生解决问题的过程中,要创造一种开放性学习和探究的氛围。在学生可能遇到问题之前,进行前瞻性预测,做好先期的调控,避免学生走弯路。在学生感到困惑或遇到难以解决的问题时,给予适度的引导和点拨。

3. 由独立的教学者逐渐转变为合作的教学者

在传统课堂中,大部分教师是单学科教师,讲授的是本学科的知识与技能,一般不需要与其他学科的教师合作就能独立完成教学工作。但在项目化学习教学实践中,教师面临着指导学生"创造性解决问题"的任务,尤其是在实施跨学科项目和活动项目时,教师指导的内容可能涉及科学、技术、文化等各个领域。对大多数教师而言,很难独自一人完成对各组学生的指导工作,这就需要教师在更大的空间、以更加平等的方式与更多的教师紧密合作,甚至和家长及校外人士建立合作关系,共同完成对学生的指导工作。因此,在教育学生学会合作的同时,教师首先自己要学会合作。

学生角色的变化

1. 由被动学习者转变为自主学习者

在项目化学习中,学生作为学习者强调自主学习。自主学习要求学生自觉担负起学习的责任,不断挖掘潜在的独立学习能力,在学习过程中进行自我计划、自我调整、自我指导、自我强化,不断发现问题、提出问题、分析问题和解决问题,强调有个性的学习活动过程。这种学习有利于培养学生的创新和实践能力。

2. 由个体学习者转变为合作学习者

在项目化学习中,学生一般通过解决实际问题、创建项目成果来进行学习。由于探究或所需解决问题的复杂性,学生需要以小组为单位进行学习、探究和创建。在小组中,学生共享知识,共同处理、解决学习过程中遇到的各种困难。每个组员都需要积极主动参与小组活动,与小组其他成员相互依赖,共同承担责任,相互交流想法,相互鼓励和沟通。在问题解决和成果创建的过程中,学生的合作学习意识和能力得以培养。

3. 由知识消费者转变为知识创造者

在项目化学习中,学生都要进行探究性学习,有的学习项目甚至须多次应用探究性学习。虽然学生的研究不等同于严格意义上的科学研究,但是探究性学习涉及提出问题、作出假设、制订计划、观察、实验、制作、收集证据、进行解释、表达与交流等各种活动,这与科学研究相类似。另外,学生在问题解决和探究过程中建构知识、创建成果,这使学生在项目化学习中不再是单纯的知识消费者,而是一个知识的创造者。

项目化学习中师生的角色及相互关系可从图4-5中得到进一步理解。

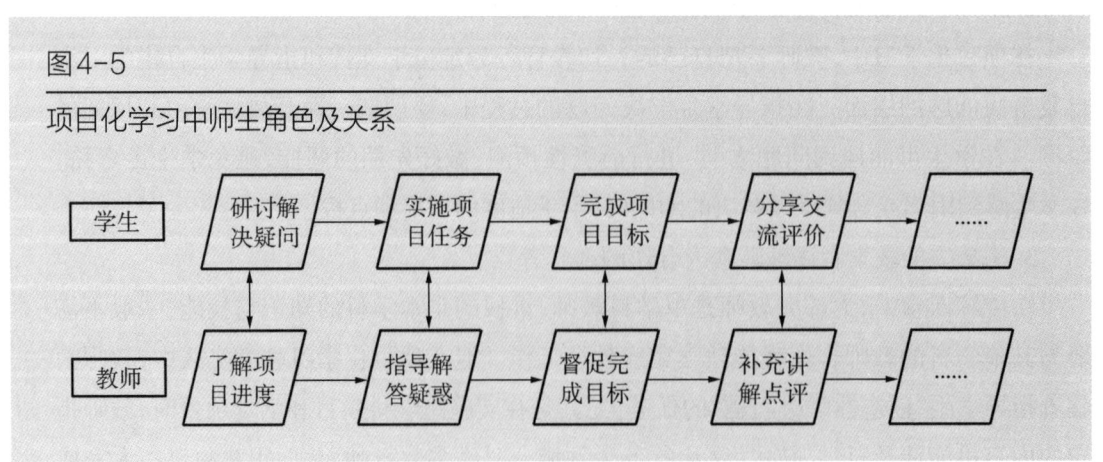

图4-5
项目化学习中师生角色及关系

教学过程设计模板

熟悉教学过程设计模板(见表4-2)的结构和内容,有助于理解项目化学习教学过程设计的内容和要求。

教学过程设计模板根据项目化学习的5个阶段,即项目实施前、项目启动、项目实施中、成果展示和项目实施后(按照实施时间先后顺序)编排,每个阶段由一个或若干个学习活动组成(注意:是由一个或若干个学习活动组成,而不是一节课或若干节课组成)。一般而言,项目启动、成果展示和项目实施后这三个阶段,每个阶段各设计一个学习活动。而项目实施前的学习活动设计,则根据各个项目具体情况而定。有的项目在实施前,学生需要学习和项目有关的知识或技能,为顺利实施项目打好基础,这就需要设计相应的学习活动;有的项目在实施前不需要学生学习相关的知识或技能,也就不需要设计相应的学习活动,这些项目可以把"项目实施前"部分省略。

每个学习活动的设计由左右两个栏目组成,左边一栏是学习活动的具体设计,右边一栏展示学习活动中对信息技术的应用情况,简要说明应用的信息技术和技术应用目的。

表4-2

项目化学习教学过程设计模板

项目主题			
教师姓名		学校	
涉及学科		项目实施年级	
项目实施时间	(准备开展教学实践的时间段)		
项目时间线 (梳理各阶段活动时间顺序,以及相应使用的评价工具)			

(续表)

教学过程	
（具体描述以学生为中心的活动，要求体现项目基本要素，发展能力，包括评价和技术应用）	
项目实施前	
活动____：	课时：
活动内容和模式：（对教与学活动进行具体描述，把问题引导、合作学习、评价和技术工具应用进行整合性描述，以及标明课内、课外或线上、线下的开展模式，下同）	**信息技术应用**：（应用的信息技术和技术应用目的，下同）
项目启动	
活动____：	课时：
活动内容和模式：	信息技术应用：
项目实施中	
活动____：	课时：
活动内容和模式：	信息技术应用：
活动____：	课时：
活动内容和模式：	信息技术应用：

（续表）

活动____：	课时：
活动内容和模式：	信息技术应用：
活动____：	课时：
活动内容和模式：	信息技术应用：
成果展示	
活动____：	课时：
活动内容和模式：	信息技术应用：
项目实施后	
活动____：	课时：
活动内容和模式：	信息技术应用：

教学过程各阶段的项目任务和学习活动

项目实施前

项目任务：学习本项目所需要应用的基础知识和基本技能。有些项目的内容比较丰富，容量比较大，需要学生掌握的基础知识和技能也比较多，在这种情况下，为降低项目实施难度，避免项目实施周期过长，把有关的基础知识或基本技能的学习安排在项目实施前进行。有的学生是第一次实践项目化学习，对项目化学习及其所需要具备的学习能力不足，因此可以在实施前对"什么是项目化学习""如何开展项目化学习""在项目化学习中如何进行合作学习"等内容进行先期培训。有些项目在实施前没有必需的学习任务，就不需要设计学习活动。

学习活动：针对基础知识的学习活动设计，可以是以教师讲授为主的学习活动，也可以是教师提出学习任务和要求，由学生自主进行学习。在项目化学习中有时会有以教师讲授为主的学习活动安排，但它整体上更注重学生自主学习、合作学习和探究性学习。

项目启动

项目任务：明确项目学习内容、学习目标、项目成果；组织项目学习小组，并制订项目实施计划。

学习活动：项目启动是项目化学习中很重要的学习活动，尤其对第一次参加项目化学习的学生而言更是如此。项目化学习的一个重要原则就是"以终为始"，这既是对教师进行项目化学习教学设计的要求，也是对学生开启项目化学习之旅的要求。项目启动可以有多种方式，一个故事、一段视频、一份策划书、一次情境导入、一场头脑风暴，都可以启动学习项目。不论采用哪种方式启动项目，教师都要精心设计、充分准备，才能激发学生参与项目化学习的激情。

项目启动时很重要的一个任务是组织学习小组并制订项目实施计划。在这个过程中，教师既要尊重学生的自主权，使学生按照自己的意愿选择学习小组、制订项目实施计划，又要适时给予指导，引导学生按照项目的学习目标和要求开展活动，必要时需要提供支架以帮助学生克服实施过程中的困难和障碍。比如，当学生（特别是小学低年级学生）在制订项目实施计划时，教师可以事先设计好项目实施计划模板，并设计一些提示语，帮助学生顺利地制订实施计划。

项目实施中

项目任务：学生在这个阶段主要完成三项任务——学习和项目相关的知识与技能；探究并解决和社会、生活相联系的真实问题；设计并创建项目成果。（见下页图4-6）

学习活动:项目实施中是教学过程最主要的阶段,项目化学习进程中,主要的学习活动都在这个阶段进行。学生将自主选择,提出问题,联系真实社会,通过探究与合作,找到解决问题的途径和方案。教师采用激发学生深度参与的教学策略,并使用多元评价和技术工具,以支持学生的学习。教师要引导学生进行阶段性总结和反思,鼓励创新和批判性思维的培养。在完成项目任务的各个学习活动中,信息技术应用和评价活动是嵌入在各学习活动之中的。

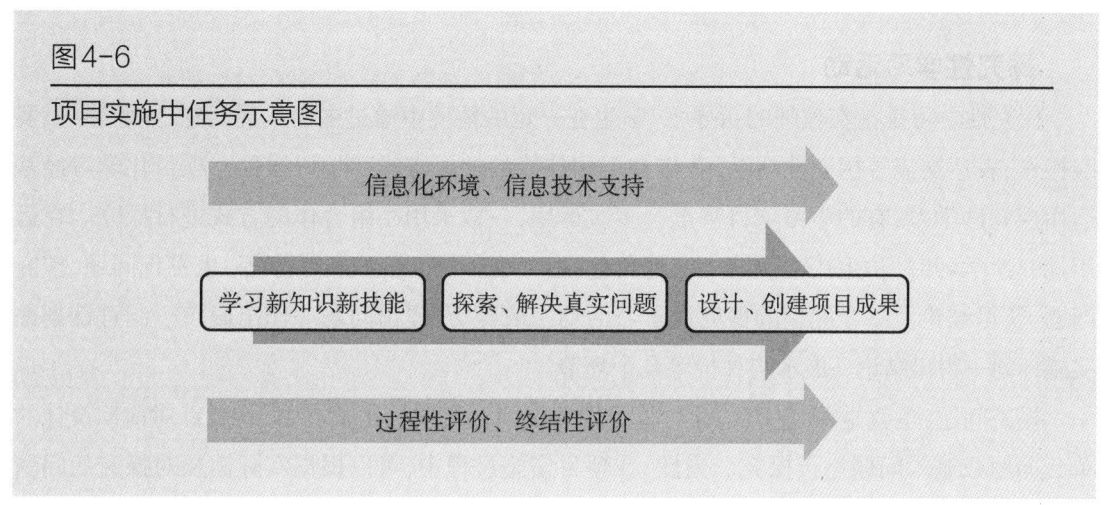

图4-6
项目实施中任务示意图

成果展示

项目任务:展示并评价项目成果。

学习活动:项目化学习需要学生创建一个产品(这个产品也被称为项目成果),这是项目化学习的一个重要特征,而且项目成果要在一定的范围内,以学生喜欢的多种形式公开展示并给予相应的评价。成果展示不仅要展示学生经过精心设计、制作的产品,还要展示学生对成果设计的思路和创建过程。

项目实施后

项目任务:对项目学习过程的反思、总结,引导学生把项目化学习的收获应用到今后的学习活动之中。

学习活动:引导阶段性总结反思,采用多元评价和技术工具,引发学生对项目化学习的兴趣,鼓励学生不断尝试。

教学过程中的学习活动类型

学习活动是指学习者以及与之相关的学习群体(包括学习同伴和教师等)为了完成特定

的学习目标而进行的操作总和。学习活动可以是个体的,也可以是群体协作的。设计学习活动时,活动主题要明确,活动任务要具体,活动程序要清晰,让学生在可以理解的、与生产、生活实际或自然紧密联系,尽可能在真实的、生动的学习情境中开展学习活动。通过学习、实践、实验、探究等活动,在解决问题过程中建构知识,创建成果,提高学生创造性解决问题的能力。

项目化学习中开展的学习活动主要有:探究性学习活动、自主学习、合作学习和社会实践活动四类。

探究性学习活动

探究性学习是指在教师的指导下,学生在一定的情境中通过主动发现问题、体验感悟、实践操作、表达交流等探究性活动,获得知识和技能的学习方式和学习过程。项目化学习经常运用探究性学习,有的学习项目甚至会多次运用,一般采用小组合作的方式进行探究。在运用探究性学习时,学生往往扮演一定的角色,如工程师、园艺师、科学家等,去发现问题,探究问题,获得结论。一个完整的探究性学习活动一般经历:提出问题—作出假设—制订计划—实施计划—得出结论—展示与评价等几个环节。

提出问题:也就是探究什么,针对什么现象设问。在项目化学习中,一般针对前期设计的单元问题或基本问题进行探究。当然,在项目实施过程中,可以根据实际需要对探究的问题进行调整或完善,使探究的问题更具针对性,有利于学习目标的达成和项目成果的创建。

作出假设:实质上就是引导学生根据生活经验和知识储备对提出的问题进行猜想。教师应鼓励学生大胆猜想,并引导学生对提出的各种假设进行分析、梳理和归纳。

制订计划:制订探究计划应具体体现在教学过程的设计中,不同类型、涉及不同学科的项目化学习探究的内容、步骤各不相同,有的需要调查研究,有的需要实地考察,有的需要实验论证,不管采用哪种探究方式,都需要周密思考、详细计划,并让学生理解探究计划和要求,引导他们积极投入到探究活动之中。

实施计划:其过程就是实施探究活动的过程,应做到以下几点:

• 保证探究过程的完整性和规范性,尤其是实验论证的探究活动,更要严格按照实验的步骤和要求实施,这样得到的数据才科学可信。

• 不论是通过调查、实验采集的数据,还是通过网络、书刊收集的资料,都要及时记录、分类、归档,每个学习小组都要有专人管理。

• 注重计划实施过程的安全性,特别是有些需要实地考察和科学实验的探究性学习,一定要做好安全措施,保证活动的安全性,必要时要做好活动的安全预案。

得出结论:实质就是对探究过程中获得的数据进行分析、描述,对探究现象归纳、总结的过程。得出的结论应该建立在对数据的计算、分析、论证的基础之上,确保其是客观而科学的。

展示与评价:全班或小组围绕探究得到的结论、得出结论的过程、有什么体会等方面进行展示与交流。评价就是对探究结果和探究过程的反思,分析探究过程中获得的发现、存在的问题和改进建议等。评价有利于发展学生的批判性思维,教师要以多种形式引导学生养成评价意识和能力。

在实施探究性学习活动时,要关注以下几点:
- 创设探究情境,积极参与探究过程。
- 规范探究过程,培养科学探究精神。
- 活跃探究氛围,提升高阶思维品质。

自主学习

自主学习是一种主动的、建构性的学习过程。在这个过程中,学生首先要为自己确定学习目标,然后监视、调节、控制由目标和情境特征引导和约束的认知、动机和行为。

在项目化学习中,学生的很多学习活动是以自主学习的方式开展的,因此,培养学生自主学习能力至关重要。教师可以从以下几方面着手培养学生自主学习能力:

1. 制订学习计划

自主学习的第一步是制订学习计划。计划要考虑到时间、学科、目标等方面,还得有预计、应变等备选方案。在项目化学习中,为保证项目的顺利实施,每个学习小组都应在项目启动时制订项目的实施计划,使每个小组成员都明确在项目各阶段要做什么、怎么做、达到什么要求。

2. 加强时间管理

自主学习的关键是时间的合理分配与精心安排。加强时间管理,需要计划作为先导,自律作为后盾,充实作为宗旨,达到劳逸结合、寓学于乐的理想状态。

3. 整合利用资源

网络时代,学习的制高点是整合利用资源。这里的资源不仅包括自身的知识积淀,还包含着学习工具、途径、方法和策略的整合。在项目化学习中,整合小组成员的各种资源,对提高学习成效能起到十分重要的作用。

4. 重视反馈评价

自主学习需要重视学习过程的优化与方向的修正。要保证学习活动朝着项目目标发展,就需要通过过程性评价,及时检测学生的学习成效和发展方向。具体而言,反馈评价包括通过评价及时查漏补缺,针对出现的问题交流、研讨,自我评价学习效果,学会反思并调整学习策略。

5. 培养学习习惯

学习习惯的养成能有效提升学习效果,是自主学习能力的重要方面。自主学习的习惯培养主要包括:确定学习目标、组织学习活动、自我监控学习过程、主动选择学习策略、自我评价学习结果等方面。

6. 坚持学以致用

自主学习推崇"学以致用",而不是"学以备用"。如果"学"与"用"之间隔着一段时空,会让学生看不到应用的前景,体会不到应用的乐趣,更无法在应用过程中探索学习,进而导致真知无法从实践中产生。项目化学习尤其如此,项目化学习就是要在问题解决的过程中和在成果创建的实践中学习、探究并建构知识。

合作学习

小组合作学习是指为了完成共同的学习任务,学生在自主探索的基础上,以学习小组为单位,充分展示自己的思维并相互交流,把小组中的不同思路进行整合优化,将个人独立思考的成果转化为全组共有的成果,以群体智慧来解决问题的一种互助性学习方式。

在项目化学习中,一般都采用小组合作学习的方式。小组合作学习既是项目化学习的学习方式,又是学习的组织形式。

1. 合作学习的基本要素

相互依赖:积极的相互依赖是合作学习的首要因素,也是合作学习的核心。具体表现为目标的相互依赖,资源的相互依赖,任务的相互依赖以及奖励的相互依赖,使小组成员在完成任务过程中同荣辱共进退。

人人尽责:人人尽责意味着每一个人都必须对小组的学习有所贡献,每一个人都必须尽力在小组中展示自己的能力和才华。

相互作用:相互作用是合作学习的重要特征,要求学生在合作学习中积极互动、相互促进。应该说,互动得越充分,学生的自主性和责任感也越强,对其能力发展越有利。

合作技能:良好的合作技能是促进合作学习顺利进行的必备条件。合作技能不是与生俱来的,而是需要在合作学习过程中逐渐培养的。学生的合作技能包括积极参与、大胆发言、提出建议、热心帮助、善于倾听、勇于反思……

自我评价:合作学习中的评价应强调将过程性评价和终结性评价相结合,对学习小组的评价和对个人评价相结合,教师评价和自我评价相结合。通过评价激励学生不断提高小组合作活动的水平,从而通过由个人目标的达成促进小组团体目标的达成。

小组自治:合作学习中,既要求学生自主学习,又要求学生自我管理。当然,教师应始终监管学生学习的全过程,当学生的学习遇到无法解决的困难,或偏离了项目化学习的目标时,教师应适时进行干预。

2. 组建合作学习小组

合理组建学习小组：合理组建学习小组既是学生进行合作学习的基础和前提，也是实现学生群体合作的基本手段。在项目化学习中，一般遵循"组内异质、组间同质"的原则组建学习小组，即根据每个学生的基础、学习态度及能力、兴趣爱好、特长等差异，有意识地将不同层次、不同类别的学生组成一个学习小组，确保各组之间的学习能力基本相同。这样组建的小组可以让学生在合作过程中做到组内通力合作、优势互补，组间平等竞争、协调发展。有的项目根据需要采取"兴趣分组"或"任务分组"时，也要尽可能做到"组内异质、组间同质"。每个小组以4—8人为宜。

明确组员职责：建立合作学习小组后，首先要选出组长。组长是小组学习的组织者和领导者，影响着小组学习的效果和成败。因此，要选有一定号召力、有责任心、组织能力强的学生担任组长。其次，要根据每个组员的特长和优势，明确每个组员在小组内的角色和承担的职责，以实现各展所长、优势互补。

3. 设计合作学习的时机

开展小组合作学习不是简单地为了追求教学形式变化，而是出于问题解决、成果创建的需要。因此，教师要精心设计合作学习的时机。一般在以下教学情境下，需要开展小组合作学习：在进行比较、归纳、择优时；在学生思维受阻时；在进行概念辨析时；在做实验或成果创建时。

总之，合作学习是项目化学习中一种重要的学习方式，有利于培养学生的合作精神和创新能力，提高学生学习的主动参与意识，促进学生全面和谐发展。

社会实践活动

项目化学习中，由于项目实施的需要，学生可能需要走出校门开展各种学习活动。项目化学习的社会实践活动主要有以下具体形式：实地考察调研、参观访问、场馆学习、项目宣传……开展社会实践活动时，一定要进行周密的策划、组织和安排，尤其要注意落实具体、有力的安全保障措施。

开展社会实践活动一般经历以下环节：确定主题—设计目标—规划活动—组织实施—提炼成果—总结评价。

1. 确定主题

每次社会实践活动都要有鲜明的主题，这个主题是由活动的主要内容提炼而成的，主题的名称应简洁而富有吸引力，并且符合参与活动学生的年龄特征，使人一看就有参与的激情。

2. 设计目标

项目化学习中的社会实践活动，都是为完成某一阶段的项目任务而设计的，因此都有明确而具体的活动目标。设计的活动目标应具体、明确、可检测,和项目任务相一致,切忌空泛、高调。

3. 规划活动

规划活动包括时间、地点、对象、内容、形式和任务。每一项内容都要做到周密策划、精心安排、具体落实,和项目任务及要求一致。如果是比较大型的社会实践学习活动,参与的学生人数较多时,一定要形成较具体的活动方案,使每一位参与活动的成员都清晰、明了,保证活动顺利进行。

4. 组织实施

组织实施时应做到:按照活动方案严格执行,如果遇到特殊情况需要对活动进行调整,应及时通知到每一位相关成员;如有必要,活动前设计一份活动任务单,活动过程中根据任务单随时检测活动任务的完成情况,一旦发现有疏漏的环节,就及时补救;高度重视活动的安全性,杜绝伤害事故发生,低年级学生进行社会实践学习活动时一定要有教师或家长陪同,以保证学生的安全。

5. 提炼成果

活动结束后应及时对收集的信息和数据进行梳理、归类、分析和提炼,形成阶段性成果,并在一定范围内展示和评价。

6. 总结评价

活动结束后,应对活动实施的过程及结果进行反思、总结和评价,尤其对任务完成的情况和质量进行具体的分析和评价,不断提升社会实践活动的成效和质量。

项目化学习成果与展示活动设计

项目化学习成果的设计

项目化学习成果是指在项目学习结束时创建的作品、产品或报告等外显的学习成果。项目成果既是项目化学习成果的集中体现,又是对创造性问题解决的真实回应。在项目化学习启动时就要非常清楚最终的成果是什么,这就是"以终为始"。项目化学习成果既有个人成果,又有小组集体成果;既有阶段性成果,又有终结性成果。当然,其中最重要的成果是小组集体创建的最终成果。

教师应鼓励学生设计具有现实意义的成果,以此来提高他们的参与度。在设计项目成果时,应做到:

- 明确的评价标准:确保在项目开始前学生清楚了解成果的评价标准。
- 信息化、智能化工具:鼓励学生利用技术开展丰富的情境学习,成果可以用多种形式展示。

- **真实性**：学生运用已经学到的知识和技能，提升深度学习能力，结合真实世界的问题去探究解决途径和结果，并让他们认识到自己的成果在课堂之外具有现实价值。

项目化学习成果的展示活动设计

项目化学习最终的成果是要公开展示的，成果展示既可以利用校园空间以布展的方式进行展示，也可以在网上进行展示。常用的方式之一是邀请有关人员，举行现场展示活动，这种展示方式虽然可能花费师生较多的时间和精力，但一场精心设计的成果展示活动会给参与的师生留下深刻、美好的记忆，能激励师生追求更加美好的学习过程。

项目化学习成果的展示，不仅展示小组成员经过努力创建的精彩成果，还要展示成果创建的过程及小组对问题的深入探究和深度理解。正如夏雪梅博士所著的《项目化学习设计：学习素养视角下的国际与本土实践》中提出的：

> 项目化学习最终的成果是要公开的，可以通过展览或交流的方式来进行。公开展示自己的作品不仅可以让学生的学习变得更有动力，让学生再次回顾自己的项目历程，促进学生反思，而且可以让所学的知识变得可视和易于讨论，同时让整个项目变得更具真实性。学生可以把它放在网络上，把它展示在墙上，还可以把产品提供给现实生活中有需要的人。
>
> 成果展示的目的不是展示精致而美观的作品，而是展现学生对所学概念的理解和把握，同时庆祝学生自己与团队共同完成了富有挑战性的任务，让学生有仪式感和获得感。因此，成果本身是否符合成人的要求不是最重要的，也不能作为主要的评判标准，否则就会扭曲成果展的用意，产生将成果参加展示变成唯一目标，甚至出现教师和家长干预代替的现象。

影响成果展示效果的主要因素有展示的规模、展示的形式和参与展示的对象。一般而言，展示的规模越大，参与展示活动的人数越多、形式越多样，对学生的激励越大，他们将会投入更多的精力和智慧，进行成果的创建和展示。当然，这要符合学校的整体教学计划和实际情况，教师应根据项目的具体情况和特点，选择合适的展示规模和形式，力争在一定的条件下，取得最佳的展示效果。

教学过程设计案例分享

项目化学习教学过程设计案例见表4-3至表4-5。

表4-3

项目化学习教学过程设计案例1

项目主题	外来物种入侵研究*		
教师姓名	蒋爱芳、孔悠嘉、朱琦	学校	上海市洛川学校
涉及学科	地理、生命科学	项目实施年级	七年级、九年级
项目实施时间	2020年6月至2020年12月		

项目时间线

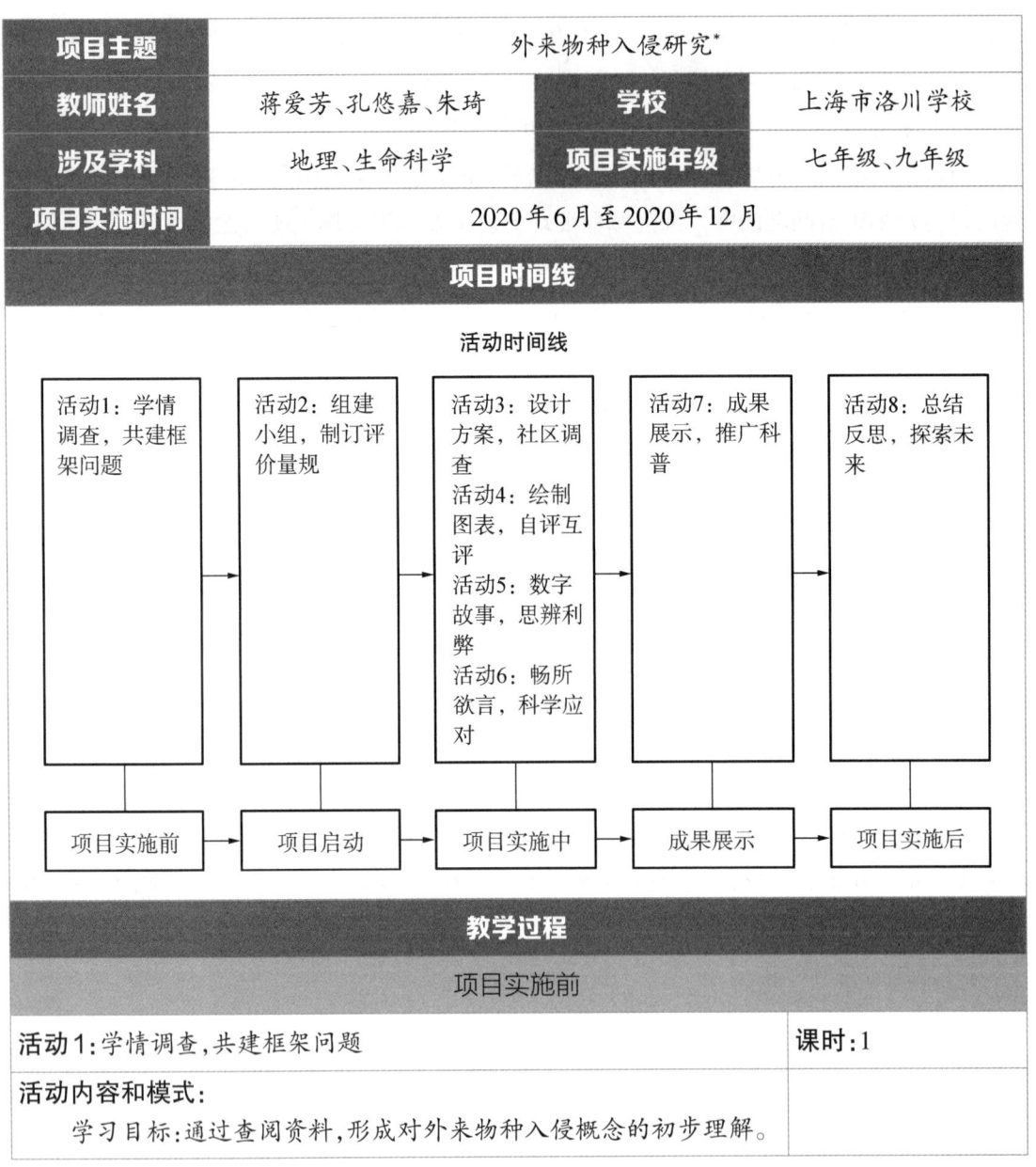

教学过程
项目实施前

活动1:学情调查,共建框架问题	课时:1
活动内容和模式: 　学习目标:通过查阅资料,形成对外来物种入侵概念的初步理解。	

---

* 本案例来源于上海市洛川学校JT项目。

（续表）

引导问题：关于外来物种入侵，你知道些什么？你想学习什么？ 　　学生分组合作，对"外来物种入侵"进行头脑风暴，畅所欲言，充分挖掘与主题有关的内容，提出自己感兴趣的问题。教师借助KWL表格进行学情调查，归纳整理学生提出的问题，并在此基础上调整项目化学习的框架问题。 　　学生通过查阅网站、信息系统、书籍等渠道了解外来入侵物种的信息，搜集我国主要外来入侵物种名单、新闻报道、视频等，共同建立并分享项目知识素材库，上传至公共云盘或网盘。教师同步指导，和学生一起补充完善素材库资料。	信息技术应用： ● 云盘或网盘：共享外来入侵物种知识库。
项目启动	
活动2：组建小组，制订评价量规	课时：1
活动内容和模式： 　　学习目标：明确项目任务及要求，完成小组分工，制订评价量规。 　　引导问题：本项目的成果有哪些？学习过程中怎样形成合作？ 　　教师召开项目启动会，介绍本项目的主要内容和项目成果，让学生明确自己的角色和任务。 　　学生完成学习小组的组建，讨论形成小组学习公约，共同制订学习计划，明确各自的职责。 　　师生讨论形成项目评价计划。	信息技术应用： ● Word：制订学习计划。
项目实施中	
活动3：设计方案，社区调查	课外
活动内容和模式： 　　学习目标：完成调查方案的设计，并实地考察。 　　引导问题：生活中有哪些常见的外来入侵物种？ 　　学生分组进行调查方案的设计，然后通过填写调查方案自评表，完善调查方案。教师对学生进行分层教学，通过微课的形式指导学生设计调查路线图，并对学生设计的调查方案提出修改建议，帮助学生为实地考察做准备。 　　学生们利用暑假，在教师的指导下展开对身边外来入侵物种的调查和记录。九年级学生调查范围为洛川学校周边的两个居委会——宜川二村居委会和汪家井小区居委会，七年级学生调查范围为洛川学校内部和汪家井小区。	信息技术应用： ● 植物图鉴形色App：识别外来入侵物种。

(续表)

活动4:绘制图表,自评互评	课时:2
活动内容和模式: 　　学习目标:在评价量规的引导下,完成外来入侵物种分类表和分布图的制作。 　　引导问题:外来入侵物种对我们的生活有哪些影响? 　　小组分工,按照调查结果,对外来入侵物种进行归纳分析,完成外来入侵物种分类表的填写。教师通过学情调查,按照学生所掌握的绘图技术水平进行分层教学,对有需要的学生提供智图绘图软件的技术培训。学生可以选择手绘、电子绘图、手绘结合电子绘图等多种方式,小组合作完成外来入侵物种分布图绘制。 　　教师提供外来入侵物种分类表评价量规和外来入侵物种分布图评价量规,学生进行自评和互评。	**信息技术应用:** ● Excel、PPT、智图绘图软件:制作表格、绘制分布图。
活动5:数字故事,思辨利弊	**课时:2**
活动内容和模式: 　　学习目标:用辩论会、制作数字故事的方式,让学生辩证地看待外来入侵物种对人们生产生活的影响。 　　引导问题:社区里发生的外来物种入侵是利还是弊? 　　教师基于学生完成的分类表和分布图,提出引导问题与学生共同探讨交流。学生针对自己线上找到的外来入侵物种,通过查找文献、搜索资料,并结合实地考察的数据分析结果,探寻外来入侵物种的影响。 　　教师组织七年级学生分别选择不同的立场——"外来物种入侵弊大于利"和"外来物种入侵利大于弊"展开辩论。教师进行总结,引导学生认识到,辩论的目的不在于对错,而在于要用辩证的思维看待外来物种的入侵,全方位、综合地进行评判。 　　教师组织九年级学生创设数字故事,描述外来入侵物种的一生,并通过填写数字故事展示评价量表,完善作品,展示交流。学生分别展示自己小组选定的某一种外来入侵生物的故事,从其入侵原因、入侵途径、造成的影响、生长的环境和经历,陈述自己对外来入侵物种的立场,进一步加深对外来物种入侵利弊的思考。	**信息技术应用:** ● PPT:展示交流。 ● 会声会影视频编辑软件:制作数字故事。
活动6:畅所欲言,科学应对	**课时:1**
活动内容和模式: 　　学习目标:综合运用之前所学,完成《应对外来物种入侵建议书》的撰写。 　　引导问题:常见的外来入侵物种防治方法有哪些?为应对外来物种入侵,我们可以做什么?	**信息技术应用:** ● 互联网检索:收集国内外防治外来入侵物种的主要方法。 ● Word:撰写建议书。

(续表)

学生通过网络搜索、书籍查阅以及资料库中的素材,整理得出目前国内外防治外来入侵物种的主要方法。然后学生结合外来物种的入侵原因、入侵途径、现状、目前的防治措施等,综合思考,策划、撰写《应对外来物种入侵建议书》,汇成项目最后成果。	
成果展示	
活动7:成果展示,推广科普	**课时:1**
活动内容和模式: 学习目标:交流展示项目成果。 　　学生通过《应对外来物种入侵建议书》评价量表进行评价,选择观点明确,证据充足的建议,汇成项目最后成果——《应对外来物种入侵建议书》,并将其电子版上传进行网上展示,其纸质版存放学校阅览室。 　　七年级和九年级学生共同布置线上、线下宣传栏,向身边的朋友、家人宣传生活中常见的外来入侵物种、其对环境的影响、人们对其的利用和防治措施等,提高人们对外来入侵物种的防范意识,共同保护家园的生态环境。教师邀请地理、生命科学方面的专家,与同学们分享中国对于外来入侵物种的最新政策和措施,以及国内外外来入侵物种研究的最新进展。	**信息技术应用:** ● 会声会影视频编辑软件:制作电子版建议书,用于视频展示。
项目实施后	
活动8:总结反思,探索未来	**课时:1**
活动内容和模式: 学习目标:总结反思项目学习的收获,以及对核心概念的深入理解。 引导问题:怎样看待生态系统的稳定与变化? 　　学生填写线上问卷调查,尝试像科学家那样,预估某种外来入侵物种的发展变化;完成"外来物种入侵研究"跨学科项目结项反思日志,总结开展项目期间的收获和体会。教师借助项目基本问题"怎样看待生态系统的稳定与变化"引导学生思考还可以从哪些角度继续探究。 　　教师收集项目过程中的资料和项目成果,从项目的设计和实施的各个环节进行反思总结,为今后继续开展项目化学习积累经验。	**信息技术应用:** ● 问卷星:搜集信息。

表4-4

项目化学习教学过程设计案例2

项目主题	智能垃圾桶*		
教师姓名	金辉平	学校	上海市闵行区实验西校
涉及学科	信息技术、劳动技术	项目实施年级	六年级
项目实施时间	2019年9月至2019年10月		
项目时间线			

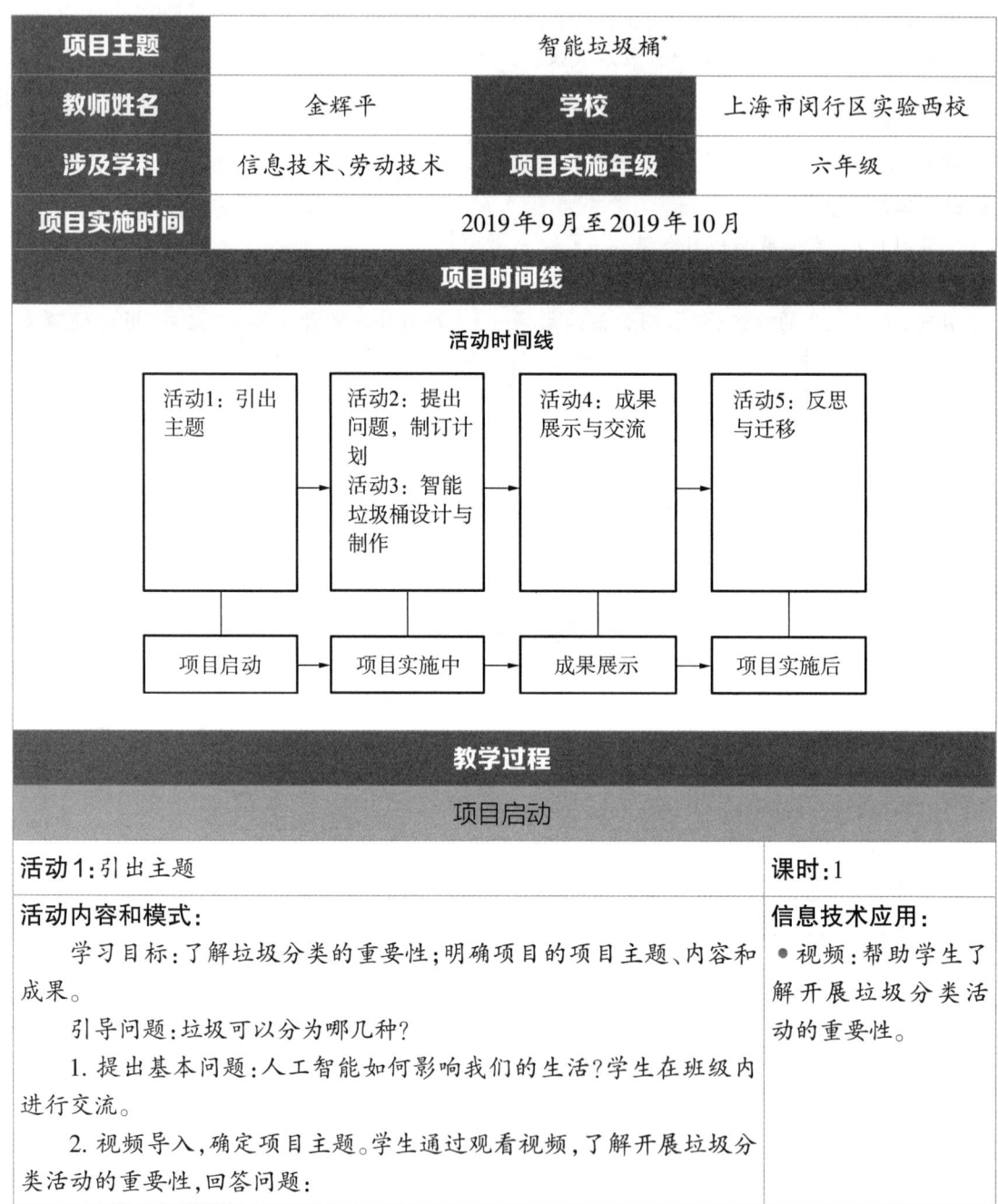

教学过程
项目启动

活动1：引出主题	课时：1
活动内容和模式： 　　学习目标：了解垃圾分类的重要性；明确项目的项目主题、内容和成果。 　　引导问题：垃圾可以分为哪几种？ 　　1. 提出基本问题：人工智能如何影响我们的生活？学生在班级内进行交流。 　　2. 视频导入，确定项目主题。学生通过观看视频，了解开展垃圾分类活动的重要性，回答问题：	信息技术应用： ● 视频：帮助学生了解开展垃圾分类活动的重要性。

---

* 本案例来源于上海市闵行区教育学院JT项目。

(续表)

- 垃圾可以分为哪几种?
- 垃圾桶在我们日常使用中存在什么问题?

3. 项目介绍。在学生进一步了解垃圾分类的重要性后,提出在科技发展如此迅速的今天,作为一个垃圾桶设计师,如何结合人工智能设计制作一个产品,以解决垃圾桶在使用中的问题,使学生明确本项目的任务。

4. 明确项目成果的类型和形式。

必做:智能化产品。

选做(选一):短片回顾、电子小报(内容自定)、公开的演讲(结合PPT)。

项目实施中	
活动2:提出问题,制订计划	**课时**:2
活动内容和模式: 学习目标:分组;小组选定一个问题为最终研究方向,制订计划;初步学习调查法。 引导问题:生活中的垃圾桶在使用中存在哪些问题?你认为智能产品受欢迎的标准是什么? 1. 分组。参考活动1中其他同学的观点,确定一个自己最想要解决的问题后进行分组。3—4人一组为宜,男女搭配。如果组员人数不够,可以大胆阐述自己小组优势,动员尚未选择的同学加入。小组组员确定后,根据特长与能力进行分工,确保每个组员都有岗位。 2. 小组选定一个问题为最终研究方向。 (1) 小组利用问卷星搜集垃圾桶在使用过程中遇到的实际问题。 (2) 将收集来的资料进行分类,每个组员提出需要解决的问题,并结合人工智能提出初步的解决方案。 (3) 从组员提出的问题中,选择最想研究、解决的问题,制订研究方案。 3. 明确任务,制订项目开展的计划。 (1) 确定从外观和功能两方面来考虑制作智能垃圾桶。 (2) 小组讨论,对小组成员进行合理分工。	**信息技术应用**: ● 问卷星:开展问卷调查,了解垃圾桶在使用中遇到的实际问题。
活动3:智能垃圾桶设计与制作	课外
活动内容和模式: 学习目标:学会使用思维导图梳理创意构思;设计创意智能垃圾桶;利用自备的纸、颜料等材料,制作创意垃圾桶;利用micro:bit软、硬	**信息技术应用**: ● 互联网检索:收集当下智能垃圾桶已

件编程,制作创意智能垃圾桶;学会拍摄、编辑图片和视频,记录设计、制作的过程。 　　引导问题:你设计的智能垃圾桶有什么功能?能解决什么问题? 1. 构思与设计 (1) 查找资料了解垃圾桶的结构。 (2) 构思设计垃圾桶的外观。 (3) 设计创意智能垃圾桶。 2. 制作垃圾桶 (1) 根据设计图制作垃圾桶,用照片、视频记录制作过程。 (2) 编辑、美化照片和视频。 3. 制作垃圾桶的创意功能 (1) 学习micro:bit器材的基础功能。 (2) 利用micro:bit制作垃圾桶的创意功能。 (3) 将创意功能安装到垃圾桶上,完成智能垃圾桶的制作。	有的功能。 ● 思维导图:帮助学生梳理智能垃圾桶的创意构思。 ● 图片、视频编辑软件:为记录项目活动过程做准备。 ● micro:bit:学习编程,制作创意智能垃圾桶。

成果展示

活动4:项目成果展示与交流	**课时:2**
活动内容和模式: 　　学习目标:选择最合适自己小组的成果展示方式,在班级进行展示,其他小组进行点评。 　　引导问题:如何开好项目成果展示会,使项目更有影响力? 1. 展示准备 　　选择作品展示形式,并据此进行准备。思考并解决:我们在项目学习中学到了什么概念?是如何理解的?在项目中遇到了哪些问题,是如何解决的?如何完善我们的成果展示形式? 　　过程中教师关注学生的准备过程、资源需求等,并及时给予帮助。 2. 交流展示、评价 (1) 邀请学校教师、家长一起参与,在班级进行公开的成果交流展示会,评价打分。 (2) 鼓励学生将研究成果在网上发布,提升参与度。 3. 创想未来智能新产品 (1) 教师提供创意构思工具,各小组依据作品评价量规,以"人工智能如何影响我们的生活"问题为指导,以"智能……"为主题,构思一款智能的创意新产品,并用思维导图梳理出设计思路。 (2) 小组利用电子书包上传思维导图到作品库"思维导图"文件夹,同时将思维导图张贴在展示板上,其他小组进行评价。	**信息技术应用:** ● PPT:展示、交流项目成果。 ● 思维导图:梳理创意设计思路。 ● 电子书包:上传资料;展示、交流成果。

（续表）

项目实施后	
活动5：反思与迁移	课时：1
活动内容和模式： 　　学习目标：总结经验，分析项目过程中的得失，便于以后更好地开展项目。 　　引导问题：人工智能如何影响我们的生活？ 　　1. 学习反思：通过本项目的学习，你有哪些收获？ 　　2. 每位小组成员撰写项目学习个人总结，主要谈本次项目学习的收获，所得所失，以及可以微调、改进之处。	信息技术应用： ● 问卷星：教师及时掌握学生学习的得与失。

表4-5

项目化学习教学过程设计案例3

项目主题		如果我穿越回明朝*	
教师姓名	陆晓蕾	学校	上海市闵行区君莲学校
涉及学科	历史	项目实施年级	七年级
项目实施时间		2019年2月至2019年3月	
项目时间线			

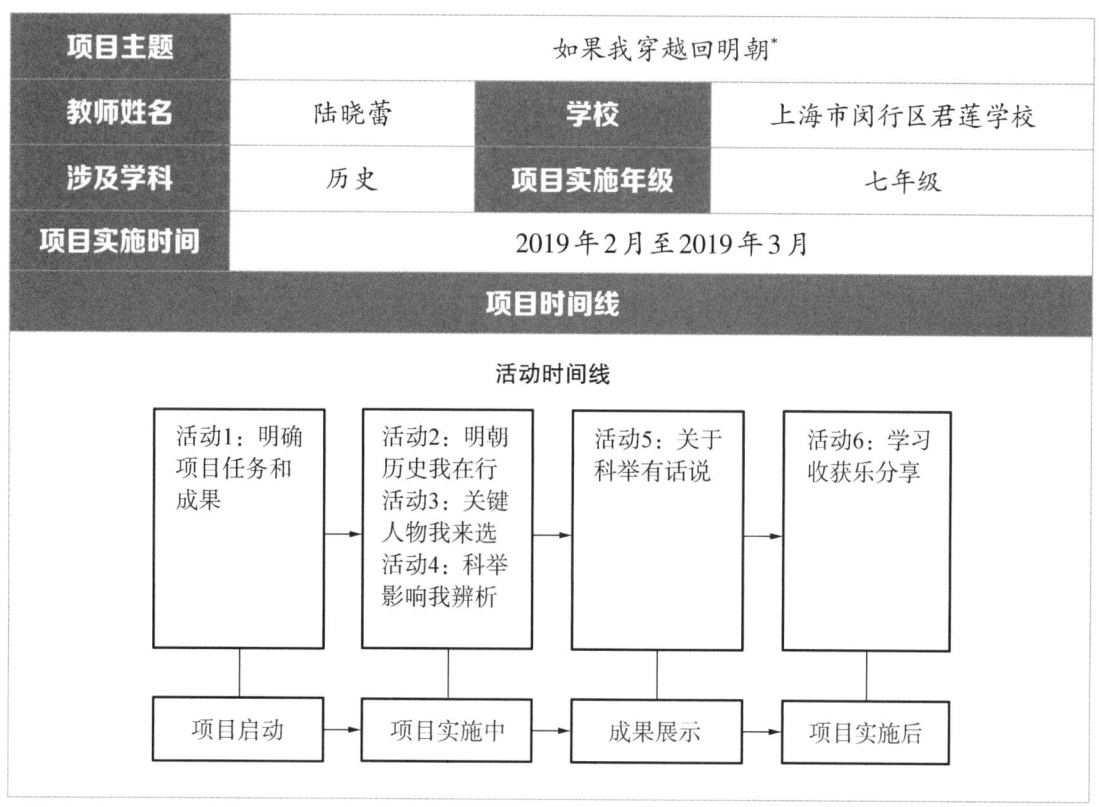

活动时间线

---

* 本案例来源于上海市闵行区教育学院JT项目。

（续表）

教学过程

项目启动

活动1：明确项目任务和成果	课时：1
活动内容和模式： 　　1. 了解项目内容、过程和成果。 　　2. 讨论驱动问题。 　　3. 明确项目任务。 　　4. 填写KWL表格。	信息技术应用： 无。

项目实施中

活动2：明朝历史我在行	课时：2
活动内容和模式： 　　学习目标：知道明朝重要的历史事件、历史人物以及历史现象；学会从各种渠道获取历史信息。 　　引导问题：明朝历史中，我最感兴趣事件有哪些？发生在什么时期，什么地方？相关的历史人物是谁？ 　　1. 知识学习、归纳（1课时+课外） 　　明朝的政治、经济、文化等方面有什么特点？明以前的朝代选拔人才的方式有哪些？明朝的科举制度有什么样的变化？ 　　在翻转课堂中，通过阅读课本知识、查找相关资料、观看视频等方式，了解明朝的政治、经济、外交、文化、重要人物等，重点关注明朝科举制度的变化。 　　2. 自述观点、分享（1课时） 　　学生选择自己感兴趣的一个明朝的重要历史人物，通过分享其大致经历的方式进行交流。如果选择同一历史人物，后分享的同学则在前面同学的观点上进行补充完善，锻炼批判性思维能力。（每位同学交流时间限1—1.5分钟） 　　（个别化学习：学生根据自己的能力与兴趣，可以选择两个重要人物。）	信息技术应用： ● 互联网检索：利用课外时间，查找相关明朝历史资料。 ● 视频：通过观看视频了解相关明朝历史。
活动3：关键人物我来选	课时：2
活动内容和模式： 　　学习目标：学会从明朝的历史条件理解当时的人和事，并经过分析、综合、概括、比较等思维过程，形成对明朝相关人物、事件等史实的理解和判断；尝试在小组合作中提高表达与交流能力。	信息技术应用： ● 互联网检索：从不同角度对本组所选明朝人物进行资料

(续表)

引导问题:明朝的哪个历史人物给我留下了深刻的印象?他的人生经历了哪些最重要的事件?同一时期有哪些人与他的生活、学习、工作经历类似? 1. 分组,组内分工(1课时) 参考活动2中其他同学的观点,确定一个自己最想要深入研究的人物后进行分组。4—6人为一组。每个小组选定一个关键人物作为最终研究方向。如果组员人数不够,可以大胆阐述自己的小组优势(本组组员优势及本组拟研究人物的优势),吸引尚未参组的同学加入。小组组员确定后,根据特长与能力进行分工,确保每个组员都有重要岗位。 2. 合作探究、资料整合(课外) 组内分工合作,有针对性地深入查找资料。参照活动2中同学们自述观点时的各种不同角度,结合时代特征罗列、分析所选人物的重要经历,关注历史人物所代表的人物阶层的特点,进行材料的梳理、整合。 3. 简述、交流分享(1课时) 在班级阐述并交流研究成果——关键人物的重要经历,以"如果我穿越回明朝,生在某某家(明朝的真实人物),我的所见所闻是……"为主题,进行分享交流。	收集,同时对其同时代同阶层的人物有大致了解,为后续任务做准备。 ● Word:存储、整理信息。
活动4:科举影响我辨析	课时:1
活动内容和模式: 学习目标:学会将多种渠道获取的历史信息进行归纳和整理,了解以历史材料为依据来解释历史的重要性;培养重证据的历史意识和处理历史信息的能力,逐步提高对历史的理解能力,初步学会分析和解决历史问题;进一步提高表达与交流的能力。 引导问题:如果我穿越回明朝,生在某某家(明朝的真实人物),科举制度的变革会对我及我的家庭带来怎样的影响? 1. 组内二次分工(课外) 本阶段将进行小组合作对科举制度的变革带来的利弊进行深入思考与探究。根据本阶段任务特点进行小组内二次分工,明确每位学生的任务。 2. 深入思考、探究(课外) 对科举制度变革带来的利弊进行深入思考与探究。查找资料的过程中关注关键人物及其家庭、同一阶层、同一身份的人物对科举制度及其变化所持的立场与态度。完成对"明朝的科举制度有哪些变革?这种变革会对我及我的家庭带来怎样的影响?"的资料搜集和整理。讨论成果展示形式的可行方法,并初定1—2个展示形式。比如徐光启小组选	**信息技术应用**: ● 问卷星:进行现场问卷调查,快速、便捷地掌握展示课上师生对不同小组展示活动的评价及建议。 ● PPT:直观呈现本组所选择的人物的相关资料和小组的综合分析成果,进行展示准备。

（续表）

择实地考察的形式；李时珍小组选择绘制行走路线的形式；朱棣小组选择撰写圣旨的形式……

过程中教师及时给予具体的关心、指导与反馈。

3. 分享、互动交流(1课时)

在班级层面简述小组研讨成果及拟展示形式，其他小组在聆听后进行现场提问、建议，用互动的形式深入学习、探究。

4. 完善资料、确定方式(课外)

按照其他小组给出的建议，对本组搜集的材料、叙述的观点进行修改、完善。小组讨论并确定最终展示形式。

5. 展示准备(课外)

根据展示形式进行准备。思考并解决：我们小组现有的资源是什么？我们可能需要得到哪些帮助？我们可以从哪里得到帮助？如何完善我们的成果展示形式？

过程中教师要关注学生的准备过程、资源需求等，掌握学生的学习情况并及时给予帮助。

成果展示

活动5：关于科举有话说	课时：1
活动内容和模式： 学习目标：将历史与现实问题进行联系；学会与教师、同学等共同对历史问题进行探究与讨论，能够积极汲取他人的正确见解；善于与他人合作，在交流学习心得和经验的过程中提升对学科知识、中考改革的理解。 引导问题：结合当下的中考改革，我应该如何适应国家对培养、选拔人才的需要？ 1. 展示活动评价量规。 小组展示、交流，评价，打分。选择自评、互评和师评差异较大的小组提问，进一步交流。 2. 根据前期的学习经验，在教师的引导下思考、回答"结合当下的中考改革，我应该如何适应国家对培养、选拔人才的需要？"考查学生对本次学习的理解状况。 3. 选择最佳展示形式进行年级展示、交流，用照片、视频在家长QQ群展示，鼓励学生将研究成果在网上发布。	**信息技术应用：** ● 社交媒体：展示项目成果，扩大本小组活动的影响力，获得他人的意见、支持和鼓励。

(续表)

项目实施后	
活动6:学习收获乐分享	课时:1
活动内容和模式: 　　学习目标:总结、反思,在评价自己的学习收获时能言之有据。 　　每位小组成员撰写本项目的学习收获,总结所得所失,以及可以微调、改进之处,进行展板展示。	**信息技术应用**: 无。

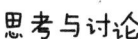

思考与讨论

　　1. 项目化学习中,师生的角色发生怎样的转变?为什么会发生这样的转变?

　　2. 项目化学习各阶段主要的项目任务有哪些?怎样设计具有挑战性的项目任务?

　　3. 项目化学习中有哪些主要的学习活动?为什么这些学习活动会成为项目化学习中主要的学习活动?

活动 4
设计你的教学过程

教学过程的设计是项目化学习教学设计中最重要，也是难度最大的设计环节，因为教学过程周期长、内容丰富、学习活动多样，项目化学习中对问题的探究、项目任务的实施、项目成果的创建，学生核心素养的培养，都是在教学过程中完成的。因此，在进行教学过程设计时，要对每一个教学环节、每一个学习活动进行周密思考、精心设计。

根据活动时间线设计教学过程

在设计活动时间线时，我们对教学过程中各阶段所要完成的项目任务，以及为完成这些任务所要开展的学习活动做了初步的框架性规划。在教学过程设计时，要对项目任务和学习活动进行具体、详细的设计，对每个学习活动中包含的所有活动步骤都要有具体的描述。如果说活动时间线的设计只是提出了每个学习活动要做什么，那么在教学过程的设计中就要具体设计怎么做、要达到什么要求。教学过程中各阶段学习活动设计的内容和要求如下：

再次审视活动时间线

在进行教学过程设计前，再次审视活动时间线中每个学习活动的安排是否合理，是否能顺利完成项目的各项任务，尤其是问题探究、成果创建等核心任务方面的安排如果存在不足之处，应及时作出调整和完善。

设计学习活动

设计教学过程时，要求按各阶段的顺序设计学习活动，而不是按课时进行设计。一个学习活动可能是半节课，也可能由若干节课构成。一个学习活动需要占用多少课时，由这个学习活动所要完成的项目任务、活动内容和活动形式所决定。

明确设计内容和要求

在教学过程设计模板中教学过程由活动主题、活动内容和模式、课时和信息技术应用等内容组成。填写教学过程设计模板时,项目化学习评价部分暂时可以不设计,待学习了模块5之后再补充完善。

活动主题:能概括本活动所要完成的主要任务,标题要有吸引力。

活动内容和模式:活动设计的主要部分。完整的学习活动设计应包括:学习目标、引导问题、学习活动(对学习活动过程作具体设计)等部分的内容设计。

课时:开展本活动需要用的课时。

信息技术应用:简要说明活动中应用了什么信息技术,技术应用的目的是什么。

当我们进行教学过程各学习活动设计时,请思考以下几个问题:

- 各学习阶段需要设计哪些项目任务和学习活动?为什么要设计这些任务和活动?
- 设计的学习活动是否有利于创造性的问题解决及项目成果的创建?
- 设计的项目任务和学习活动是否体现了项目化学习的特征?是否有利于学科核心素养的培育?

教学过程设计的分享与修改

- 和同伴或在学习小组内分享自己的教学过程设计,并相互指出设计的优点和不足之处,并提出修改建议。
- 选出有代表性的设计作品分享并评析。
- 根据同伴的建议,对教学过程设计做相应的修改、完善。

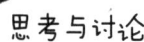

思考与讨论

1. 教学过程设计是否充分体现了项目化学习的要素?
2. 怎样设计学习活动才能具体、简洁、明了?

模块 4
总结与反思

1. 请结合下列内容进行总结与反思

（1）教学过程设计的重要性

教学过程设计是项目化学习教学设计中最重要、最核心的部分，因为它要把你准备如何做这个学习项目的全过程完整展示出来。这个完整过程是由一根主线贯穿的，这根主线就是在这个学习项目中，你需要解决的驱动问题是什么，为解决这个驱动问题你将设计怎样的项目化学习成果，并以此逆推教学过程各阶段学习活动的设计。

开展项目化学习的核心目标是培养学生创造性问题解决的能力，而如何在项目化学习中培养学生创造性解决问题的能力，包括培养学生学科核心素养、高阶思维能力，都需要在教学过程的设计中体现出来，需要在一个个学习活动的设计中具体落实。因此，教学过程设计的重要性是不言而喻的。

（2）项目概述、活动时间线、教学过程之间的逻辑关系

项目概述、活动时间线、教学过程在项目化学习教学设计中处于不同的位置。项目概述在策划选题时就需要进行设计，其对整个项目需要解决的问题、创建的学习成果、学生扮演的角色和完成的任务进行概要性构想和描述。活动时间线在项目概述之后，教学过程设计之前进行设计，是在项目概述的基础上，对教学过程进行先导性规划，对教学过程中各学习阶段将要完成哪些任务、开展哪些学习活动、这些学习活动要达到什么目标做纲要性的规划和设想。而教学过程设计又是在活动时间线的基础上，对教学过程各阶段的项目任务和学习活动进行具体且详细的设计，对每个学习活动下包含的所有活动步骤都要有具体的描述。因此，这三部分设计前后呼应、一脉相承。

2. 请使用下列评价工具进行自评和互评（见下页表4-6、表4-7）

表4-6

学习过程自查表

学习内容检测点	学习评价		
	好	较好	须努力
理解推进项目化学习的核心目标:指向创造性问题解决的能力。			
理解教学过程设计的重要意义。			
掌握活动时间线的设计内容和方法。			
掌握教学过程设计的内容和方法。			
为自己开发的项目设计活动时间线。			
为自己开发的项目设计教学过程。			

表4-7

教学过程设计评价量表

项目	评价内容	评价结果(在对应的框内打"√")			
		很好	较好	一般	不理想
整体规划	教学过程设计整体规划合理,指向创造性问题解决,充分体现项目化学习的要素。				
活动时间线	活动时间线设计规范,各阶段学习活动安排合理,活动主题鲜明、吸引人。				
项目启动	项目启动任务明确,措施落实到位,启动活动有仪式感。				
项目实施中	能很好地落实项目化学习中学习基础知识和技能,探究真实问题、创建项目成果的任务,学习活动设计体现新理念、新方法,活动步骤清晰而具体。				

（续表）

项目	评价内容	评价结果(在对应的框内打"√")			
		很好	较好	一般	不理想
项目成果和成果展示	项目成果指向问题解决和高阶思维，成果形式富有创意，成果展示有仪式感且贴合实际有实效。				
项目实施后	对项目的实施进行了反思、总结，能激发学生对项目化学习的热情。				
信息技术应用	能有效应用信息技术，能优化、创新项目化学习教与学的方式。				

模块 5

项目化学习的评价设计

本模块主要介绍项目化学习评价的特点、评价策略,以及如何在项目中使用多种评价方式和评价工具达成多种评价目标,支持学生发展。通过学习评价目标、评价方式与评价工具,理解项目化学习的评价策略;通过项目案例,深入体会在实践中如何综合应用评价策略;通过评价时间线和评价计划,规划项目的整体评价方案,并为具体活动开发对应的评价工具。

学习目标

  1. 掌握项目化学习评价策略的相关概念:评价目标、评价方式和评价工具。

  2. 能用评价时间线对项目实施前、项目启动、项目实施中、成果展示和项目实施后五个阶段进行评价的整体设计,并利用多种评价方式和评价工具形成项目评价方案。

  3. 学会为具体的评价活动开发合适的评价工具。

活动 1
学习回顾：教学过程设计的评析与修改

回顾与思考

上一模块"项目化学习的教学过程设计"主要包括"规划项目化学习的进程与任务""项目化学习教学过程设计""设计你的教学过程"三部分内容。项目化学习活动设计的基本流程是"选题—设计框架问题—设计教学过程—设计成果—设计评价"，教学过程设计可以细分为"项目实施前、项目启动、项目实施中、成果展示、项目实施后"5个阶段，5个阶段的活动安排各有侧重。在设计项目化学习的活动时，应充分体现项目化学习的八大要素（素养目标、真实情境、框架问题、角色与成果、合作探究、过程性评价、学习技术、高阶思维），和学生创造性解决问题的能力培养。

教学过程设计评析、交流与完善

对照上述要求，从项目化学习各个活动的设计是否达成学习目标、逻辑是否合理、时间安排是否得当等角度，为同伴提出至少三条反馈意见。

在同伴反馈的基础上，修改、完善自己的"教学过程设计"。

活动 2
了解项目化学习的评价策略

项目化学习评价的特点

评价是收集、分析和解释学生学习证据,利用学习证据调整下一步教和学的过程。评价的目的是帮助学生更好地学习,是为了促进学习而进行的评价。因此,评价除了从教师的角度来进行,还应该从学生的角度来理解和操作。"促进学习的评价"(Assessment For Learning,简称 AFL)是当前美国、英国、加拿大、澳大利亚、新西兰等 14 个国家和地区正在实施的一种课堂评价理念和方法,它是以促进学生的深度学习为目的,通过学生和教师共同收集、分析和解释学习证据,以决定学生现在在哪里,将来要去哪里以及如何更好地到达那里的过程。许多研究表明,课堂中实施促进学习的评价不仅能够显著提高学生的学业成绩,而且能增强学生的学习动机、提升他们的学习效能,并最终将学生培养成自主学习者。

项目化学习的评价正是促进学习的评价。通过前面的各个模块,我们已经了解到项目化学习具有以学生为中心、与真实世界的联系、促进 21 世纪技能的培养、由框架问题驱动探究学习、持续进行的过程性评价等特点。一个优秀的学习项目,发展的不仅是学科知识和技能,而且包括学科核心素养、批判性思维、创造力、解决问题的能力、主动性、自主学习等重要的 21 世纪技能。这些素养和能力的培养需要经过参与和体验、讨论和反馈、反思和完善等过程的反复实践,并需要贯穿学习全过程的多元化评价活动来支持和发展。

项目化学习的评价不同于传统评价,它具有如下特征:
- 主要目的不是鉴定、区分,而是通过反馈、激励、指引,支持和促进学生的发展。
- 不仅关注结果,而且关注过程。
- 多种评价目标、丰富的评价方式和评价工具。
- 注重评价的整体设计,以终为始,提前设计。

项目学习的评价贯穿项目始终,综合利用形成性评价和终结性评价手段。评价要关注结果,更需要关注和促进有意义的学习过程,关注学生的过程性表现,后者是高质量项目成果的重要保证。教师基于对学生学习全过程的持续观察、记录、反思,对学生日常学习过程中的表现、所取得的成绩以及所反映出的情感、态度、策略等方面的发展做出评价和反馈,根据学生学习状态及时调整教学和学习方面的安排。当教师可以更好地跟踪、了解学生的学习情况,把握学生的理解和发展状况的时候,就可以通过调整他们的指导来改善教学,为学生的进步提供建议和反馈,帮助他们学会自主学习。从学生的角度,在学习过程中通过对照检查表进行自我检查、通过同伴交流进行互评、通过学习日志进行反思,在对自己作品反复修改完善的过程中提高学习质量,发展自主学习和合作学习的能力。

项目化学习的评价以过程性评价为主,同时又多为表现性评价。表现性评价关注学生的过程性表现,教师通过学生的活动、报告、表演、展示、操作等真实表现来评价学生的口头表达能力、书面表达能力、思维能力、创造能力和实践能力。教师可以通过报告、作品集、成果展示、档案袋等形式记录学生的成长点滴,积极给予学生反馈信息,为不同学习风格和技能水平的学生提供了更大的发展空间。

项目化学习评价策略的构成

为了全面支持、发展和评估学生在项目化学习中的理解状况,教师需要选择合适的评价策略。评价策略由评价目标、评价方式和评价工具3部分组成,分别对应为什么评、怎么评和用什么来评。在创建评价策略时,教师首先要清楚自己为什么要在这个阶段、这个活动中进行评价,即评价目标是什么;然后根据该评价目标,结合具体学习活动和学生情况选择合适的评价方式;接下来,选择和开发能够支持这种评价方式的评价工具。

评价目标

在传统课堂上,评价目标只有一个,那就是评价学习结果——在学习结束时展示学生对内容的理解和掌握情况。在项目化学习中,教师要关注五个方面的评价目标:①分析学生需求;②鼓励自主学习与合作学习;③监控学习过程;④鼓励元认知;⑤展示理解状况。这五类目标的评价主体除了教师之外,更多的是学生。其目的指向也不仅仅是传统的教学诊断,还包括学生在评价活动中通过对照检查、同伴交流、自我反思,获得自我发展。项目化学习有效评价的关键,在于使每一次评价活动都有明确的、支持学生发展的目标,并在教学过程中落实这些评价目标。

1. 分析学生需求

一个项目开始时,首先需要准确定位学生的学习起点,通过相应的评价活动清晰呈现学生对该主题的已知和未知、态度和兴趣、对项目中首要学科概念的理解程度、疑惑和误区，可以帮助教师基于学生的认知，精准定位项目目标，有针对性地设计学习内容和活动。

2. 鼓励自主学习和合作学习

自主学习和合作学习是学生终身学习能力的重要组成部分，也是项目化学习着重培养的能力之一。通过合适的评价方式应用和评价工具支持，学生学习如何根据设定的目标和标准调整自己的学习行为；通过合作量规，学习合作、交流以及从同伴身上学习的能力。

3. 监控学习过程

在项目化学习中，教师通过参与讨论、观察并记录学生研究过程、浏览学生的学习日志，可以监控学生的学习过程，检查学生的理解状况，及时把握学生的学习状态，纠正学生学习的误区，为学生接下来的学习指明方向。当学生评价自己的学习过程并适时收到反馈时，能够更好地把握和调整自己的学习行为。

4. 鼓励元认知

元认知是美国心理学家约翰·H.弗拉维尔（John H. Flavell）提出的概念。学生在学习中，一方面进行着各种认知活动（感知、记忆、思维等），另一方面又要对自己的各种认知活动进行积极的监控和调节，这种对自己的感知、记忆、思维等认知活动本身的再感知、再记忆、再思维就称为元认知。在项目化学习中，元认知尤为重要。因为学生需要通过思考在项目中使用何种策略以及如何使用某种策略并做出决定，发展学习能力。通过回溯和辨析自己在某个活动中的行为过程，是发展元认知的重要渠道。因此，在项目化学习中，教师可以通过检查表、学习日志、问题列表等工具帮助学生认识和发展自己的元认知。

5. 展示理解状况

通常在项目成果展示阶段，学生会通过作品来综合展示他们所学的知识和技能，呈现学习目标的达成情况。这些评价所产生的信息是下一阶段学习的起点。

一般来讲，在一个项目结束时，以上五种评价目标都应通过相应的评价活动得以落实。

评价方式

评价方式解决的是怎么评的问题。评价方式有很多种，如传统教学中的练习、测试、提问、讨论，以及项目化学习中各种表现性评价（如档案袋评价、学习日志、成果展示等）。项目化学习的评价通常通过教师评价、自我评价和同学互评来实施。评价方式的确定取决于评价的目标、教学环境和学生的情况。在项目初期，可以通过讨论、可视化图表、问卷调查以及传统的练习、测试等方式，了解学生对核心概念的认识情况以及情感、态度的倾向；在项目过程中，可以通过参与学生的活动、浏览学生的日志、在学生中组织自评与互评，及时了解学习进展，帮助学生提高学习质量；项目结束时，可以通过成果展示，鼓励学生表达、交流，了解学生理解和掌握的程度,提高学生的反思能力。

在确定了评价目标后,教师可以使用不同的评价方式来收集评价信息,项目化学习中较为典型的形成性评价的方式如下:

1. 利用讨论活动进行评价

在项目化学习中,教师组织和参与学生讨论可以帮助教师及时了解学生的学习进展,检查学生的理解状况,并鼓励学生进行自主学习。常见的讨论活动有学生讨论会和师生讨论会两种形式。

例如,在学习"看见历史上的杰出女性"项目时,经过之前的调查研究,学生分组讨论"中国古代史书对女性的记载情况与哪些因素有关"。教师在观察学生的讨论之后,记录了如下观察要点:"各组基本已经找到并分析了有代表性的史书,能从史书中记载的女性人物数量及其占记录人物总数的比例、是否单独作传、如何描述人物形象、对女性人物的褒贬评价等方面开展了深入探究;A组进展顺利,B组研究线索还比较混乱;各组都还没有关注到不同时期史书对女性记载情况的横向比较。"

在学生讨论会上,教师须注意:要少说多听,鼓励学生对讨论承担更多的责任,减少对教师的依赖;要提出能够引出重要评价信息的开放性问题,通过提示来拓展学生思维;讨论后要及时进行分析,整理出有价值的评价信息等。

在师生讨论会上,教师最重要的工作是提问和倾听。教师不要急于给出正确答案或具体建议,这样可以帮助学生形成自主学习的习惯。

2. 利用可视化图表进行评价

各种有关显示理解和思维的可视化图表,可以帮助教师了解学生对某一主题了解和掌握的程度。教师可以使用同一图表工具对学生在不同阶段的理解状况进行对比,了解学生对学习内容理解和掌握的程度随学习过程变化的情况。同时,学生借助可视化图表可以整理概念之间的关系,帮助学生厘清思路,明确方向。

3. 利用学习日志进行评价

学习日志(日记),是指一系列按时间排列的记录,可用来收集和分析信息,以反思和分析学习过程。学生养成定期记录数据和想法的习惯,有助于他们提升元认知水平和自我评价能力。

4. 利用评价量规进行评价

作为定性和定量相结合的评价技术,评价量规是对学生的作品、成果、表现进行等级评定的一套标准。由于评价量规包含评价指标的详细描述,因此利用评价量规进行评价同时具有引导学习、教学诊断与促进反思的功能。

5. 利用档案袋进行评价

学生成长档案袋是记录学生一系列持续的学习过程、学习表现、作品、评价结果以及其他相关记录和资料的汇集。项目化学习的档案袋包括学生学习的过程性记录、项目作品和反思，可以帮助学生、教师和家长全面了解学生如何在学习过程中进步和成长。

使用上述评价方式时须注意：

- 一种评价方式可能适用于多种不同的评价目标。
- 为了增强对评价数据分析的可靠性和有效性，可能需要使用多种评价方式来收集信息，进行验证；
- 使用多种评价方式有助于吸引学生参与评价过程，帮助他们成为自主的学习者。

评价工具

评价工具是实施评价的具体载体。一旦评价目标和评价方式确定了，就需要选择适当的反映学生学习状况的评价工具。在项目化学习中，需要创建和使用多种评价工具——如检查表、评价量规、问题列表、活动提示语，等等——满足不同的评价需求。

根据评价目标分类的评价活动

分析学生需求的评价活动

在项目开始的时候，首先要精准把握学生的起点，需要了解以下问题：学生对于即将探究的主题已经知道或掌握了哪些知识？存在哪些认识上的误区或错误的概念？有何证据？有哪些需要特别关注的？学生具备哪些技能？哪些是该项目需要着重发展的？

分析学生需求常用的评价方式、评价目的、使用场景及评价工具对应见下页表5-1。

在项目开始阶段，要充分利用头脑风暴、可视化图表等评价方式呈现学生的已知、兴趣和需求，这样有助于准确定位项目化学习的目标。讨论交流可以充分呈现学生的认知情况，也给了学生参与框架问题制订的机会。在头脑风暴中，最初的概念列表形成之后，让学生将这些思想或观点分门别类地列出次级主题，并进一步组织小组讨论或在学习日志中思考如下问题：关于这个主题我们已经知道什么？这张概念列表告诉我们什么？我们在给定的项目研究时间内可以了解所有这些思想或观点吗？我们要优先考虑的事项是什么？有没有其他思想观点是我们在讨论概念列表细节时没有想到的？通过思考这些问题，在挖掘和呈现学生理解和思维的同时进一步发展学生的元认知，提高学生参与项目研究的主动性。

表5-1

"分析学生需求"的评价活动分类说明表

评价活动	评价目的	使用场景	评价工具
可视化图表	为学生当前的概念理解和思维过程提供可视化的表达方式。	在项目开始的时候,通过填入或绘制可视化图表,了解学生原有知识、技能掌握情况和态度倾向,以此明确学生的认知基础和需求。如有必要,可以在项目不同阶段制作同种可视化图表,以对比学生学习前后的变化。	● 概念图 ● 排序表 ● 分类图 ● 韦恩图
已知—欲知—学知表（简称KWL表）	为学生提供一个结构来思考他们对主题已经知道了什么(已知)(What I Know),想知道什么(欲知)(What I Want to Know),以及学到了什么（学知）(What I Learned)。通过这种简单的表格可以在学习开始时向学生询问对所学主题已知的信息来激活他们原有的认识,学习结束时比较前后认识上的差别,帮助学生澄清想法。	可用于开始一个新单元的学习,并贯穿整个教学单元。学生从"已知"这一栏开始头脑风暴,记录自己的认知储备和思想观点;然后填写"欲知"一栏的内容;最后,在"学知"那一栏记录学到的内容。	● KWL三栏表。(也有的会增加一栏"如何学"(How I Find Out),称为KWHL表)
思考—配对—共享	帮助学生通过讨论,组织原有知识与想法,并在班级内分享。	在项目开始之前,学生讨论时使用。要求一名学生先思考一个问题,然后与另一名同学结对,口头交流各自的回答,最后总结彼此的观点供全班同学分享。	● 提问或提示的问题; ● 记录小结和问题的表格。
头脑风暴	引导学生归纳与主题相关的术语和观点,创造性地建立原有认知和新的可能性之间的关联。	在项目开始或课堂讨论时使用,以小组或班级为单位进行。让学生尽可能多地想出与主题相关的内容,鼓励他们说出新鲜的或不同寻常的观点,或者联系先前所学内容的评论或建议。	● 记录头脑风暴关键词,并进一步整理,形成次级主题。

鼓励自主学习与合作学习的评价活动

教育的最终目标是帮助学生拥有管理自己学习的能力。研究显示自我评价在学习中扮演着十分重要的角色,可以帮助学生内化有关评价标准,让学生有机会评价自己的思维和作品,培养学生成长为自主的学习者。当学生开始评价自己的思维过程和最终的作品时,他们所做的不仅是查找错误,还包括将通常隐性的东西显性化。

在合作学习中,当学生向同伴提供反馈时,学生将通过检查其他学生的表现内化学习要求。学生对照检查表和评价量规等工具分析同伴的表现,这个过程同时可以促使他们反思自己的表现。同伴反馈使得学生在活动中有更大的参与感和责任感,并且帮助学生直观地认识到优秀的作品和优秀的学习者应该是怎样的。

无论是自我评价中的对照检查,还是同伴反馈中给同伴提出建设性的反馈意见,教师制订的问题反思列表、检查表和清晰的评价量规都至关重要,可以给予学生必要的引导和方向。

鼓励自主学习和合作学习常用的评价方式、评价目的、使用场景及评价工具对应见表5-2。

表5-2

"鼓励自主学习与合作学习"的评价活动分类说明表

评价活动	评价目的	使用场景	评价工具
自我评价与反思	给学生提供评价他们自己的进展状况、思维和学习情况并且反思改进方法的机会。	在整个项目开展的过程中,借助自我评价问题列表、提示问题、评分指南或评价量规、项目进程检查表等评价工具来支持学生进行自主学习的评估。	● 自我评价问题列表 ● 提示问题 ● 评分指南或评价量规 ● 项目进程检查表
同伴反馈	通过评价同伴的工作,使学生对高质量工作的特征了然于胸。	在整个项目开展的过程中,在小组讨论阶段、阶段产品或最终作品完成后,以及展示阶段进行。	● 同伴反馈问题列表 ● 评分指南或评价量规
小组活动观察和反思	通过小组活动的观察记录,教师了解、评估学生的合作技能;学生通过反思,意识到自己的合作状况。	在整个项目开展的过程中,当小组合作共同完成任务时,通过笔记、小组活动自我评价问题列表、提示问题等评价工具评估学生合作学习的水平。	● 小组活动自我评价问题列表 ● 笔记 ● 提示问题 ● 学习日志

学生的合作学习主要在小组合作完成任务的过程中发生。在这个过程中,学生是否聚焦于关键内容、彼此之间能否互相帮助、遇到分歧如何说服对方、遇到瓶颈如何解决并另寻方案……学生的灵活性、交流技能、领导力、问题解决能力等,都可以从中得以观察和反思。通过合适的问题列表、自我检查表和评价量规,可以帮助学生在小组活动中发展这些技能。

监控学习过程的评价活动

在项目化学习中,学生是学习的主体,教师要做的是监控学生的学习进展,了解他们的理解状况,并及时给予指导或建议。表5-3所列评价方式可以帮助教师清楚掌握学生在什么时候、在哪些地方需要额外的帮助和指导。

表5-3

"监控学习过程"的评价活动分类说明表

评价活动	评价目的	使用场景	评价工具
非正式观察和随堂记录	帮助教师了解学生学习的进展,及时发现问题,做出相应的教学调整并为最终评估提供参考。	在小组学习和个别学习活动中。	● 教师对学生个人或小组的观察记录表
项目例会或讨论会	教师通过参加小组项目例会或讨论会,检查项目进展情况,了解下一步工作计划、是否需要帮助等。	在项目开展的关键阶段或时间节点,如小组制订方案的阶段,通过参与小组例会和个别会面,以了解项目进展情况。	● 项目例会记录表

鼓励元认知的评价活动

大量研究表明,培养学生元认知的能力,能够大幅提高学生的学习成效。研究发现,与其他干预性方法相比,最有效的指导性干预方法是关注学生如何看待他们自己的学习过程,以及他们作为学习者的种种感受。当学生能够坦诚地评价他们自己的时候,他们就不再把自己看作被动接受知识和技能的人。鼓励元认知的常见评价活动如下页表5-4所示。

项目化学习是发展元认知的良机。一些问题可以激发学生从元认知的角度去思考,例如:遇到问题时你会怎么办?你对你的进步满意吗?为什么?这个任务你还能想出其他解决方案吗?为了发展元认知,可以通过学习日志让学生回顾、反思他们的学习过程,通过问题列表和评价量规让学生检视思维过程的各个步骤,依次检查和分析他们的学习策略是否有效。

表5-4

"鼓励元认知"的评价活动分类说明表

评价活动	评价目的	使用场景	评价工具
记录反思日志	通过特定的问题让学生在学习日志中对学习内容和思维过程做出反思,如"反思你获得的进步和做出的努力,以及强项与弱项并举例说明""是什么促进或阻碍了你现在的学习""对于……你的观点是什么?你为什么那样认为?""你今天使用了哪些技能?"等问题。	用于整个项目期间,尤其是在关键阶段和项目结束时。	● 学习日志
思维自我评价	提取抽象思维的特征,并转换为评价量规,让学生对照进行自我评价。如让学生对自己的批判性思维进行观察和评价时,可以从"识别重要信息""推断""评价来源""独立学习""沟通"等要素给出衡量标准。	在一个重要的学习任务或整个项目结束后,可以利用思维评价工具让学生对照检查,进行自我评价。	● 思维评价量规

反思日志最主要的目的是学生在记录的过程中对自己的学习过程和学习状况形成清楚的认知。教师在检查学生的学习日志并做出反馈时,可以评估学生的理解力,帮助学生澄清理解上的误区,并在必要时补充额外的内容。如果为学习日志或反思日志设计评价量规,则可以帮助学生清楚地认识项目化学习对他们的反思能力要求,并评估自己的反思能力。

展示理解状况的评价活动

在项目化学习中,成果和产品是展示学生理解力和掌握技能的重要载体。由学生制作的作品、产品、演出、汇报等多种成果形式,能显示学生对知识和技能的掌握和应用程度,学生主持的会议给予学生向更大范围内的相关人员分享目标、成果、自我评价和反思的机会,从而显示学生的创造性和学习成效。

下页表5-5列举了在项目化学习中,针对"展示理解状况"的常见的两种评价活动。

在实际应用过程中,教师须注意灵活运用各种评价方法。一种评价目标对应多种评价方式和评价工具,而一种评价方式或评价工具也可以达到多种评价目标,并为多个对象同时应用。如:KWL表和可视化图表既反映了学生的学习需求,也显示了他们当时的理解状况;学习日志既可以帮助学生回顾自己的学习过程,也可以让教师达到监控学习过程、了解学生理解状况的目的;作品检查表或有关作品的评价量规既可以作为自评的对照,同时又很容易改造成同伴反馈和教师评价的工具。

表5-5

展现理解状况的评价活动分类说明表

评价活动	评价目的	使用场景	评价工具
项目作品展示	综合反映学生在项目化学习中的学习成果。	在项目结束时,通过项目作品的展示,对学生的学习进行综合评估。	• 作品评价量规或评分指南
档案袋评价	完整呈现学生的学习过程和学习结果。	学生在项目化学习过程中利用档案袋积累学习过程材料,在项目结束时通过浏览档案袋中的内容,可以回顾和检查学习全过程。在一个学期或更长的学习周期后,通过纵向对比学生完成各个项目的档案袋,更容易看到学生的成长。	• 档案袋评价量规

活动3
项目化学习评价的总体设计

各阶段评价要点

经过上一个活动的学习,我们已经了解了项目化学习评价的五类目标、主要评价方式和评价工具。在实施过程中,需要根据项目开展的具体过程综合应用,形成评价策略。表5-6列举了在项目化学习中常用的评价活动,包括谁使用、如何使用,以及使用目的等。

表5-6

项目化学习常用评价活动

评价方式	评价的过程和目标
记录学生个人和小组活动	教师在对学生个人和小组进行观察时做出相关记录,用于监控进度、提供反馈和调整教学,也作为终结性评价的参考。
对话和提问	教师使用对话和提问来监控学生的学习进度、检查学生理解状况,并启发学生进行深入思考。教师可以在学生个人学习、小组活动或全班交流时进行对话和提问。
浏览学习日志	学生用学习日志的形式做研究记录,并就特定问题进行反思。教师浏览学习日志并提供反馈,澄清误解或提供必要的辅导。
参加小组讨论会	教师通过参加小组讨论会与小组或个别学生交流,确保学生的学习聚焦于项目主题,解答学生的提问以及评估小组和个别学生的学习进度。
利用评价量规/评分指南	评价量规可以支持学生的学习达到预期目标并完成高水平的作品。利用评价量规,学生可以逐步实现自主学习,并为同伴提供有效反馈;教师可以利用评价量规对学生的作品或展示进行客观、全面的评价。

一个项目从开始到结束可以分成不同阶段,表5-7列出了各阶段主要的评价目标、评价内容和评价活动。

表5-7

项目化学习各阶段评价要点对照表

项目阶段	主要评价目标	评价内容	评价活动
项目实施前/项目启动	● 评估学生需求。	● 学生是否理解了项目? ● 学生对核心内容和概念的了解程度? ● 学生涉及本单元内容的基础水平和需求如何?	● 应用KWL表、学生问题列表等工具。 ● 小组讨论、自我分析和与教师的讨论。 ● 组织前测,确定学生当前认知和理解的水平。 ● 让学生了解项目最终作品的评价量规。
项目实施中	● 鼓励自主学习和合作学习。 ● 监控学习进程。 ● 检查理解状况。 ● 发展元认知。	● 学生是否进入预定的轨道,研究项目相应的内容? ● 学生小组是否按照角色进行组织管理,根据各自的角色积极参与并做贡献? ● 学生是否在学习和理解他们的研究材料,同时考虑解决方案中的可变因素? ● 学生是否掌握了内容,并能在项目内外应用它们? ● 学生是否为成果的展示分享活动做好了准备?	● 小组讨论会——教师参与小组讨论,了解小组进展和理解程度,是否存在误区。 ● 查看个别学生过程性学习的记录。 ● 学生对照自我检查表进行自我检查。 ● 小组对照小组任务量规及检查表进行检查。 ● 学生记录学习和反思日志。 ● 开展基于内容的测验,教师对小组任务进行评估。 ● 对照作品评价量规,进行自评并对作品进行调整或修改。
成果展示/项目实施后	● 展示理解状况和技能掌握。	● 学生是否精准地应用关键知识和思维,来创造一个有思想的产品? ● 学生是否理解了评价标准?他们按照这个来检查他们的工作了吗? ● 学生是否能有效地交流他们产品的各个重要部分? ● 小组合作是否有效?	● 展示交流会。 ● 同伴、教师、专家根据评价标准提供反馈。 ● 安排练习或测试。 ● 请学生再次填写KWL表。 ● 请学生反思:学到了什么,整体经历以及待改进之处。

具体来说,各阶段大体包括以下各项评价活动:

1. 启动项目

提供项目计划、检查表和提示,帮助学生了解和确定项目主要内容框架。学生通过学习日志或KWL表来回顾以前的知识储备和基础,明确项目研究方向。

2. 了解学生已有知识和概念基础

在项目正式开始前,利用思维导图、头脑风暴、提问、讨论等方式了解学生的知识背景、技能、态度,以及对该项目理解上的误区。学生也可以通过这些方法在已有知识和即将学习的内容之间建立联系。

3. 设定期望和标准

出示项目成果评价量规,让学生了解项目学习期望及评价标准。组织学生对学习目标和项目成果的评价量规提出反馈,并根据反馈调整评价标准。

4. 检查学生的理解程度

在项目单元的各个阶段,使用多种评价方式收集有关学生学习和概念理解的信息。常用的评价活动包括检查日志、个案记录、提问、讨论会、同伴反馈及展示评价。根据收集的信息了解学生的理解状况、存在误区及其他问题,并为学生提供适当的反馈和指导。

5. 监控学习进程

使用检查表、学习日志、反思日志、项目计划表等工具监控学习进程,帮助学生跟上进度。这些评价工具能够帮助学生在完成开放性任务时进行自我管理。

6. 鼓励自我评价和同学互评

利用检查表、问题列表、评价量规来鼓励发展自我评价和同学互评。当学生对同学的作品和思维做出评价时,他们会形成一种内在的质量意识。之后,他们就可以利用这些经验来评价自己的作品和思维过程了。

7. 组织作品展示与评价

项目结束时,教师通过作品展示可以综合评估学生的理解状况和技能掌握,并对学生的作品质量提供反馈。学生可以使用评价量规、评分指南和学习档案袋等进行自我评价和相互评价。

8. 指导学生反思并设定新目标

项目结束时,指导学生通过反思整个项目过程和成果,评价自己的思维和学习,思考改进方法,并设定新的学习目标。

项目化学习评价的整体设计

项目化学习的评价特征之一是注重评价的总体设计,以终为始,提前设计。在具体操作中,可根据表5-7列出的各阶段评价要点,利用评价时间线进行总体规划,并通过评价计划表具体说明。

评价时间线

评价时间线是按照项目开展的阶段特征,对项目化学习的评价作整体框架设计,对应具体学习活动,把准备在各阶段应用的评价工具在评价时间线中一一列出,形成清晰完整的评价时间线。具体的评价时间线可参考图5-1。

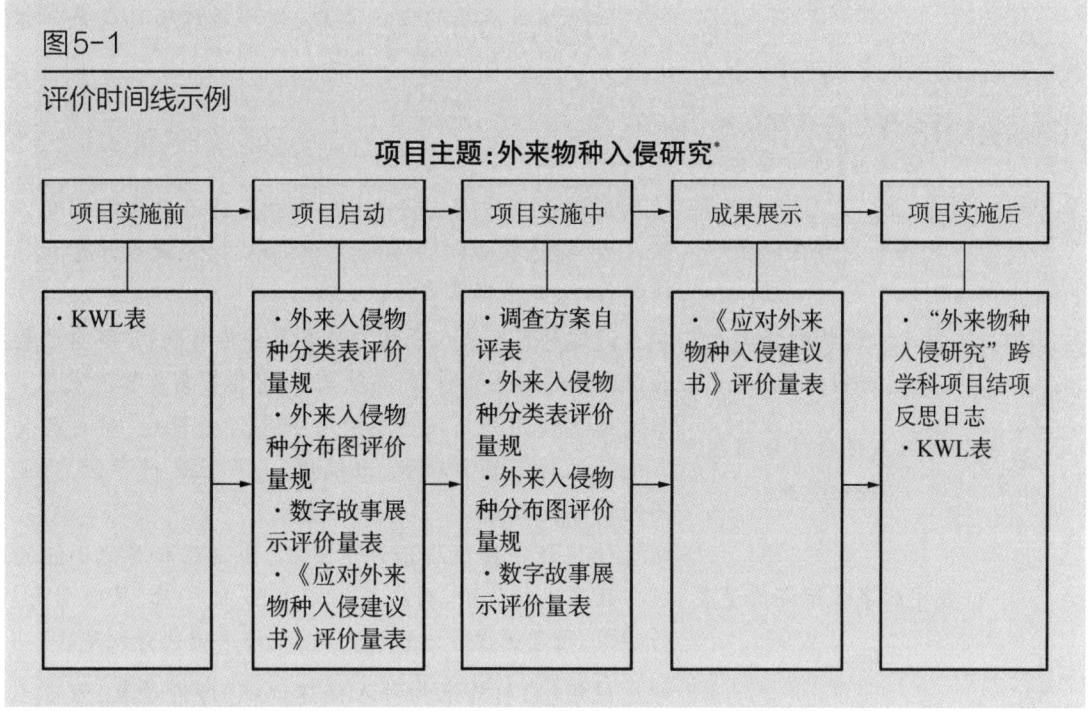

图5-1 评价时间线示例

评价计划表

把评价时间线各阶段准备应用的评价工具和相应的评价目的在表中具体说明如何开展该评价活动,就形成了评价计划表。

下面就以"外来物种入侵研究"项目评价计划表(见下页表5-8)为例,说明如何在项目启动之前,制订评价计划。本示例只呈现了评价计划比较常见的一种形态,在实际操作中,教师可以根据具体项目,灵活使用评价方式和评价工具,制订适合自己项目的评价计划。

---

* 本案例来源于上海市洛川学校JT项目。

表5-8

"外来物种入侵研究"项目评价计划表*

阶段	评价工具	评价目的
项目实施前	KWL表	借助KWL表格,学生以小组为单位,围绕"外来物种入侵"这个主题,交流已知和想学的具体内容,教师在此基础上,根据需要进一步调整项目目标和框架问题。
项目启动	外来入侵物种分类表评价量规	在了解项目的主要内容和项目成果的基础上,师生共同制订四项项目成果的评价量规,便于后续项目成果创建过程中对照着评价量规来完善。
	外来入侵物种分布图评价量规	
	数字故事展示评价量表	
	《应对外来物种入侵建议书》评价量表	
项目实施中	调查方案自评表	学生通过调查方案自评表,逐项检查自己设计的调查方案是否完整、是否融合了地理和生命科学、是否注意和伙伴合作等,并根据需要修改完善。
	外来入侵物种分类表评价量规	学生通过对照外来入侵物种分类表评价量规,了解自己和其他小组的分类准则、分类结果等,并根据需要修改完善。
	外来入侵物种分布图评价量规	学生通过使用外来入侵物种分布图评价量规,对自己和其他小组作品的合理性、准确性、美观性进行评估,为地图的完善提出建议。
	数字故事展示评价量表	学生使用数字故事展示评价量表,为自己和其他小组的数字故事进行评价,对故事的完整性、流畅度、呈现形式、科学性、思考深度等方面逐一打分,评选出优秀故事。
成果展示	《应对外来物种入侵建议书》评价量表	学生使用《应对外来物种入侵建议书》评价量表,为自己和其他小组的建议书进行评价,对建议书的完整性、流畅度、呈现形式、科学性、思考深度等方面逐一打分,评选出最佳建议书。
项目实施后	"外来物种入侵研究"跨学科项目结项反思日志	学习结束,学生回顾本项目的学习,进行反思、记录。
	KWL表	填写KWL表最后一栏,"关于'外来物种入侵'这个概念我学到了什么"。

* 本案例来源于上海市洛川学校JT项目。

具体操作

首先，按项目开展的五个阶段，根据具体学习活动，总体思考各阶段所需的各项评价活动，填写项目评价时间线模板。

然后，根据项目评价时间线中所设计的评价工具，在评价计划表模板中具体化每一项评价活动如何开展：针对什么样的项目活动？谁用？用什么评价工具？预期达到怎样的目的？

在填写评价计划表时，教师可以对照以下问题：

- 本项目化学习的目标是什么？针对目标是否设计了相应的评价？
- 项目活动中的哪些内容体现和落实学科核心素养？是否设计了相应评价？
- 是否兼顾五类评价目标？
- 是否设计了较多支持学生发展的评价活动和评价工具？

评价计划设计常见问题

1. 学习支架和评价工具混用

"学习支架"来自维果茨基的"最近发展区"理论，指的是找准学生现有水平和可能达到的发展水平之间的区域，通过合理的教学设计，在这个区域为学生搭建一个合适的"学习支架"，帮助学生达到新的发展高度。"评价工具"指对评价对象进行评价时所采取的工具和手段。在实际操作中，两者有可能重合，如学习效果检查表既可以看作评价工具，也是一种学习支架。但两者也有差异，如"小组分工表"是学习支架，用来帮助学生确定小组成员的角色分工，让学员明确每个人承担的角色，本身并不具有评价功能；但角色要承担的责任和对应的任务，需要"组员角色描述及评价表"来具体说明，"组员角色描述及评价表"既是判断角色任务是否达到标准的参照依据，也可以具体评价学生角色任务的完成状况，因此，"组员角色描述及评价表"就是一种评价工具。

2. 评价活动设计重点偏离

在主要学习目标、重点活动方面应有评价活动，促进重点内容的深入学习和掌握，评估关键能力的发展状况等。在实际操作中，教师要避免在自己熟悉的领域设计过多不必要的评价活动，如有的教师将很多评价活动集中在小组合作方面，而忽略了促进深入学习和任务完成质量的各种检查表、问题列表及评价量规的提供。学习目标如何落实，关键能力得到怎样的发展、达到怎样的状态，以及如何通过评价进一步促进学生这些方面的发展，才是评价的重点。

3. 评价计划中评价目的描述不当

评价计划中的评价目的是说明这个评价工具在什么活动中使用，以及使用意图，而不是具体实施中的使用说明。例如针对学生个人发言评价量规的评价目的，有教师会写成"在学生准备发言前发放给学生,每人一张,要求学生妥善保存、认真自学,熟悉交流的规范,提升交流环节的质量"。这种就不适合放在评价计划表中,可以改成"在学生准备发言前发放,让学生了解发言标准,提升交流环节的质量",以说明使用该评价工具的目的。

活动 4
开发项目评价工具

项目化学习的评价工具有很多种,下面具体说明在项目化学习中教师经常使用的几种评价工具。

思维可视化图表工具

思维导图、KWL表、韦恩图、分类图等图形工具都可以用来了解学生的需求,检查学生的理解状况。

思维导图

思维导图是一种将思维形象化的方法,是表达发散性思维的有效图形思维工具。思维导图要求学生用图形来组织信息,这有助于让学生弄清主题内部各项相互之间的各种联系。让学生单独或分组来绘制思维导图,有助于他们清晰地表达自己的想法。绘制思维导图能提高学生的学习兴趣,并为富有创造性的表达提供机会。从学生绘制的思维导图中,教师可以了解学生对不同主题、不同概念之间关系的认识和理解状况。图5-2呈现了思维导图的常见形式。

韦恩图

韦恩图用于展示在不同的事物群组(集合)之间的数学或逻辑联系,尤其适合用来表示集合(或类)之间的"大致关系",也常常用来帮助推导(或理解推导过程)关于集合运算(或类运算)的一些规律。在教学中,教师可以利用韦恩图评估学生对相关概念的理解,帮助学生厘清这些概念之间的区别与联系。图5-3是一名学生就"神话"和"寓言"先后制作的两幅韦恩图。

在开始项目学习时,教师为了了解学生对于该项目两个重要概念的了解程度,设计了

图 5-2

"如果我穿越回明朝"项目思维导图示例*

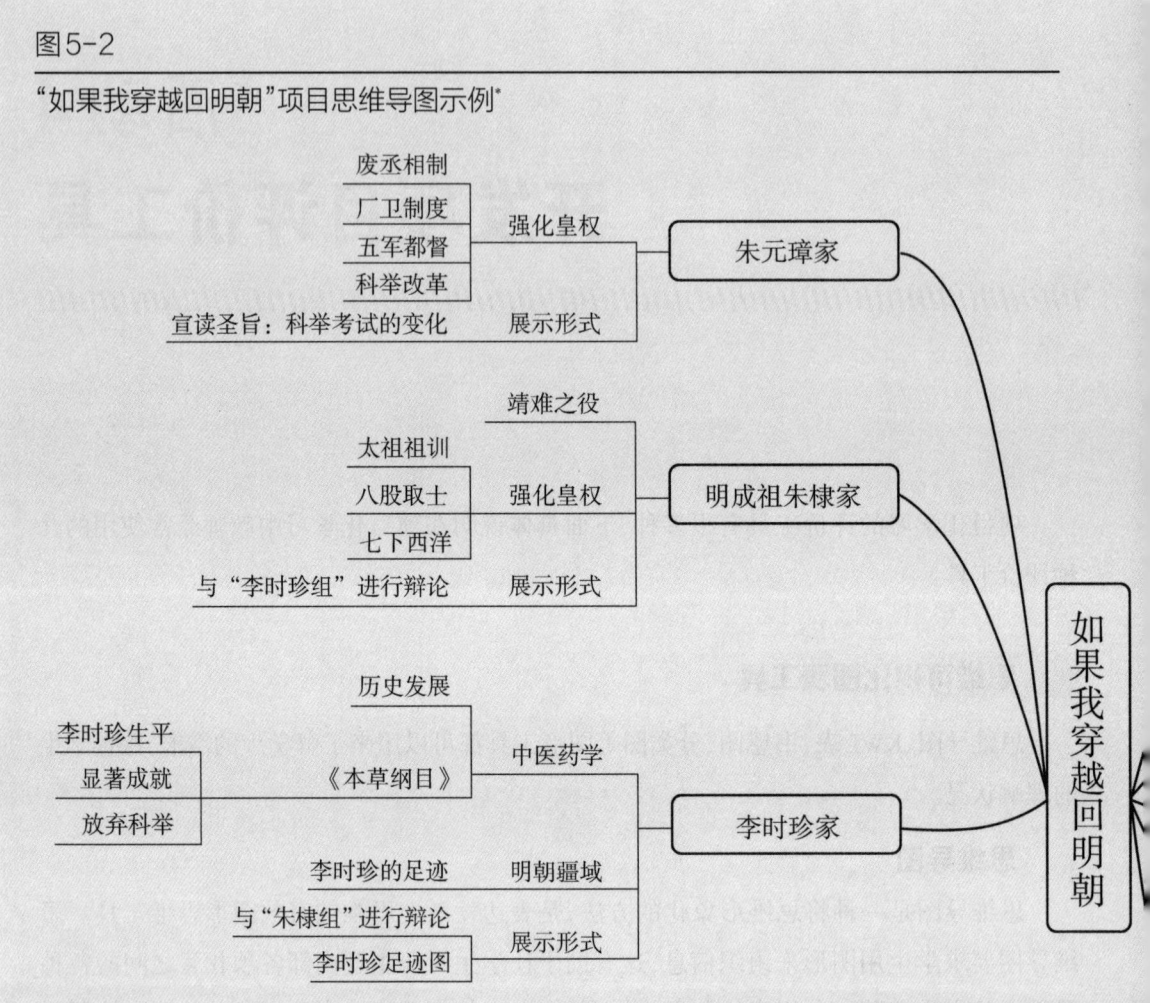

注:该思维导图一级分支列出了不同小组研究的明朝不同人物,二级分支列出了他们不同的关注重点和学习内容。通过小组讨论、确定每个人物的几级分支,可以帮助学生梳理研究框架;不同人物分支汇总形成班级整体的项目框架,小组之间可以互现借鉴研究思路,即使同一项目,各组不同的展示形式也呈现了整个班级成果的丰富性。对于教师来说,通过各小组分支汇总形成的班级层面的思维导图,可以清晰了解项目整体框架,迅速把握各组研究思路和内容。

---

* 本案例来源于上海市闵行区教育学院JT项目。

模块 5 项目化学习的评价设计

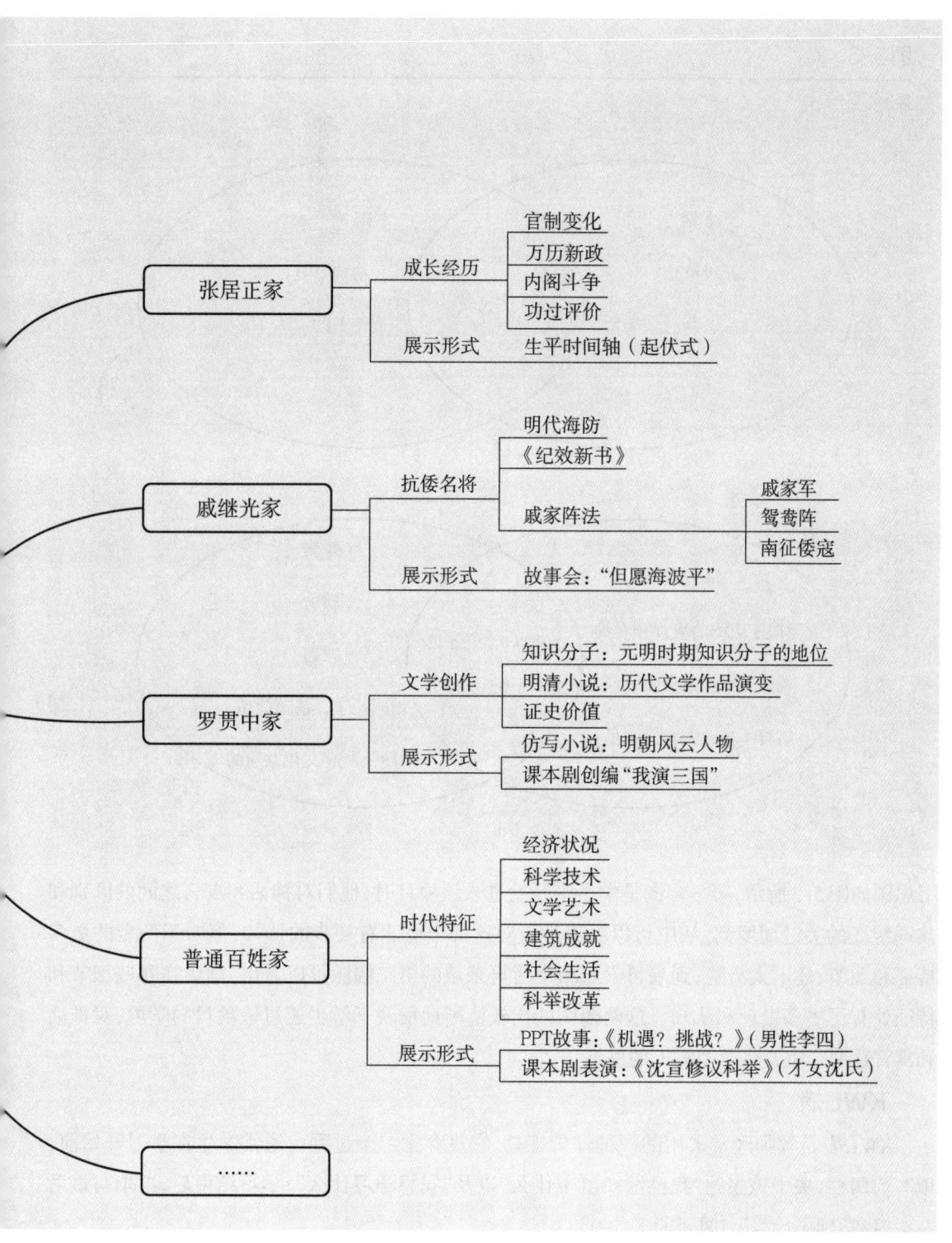

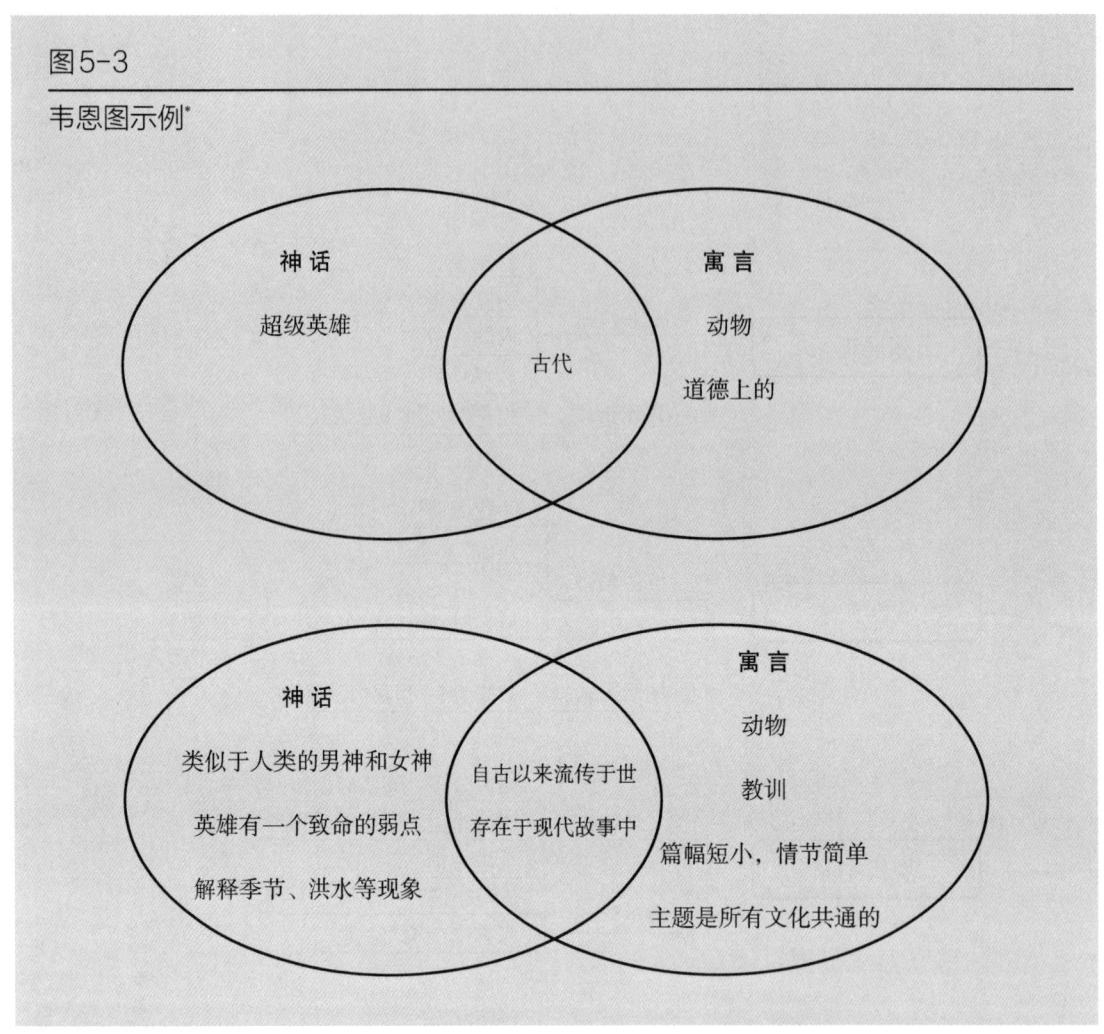

图 5-3
韦恩图示例*

韦恩图如图5-3所示,第一幅图是学生刚开始进入该项目时,他们对神话和寓言之间的区别和共同特征的关键词罗列,从中可以看出学生对这两个概念有初步的认知,但对于两者的更多特征和细节,还不太清楚;到项目学习结束后再来填的第二幅图可以看出,学生在哪些细节和特征处有了更多发现和认知。这两幅图的比较清晰地反映了学生通过该项目的学习,对神话和寓言这两个重要概念理解上的发展。

KWL 表

KWL表是教师经常采用的一种评价工具,它贯穿学习全过程。通常学生在学习开始前,填写前两栏,关于该主题"我已经知道了什么"以及"我想学习什么";学习结束后,再填写最后一栏"我学到了什么"。(见下页表5-9)

---

* 引自"英特尔®未来教育"项目。

表5-9

KWL表

我知道什么	我想学习什么	我学到了什么

在"如果我穿越回明朝"项目中,每个小组选定研究一位人物,教师为了了解学生对该人物已知和欲知情况,拟订了KWL表,同时为了促进学生讨论和深入思考可以从哪些途径进行研究,增加了一栏"我们可以通过哪些渠道深入了解这位人物?"学生依照这些提示问题来思考、讨论和填写,在完成的过程中也厘清了自己的已知、欲知和学习途径。这个表格也可以称为KWHL表(见表5-10)。

表5-10

"如果我穿越回明朝"项目*中的一份KWL表

背景:假设你穿越回明朝,生在你印象最深的明朝人物某某家(明朝某位真实人物)……			
关于这个人物,我们已知的是什么?	关于这个人物,我们还想知道什么?	我们可以通过哪些渠道深入了解这个人物?	项目结束后,我们对这个人物增加了哪些了解?

关于如何使用KWL表,教师还须注意:
- 问题的设计取决于打算在哪些重要内容上深入了解学生状况。
- KWL表可以根据实际需要,在栏目设置上做灵活调整,如增加"我需要得到的帮助"。
- 教师在KWL表每列中可以提出一两个问题给学生做示范,引发更多思考。
- KWL表在个人、小组、班级各个层面都可以灵活使用。

* 本案例来源于上海市闵行区教育学院JT项目。

评价量规

评价量规是较为普遍使用的评价工具。在常规的教学评价中,特别是在评价非客观性的试题或任务时,教师已经自觉不自觉地应用了"评价量规"这种评价工具。例如,教师对学生作文的评价,往往会分别就内容、结构、卷面等方面所占的分数给予规定,以便更客观地进行评价;又如教师在期末评价学生一个学期的表现时,往往会从学生的学业成绩、劳动与纪律、同学关系等多个方面进行综合考虑,给出优秀、良好、一般、待提高的等级评定。

评价量规是一种结构化的定性与定量相结合的评价工具,一般用来评价学生的复杂表现或作品。它以表格的形式详细地列出学生在各项被评价内容(评价指标)上的表现准则,每项指标包含不同的评价等级。

评价量规的功能

评价量规功能强大且十分灵活,可以通过变式或改造,服务于多种多样的评价方式和不同的使用主体。

1. 评价量规可用于形成性评价和终结性评价

学生可以在形成最终成果的过程中借助评价量规来对照分析他们的学习过程,而教师可以使用同样的评价量规来做最终评价或评分。

2. 学生可以借助评价量规在项目学习中进行自评和互评

评价量规设定了单元的学习期望,通过不同等级的学习行为描述,可以给学生提供参照,从而帮助他们进行自评和互评。

3. 其他评价工具可由评价量规生成

检查表可以扩展成评价量规,评价量规最高等第的描述也经常被制作成检查表,用于说明教学预期行为或提供示范。评价量规也可改造成评分指南,用来为最终作品评定分数或等级。

评价量规的构成

常见评价量规的模板如下页表5-11所示。

评价量规通常由评价指标、级别和描述语3个部分组成。

1. 评价指标

评价指标是对评价内容的特性提取。在创建评价量规时,评价指标的确定非常重要。学生将依据这些指标来监控自己的学习进展、检查自己的理解状况,教师也要依据这些指标来组织教学。评价指标要聚焦与主题相关的重要概念、高阶思维以及21世纪技能。评价指标的

表5-11

评价量规的模板

评价指标	等第及评价标准			
	优秀	良好	一般	待提高
指标1				
指标2				
指标3				
指标4				

数量要适当,数量太多则评价量规使用起来较为烦琐,数量太少容易漏掉重要指标,无法反映或检验全面学习目标的达成。

2. 级别

评价量规中的"优秀""良好""一般""待提高"说明了对应列所描述的等第。

3. 描述语

描述语是评价量规最重要的部分,用于描述每一等第的具体特征或表现行为。好的描述语能让学生准确地定位他们所处的等第,同时认识到努力的方向。评价量规的语言为自评和反馈提供词汇和结构,可以加深学生对任务的理解和思考。等第之间的差别描述应该清晰、明确。等第之间的差异取决于对不同等第特征做出的准确又具体的描述,而不只是通过量词来区分。

"评价量规的制订尽量让学生参与。通过对评价量规的讨论,不仅可以明确学生对学习的期望和作品的重点,通过学生对评价量规的提问和评论也可以识别出模糊、晦涩的语言,有助于修订、完善评价量规。此外,让学生参与评价量规的设计阶段能够更好地提升学生的自主意识和责任感。"

评价量规的具体形式可参考下页表5-12。

表 5-12

"下一个星巴克"项目* 星巴克商业计划书评价量规

评价指标	等第及评价标准			
	优秀	良好	一般	待提高
信息提取和数据选择	从至少3个不同的要素出发,全面地搜集了学校周边的地理数据。数据的所有组成部分都可用于分析星巴克选址的需求。	从至少2个不同要素出发,大致搜集了学校周边的地理数据。数据大部分可用于分析星巴克选址的需求。	从1个以上的要素出发,部分搜集了学校周边的地理数据。有一部分数据对分析星巴克选址的需求有帮助。	简单搜集了学校周边的地理数据。数据对分析星巴克选址需求几乎没有帮助。
专题地图	在"我的专题地图"中选用的数据非常准确,数据量大、数据种类大于等于4种,地图三要素完备,专题地图十分美观。	在"我的专题地图"中选用的数据准确,数据量大、数据种类大于等于3种,地图三要素完备,专题地图美观。	在"我的专题地图"中选用的数据基本准确,数据量一般、数据种类大于等于2种,地图三要素完备,专题地图美观性尚可。	在"我的专题地图"中选用的数据不太准确,数据量不大、数据种类少于2种,地图三要素有缺漏,专题地图不够美观。
商业计划书构成	包含了所有要求的组成部分和3个以上可选部分。	包含了所有要求的组成部分和至少1个可选部分。	包含了所有要求的组成部分,没有涉及可选部分。	漏掉了至少1个要求的组成部分。
写作语言	条理清晰,内容详尽,趣味性强,无标点符号错误,图片清晰。引文无误,信息来源可靠、完整。	条理清晰,内容详尽,基本无标点符号错误,图片清晰。引文基本无误,所有引文注明信息来源,个别来源不够权威。	条理较清晰,有少量标点符号错误,图片较清晰。个别引文有误,个别信息来源没有说明,或不太可靠。	写作冗杂,无趣味性,标点符号错误较多,图片模糊。多处引用有误,没有注明信息来源。
演示文稿	主旨清晰,内容充实,详略得当,图文并茂,版面美观,有较强的说服力。	主旨较清晰,内容完整,图文结合,有说服力。	主旨不清,内容欠条理,图片很少,说服力一般。	主旨模糊,内容不全,图片很少或无,缺少说服力。

(上海市民立中学　乐声浩提供)

---

* 本案例来源于上海市静安区教育局JT项目。

评价量规是评价的标准和依据，在应用中会配合打分的评价量表一起使用。上表在进行评价时，各指标的重要性往往通过权重来区分。实际上，作为评价依据的评价量规和打分的评价量表往往合二为一，如表5-13所示：

表5-13

实践中教师常用的评价表

评价指标 （权重）	等第			生评	师评
	优秀	一般	须改进		
评价指标1 （　分）	（在指标1上表现"优秀"的描述语，余依此类推）			（分数，下同）	（分数，下同）
评价指标2 （　分）					
评价指标3 （　分）					
评价指标4 （　分）					
评价指标5 （　分）					
总分和评语	评语：				

（上海市静安区第一中心小学　丁毅提供）

检查表

检查表一般用作学生进行对照和自我检查的工具，可以用来评价自己或同伴的学习进程、学习内容和技能状况。检查表通常会对学生学习表现和要求进行简要、清晰、客观的描述。教师可以在观察或讨论会中借助检查表，有效、准确地了解学生在项目化学习中的学习状况，评价学生的行为。

利用检查表提高成果质量

学生在为项目"分数探究"做最后的演示文稿时，为了确保学生的研究成果聚焦在核心内

表5-14

"分数探究"项目检查表*

检查内容		计划中	已开始	已完成	备注
我使用故事板(Story Board)来草拟演示文稿。					
我回答了这些问题	准确性真的那么重要吗？				
	分数很重要吗？或者没有分数我们会生活得更好吗？				
	在工作中分数的用途是怎样的？在工作中分数是必需的吗？				
	理解分数会使我的生活更加轻松吗？				
我提到了一个真实生活中有关分数的问题，同时写出了关于如何解决这个问题的详尽、清晰的程序。					
我回答了这些问题	什么是分数？				
	分数加、减、乘、除的运算规则是什么？				
	分子和分母的差别在什么地方？				
	如何将一个混合数用假分数来表示？				

* 引自"英特尔®未来教育"项目。

(续表)

检查内容	计划中	已开始	已完成	备注
我利用可视化图表进行解释和说明。				
我使用了正确的数学符号和术语。				
我使用的图表、字体和背景增强了我的演示活动的效果。				
我检查了演示文稿的拼写、语法和准确度。				

容上,教师设计了如上检查表(见表5-14),让学生一一对照检查,来保证学生不漏掉演示文稿写作的重要内容和关键步骤。学生使用这个检查表可以帮助他们构思、完成演示文稿。这个检查表也可加以修订用于同伴和教师监控进展状况和提供反馈。

利用同伴评价检查表给予学生高质量反馈的建议

一个高质量的同伴评价活动,需要给予学生相应的指导。将清晰、具体的讨论要点和评价反馈列项呈现给学生,可以帮助学生在同伴交流时聚焦在学习内容和交流方式上,促进学生相互学习,进一步提高作品的质量和学习的效果。下面以"桥梁"项目的同伴评价检查表为例(见表5-15)。

表5-15

"桥梁"项目同伴评价检查表*

被评价的学生:＿＿＿＿＿＿　　实施评价的学生:＿＿＿＿＿＿　　日期:＿＿＿＿

讨论要点	在同伴评价时已修改和完成	评语/讨论的问题/需要完成或修改的地方
1. 接受同伴评价的学生或小组为档案资料和设计提供了一份清楚的摘要。	☐	
2. 我提供了语言或非语言性反馈,例如点头、目光接触、做笔记、回答问题、适当时打断对方以澄清要点以及提供相关意见等。	☐	
3. 我根据我的理解对设计方案进行总结。	☐	
4. 我提出了一些探究性问题以加深对相关想法的理解。	☐	

* 引自"英特尔®未来教育"项目。

（续表）

5. 我建议了新思路和新方向。	☐	
6. 我用友好、有建设性的方式提出反馈,我使用有礼貌的语言,并考虑他人的感受和想法。	☐	
7. 我给项目带来了新鲜的见解和视角,并因此改进了我们的设计。我的确让它变得更好了!	☐	
8. 我通过这个项目学到了关于几何的新知识或拓展了视野。	☐	
档案评价		
9. 档案包含准确、详细的桥梁模型设计蓝图。	☐	
10. 档案包含了令人信服的、看起来非常专业的多种资料,包括概念图、图表和照片。	☐	
11. 桥梁设计的所有内容都是完整和详细的。	☐	
12. 研究深入透彻,并使用了多种高品质的资源。	☐	
13. 通过详细的解释和实例,作品清楚地显示了创作者对几何的良好理解。	☐	
14. 我询问了需要我反馈的其他问题。	☐	

该同伴评价检查表通过条目化的列表,列出了同伴互评的具体要点,为学生学习提出明确的方向和操作点,对评价者和被评价者都提出了要求。这些检查要点聚焦学习内容且促进深度学习,从学习内容到交流方式都提出全面而具体的期待,提升交流反馈的质量。另外,检查表中的描述语没有采用居高临下的评判口气,而是以第一人称来表述,鼓励、支持学生达到目标。

学习/反思日志

日志,是指简短、按时间排列的非正式记录,用来记录、分析和反思学习过程,是项目化学习经常采用的学习手段。学生养成定期记录数据和想法的习惯,同时也发展了元认知,提高了自我管理的能力。

日志一般分为两种,一种是项目学习日志,主要针对具体某个项目,从开始到成果展示进行记录,如"模拟农场"(四年级)这个项目,学生有专门的活动记录本,跟踪记录每一次活动过程。第一次,记录罗德农场针对不同土壤品质和不同种子的农产品的价格表;第二次,记录预期开支的项目、数量及费用,并写明开支的原因;第三次,记录所购产品的数量和价格……最终形成学习日志。* 通过这样的学习日志,学生记录了学习过程,教师通过浏览学生的日志可以监控学习进程,及时了解学习进展及理解状况。

还有一种是反思日志,通过特定问题的回答,激发学生的批判性思维并促进反思。无论是一般性问题如"你今天学到了什么?你学得怎么样?你的学习进展如何?你现在遇到了什么挑战?为什么?你有什么方法战胜这个挑战?联系你今天所学的内容……",还是特定问题,如"请具体说明你是怎样利用团队合作的?""你对你的设计满意吗?说说理由"等问题,都可以促进学生元认知的发展。具体的反思日志可见图5-4。

图5-4

反思日志示例

"我是航母上的飞机设计师"项目学习日志**

班级:_____ 姓名:_____ 学号:_____ 日期:_____

1. 今天体验了一次"航母上的飞机设计师",我的感受是什么?

2. 在进行实验探究的过程中,我遇到了哪些困难?

3. (接上题2)困难是否解决了?
   □ 解决了,我的方法是:

   □ 没解决,是因为:

(上海市风华初级中学　江一蓓提供)

---

* 陈素平,让评价支持和促进学习——美国STEM项目学习评价的特点与启示,上海教育科研,2020年第4期。

** 本案例来源于上海市静安区教育局JT项目。

开发项目评价工具操作活动

针对之前完成的项目评价时间线和项目计划表,开发完成其中涉及的具体评价工具。参考如下"外来物种入侵研究"案例中的各具体评价工具(表5-16至表5-18,以及图5-5)。

表5-16

KWL表

关于"外来物种入侵"这个概念我知道什么	关于"外来物种入侵"这个概念我想学习什么	关于"外来物种入侵"这个概念我学到了什么

注:项目实施前填写前两栏,项目实施后填写最后一栏。

表5-17

调查方案自评表

要素	评价内容	评价结果(在对应的框内打"√")		
		优秀	良好	一般
调查目的	能否体现探究的问题、是否结合调查分类表和地理分布图。			
调查路线	是否省时,能否覆盖小区大部分地方。			
调查内容	是否简洁、具体。			
调查方法	能否应用植物图鉴形色App识别和运用中国外来入侵物种信息系统检索。			
小组分工	是否具体、明确、合理。			

表5-18

外来入侵物种分布图评价量规

评分标准		优秀	良好	一般	自评与互评打分	
					自评	互评
地图的特性和要素	比例尺	比例尺的选用非常合理,数值准确。	比例尺的选用比较合理,数值比较准确。	比例尺的选用不太合理,数值存在误差。		
	地图方向	地图上方向标识非常准确,非常清晰。	地图上方向标识比较准确,比较清晰。	地图上方向标识不太准确,清晰度有待提高。		
	图例	图例非常清晰、准确。	图例比较清晰、准确。	图例的清晰度和准确性有待提高。		
	注记	注记非常清晰、准确。	注记比较清晰、准确。	注记的清晰度和准确性有待提高。		
地图绘制的综合评价	内容完整性	围绕目标街道,内容非常完整。	围绕目标街道,内容比较完整。	围绕目标街道,内容存在遗漏。		
	数据真实性	地图绘制所使用的数据完全符合真实情况。	地图绘制所使用的数据比较符合真实情况。	地图绘制所使用的数据与真实情况有差异。		
	制图科学性	绘制的地图非常贴合所需解决的问题。	绘制的地图比较贴合所需解决的问题。	绘制的地图与所需解决的问题有所脱离。		
	整体美观性	地图外观非常整洁美观。	地图外观比较整洁美观。	地图外观的整洁性和美观性有待提高。		

图5-5

"外来物种入侵研究"跨学科项目结项反思日志

姓名:_____   班级:_____   日期:_____

问题1:在这个项目中,你学到了什么新知识?提升了哪些能力?

问题2:参与项目化学习对你的学习和生活有哪些影响?(从利、弊两方面来阐述)

问题3:你认为这个学习项目中最有趣的活动是什么?

问题4:如果再参加项目化学习,你会在哪些方面(学习态度、探究方法、展示方式等)做改进?你希望教师在项目的安排上做哪些改进?

模块 5
总结与反思

1. 请结合下列内容进行总结与反思

（1）项目化学习评价的特点

传统的评判性评价向发展性评价转变，着重表现性评价和过程性评价，是贯穿项目始终的全过程多元化评价。

（2）项目化学习的评价策略

五类目标、多元评价方式和支持落实的评价工具。

（3）项目化学习的评价开发

- 评价时间线+评价计划+各评价工具。
- 5类评价目标都需要在一个项目中得以体现。
- 评价活动的设计须指向重要的项目目标（学科核心内容、核心素养与关键能力）。
- 开发评价工具时，评价（描述语）要具体、可操作性强，避免空洞、抽象的或结论性陈述。

（4）常用评价工具

各种可视化图表、评价量规、检查表、反思日志，等等。

2. 请使用下列评价工具进行自评与互评（见下页表5-19）

表5-19

项目评价作业自查表

评价项目	评价内容	评价结果(在对应的框内打"√")			
		非常好	较好	一般	不理想
评价时间线的设计	五类评价目标在评价设计中都有体现;与项目主要目标密切相关的学习过程或成果都有相应的评价活动;评价活动贯穿项目化学习的全过程。				
评价计划开发	清晰说明各评价活动针对什么学习活动或成果,以及如何开展:要达到的评价目标、所用评价方式和评价工具。				
评价工具开发	评价工具内容设计合理,指向性强、易操作,描述具体、清晰,促进学生发展。				

模块6

项目化学习实施的前期准备

项目化学习的实施是促进教与学方式变革、落实学生核心素养培育的重要环节。本模块为即将实施项目化学习的教师梳理教学设计与实施之间的关系,理解教学设计应随着实施的进行而不断调整、完善;了解项目化学习实施过程中5个步骤的要点以及可能遇到的问题,并为之做好准备;关注项目化学习和传统教学之间的差异,指导教师树立以学生为中心的理念,让项目化学习的实施过程能够充分发挥学生创新发展的潜力。

学习目标

1. 遵循以学生为中心的理念来实施项目化学习。

2. 了解项目化学习实施过程中5个步骤的要点以及可能遇到的问题,并为之做好准备,根据教学设计完成一个项目启动阶段的PPT。

3. 理解项目化学习实施过程中不断调整、完善教学设计的必要性。

活动 1
学习回顾：评价方案的评析与修改

回顾与思考

项目化学习的评价包括过程性评价和终结性评价，是为了促进学生在项目化学习中学习效果的提升，评价目标包括评估学生需求、鼓励自主学习和合作学习、监控学习过程、鼓励元认知和展示理解状况。回顾自己设计的项目化学习评价时间线、评价计划和开发的评价工具，开始下面的活动。

交流与互动

教师之间相互交流各自的评价计划和评价工具，为他人的亮点点赞，对照自己的评价设计寻找不足之处。

评价设计中的问题剖析与修改建议

选择一个评价方案与同伴交流，学习其评价目的的达成方式和评价方法的精到之处，然后讨论并提出改进建议。

完善个人评价设计

在讨论与交流的基础上，修改完善自己的评价设计。

活动2
确立项目化学习实施的目标
——以学生为中心

项目化学习教学设计的完成并不等于大功告成,完成实施的整个过程才能将项目落地。

项目化学习设计与实施的关系

进行项目化学习教学设计时,我们较多地从教师的理解与设想出发,注重把项目化学习的要素融入学习活动及任务设计中,尤其是教师,要放手给学生更多选择和创新的空间。项目化学习的教学设计主要是教师的决策过程,而项目化学习的实施不仅是教师教的过程,而且是学生学的过程。项目化学习的实施是以学生为中心的,希望让学生拥有探究性、参与性与协作性的学习体验。因此,项目化学习的实施需要更多地站在学生的角度来思考。教学设计应该随着项目的推进尤其是学生的表现不断调整,项目化学习的设计与实施应相互促进,不断完善。

项目化学习实施过程中的不确定性

通过前几个模块我们已经学习了项目化学习的教学设计,其中教学过程分为项目实施前、项目启动、项目实施中、成果展示、项目实施后五个步骤。开始实施时要确立以学生为中心的理念,站在学生的立场制订学习目标和要求,审视这些目标和要求是否高于学生知识和能力的现状,又在他们的最近发展区中,同时需要考虑项目成果和展示能否激发学生的主动性和创新力。随着实施的进行,我们会发现项目化学习的进展经常在意料之外,诸多不确定因素导致的问题会随着学生课题研究的深入而发生,这一点我们要有充分的准备。教师要学会在不断发现问题和解决问题的过程中实施项目化学习。所以细化教学过程就非常必要,明确教师作为陪伴者、引导者的作用,切实做好调查预设、及时点拨、评价伴随、促进改进等。

项目化学习在线平台的应用

项目化学习在线平台可以应用于以下5个阶段,来提高项目设计与实施过程中的教学效率,有助于学习者开展交流、探究、合作、评价、反思等活动,促进他们的21世纪技能发展。

项目实施前——教师可以使用在线平台设计项目化学习,并发布教学内容及资源。学生可以利用在线平台的学习工具开展调查研究、数据整理与分析、信息分享与讨论、问题交流与归纳等学习活动。

项目启动——利用在线项目日历,教师和学生可以了解项目目标、任务及成果,实时共享活动要求与进程。

项目实施中——学生可以使用在线平台进行学习活动的记录、问题讨论、协作探究、小组会议、作品分享、过程评价等,教师则可以监控学生的学习并提供适当的帮助。

成果展示——项目化学习的成果展示不仅是展现学生个人或小组的项目成果,更是学生思想情感表达,体现思维发展的重要环节。项目化学习在线平台可以为这些项目成果的展示与表达提供公开、平等的空间。

项目实施后——教师和学生可以利用在线平台进行反思、讨论与总结。

> **思考与讨论**
> 1. 在项目化学习的实施中,哪些环节教师最难预料学生的表现?
> 2. 在项目化学习的教学过程中,哪些环节最需要教师放手让学生发挥?
> 3. 了解了项目化学习平台后,你觉得项目化学习的设计与实施有何联系?

活动3
项目实施前的准备工作
——让师生进入学习状态

项目化学习的教学设计完成之后,并不是马上就可以在课堂实施。教师要考虑到实施中可能遇到的困难和问题,提前做好准备或想好预案。此时会碰到的不确定因素有:
- 教师自己的知识与能力储备能否达到项目对教师的要求?
- 整个项目实施过程中教师一个人能否独当一面?
- 项目所需时间、场地等条件能否保证?
- 学生的需求是什么?学生为了完成项目可能存在什么困难?

为了应对这些不确定因素产生的问题,项目实施前的准备工作可以围绕创设学习环境、做好组织管理、组织学生培训等方面来思考。

创设学习环境

通过对项目化学习教学设计的学习,大家可以体会到项目化学习的教学理念、教学方式、学习方式、评价方式等方面与传统教学存在较大差异。在项目实施之前,教师应该做好充分的准备,具体工作包括:教师自己知识与能力的提升;安排好学生可能到达的校内外场所;根据需要邀请"外援"帮助;为学生准备好线上线下的混合式学习环境、学习设备、学习工具;准备好学生需要的学习资源和学习支架;等等。教师应努力创造以学生为中心的学习环境(见下页图6-1)。

做好组织管理

教师要根据项目化学习教学过程的五个阶段(项目实施前、项目启动、项目实施中、成果展示和项目实施后)的探究性学习活动,列出具有可操作性的任务清单。做好每一阶段的任务落实,包括:评价实施、资料收集、过程记录,等等,尤其要注意调动学生全员参与、做好全班和小组的进度管理、鼓励学生创造力的发挥和成果的完善,努力提升项目化学习实施的质量。有些问题可能是教师个人无法解决的,如项目实施的时间超出自己的课时、学习场所需要走出学校、学习

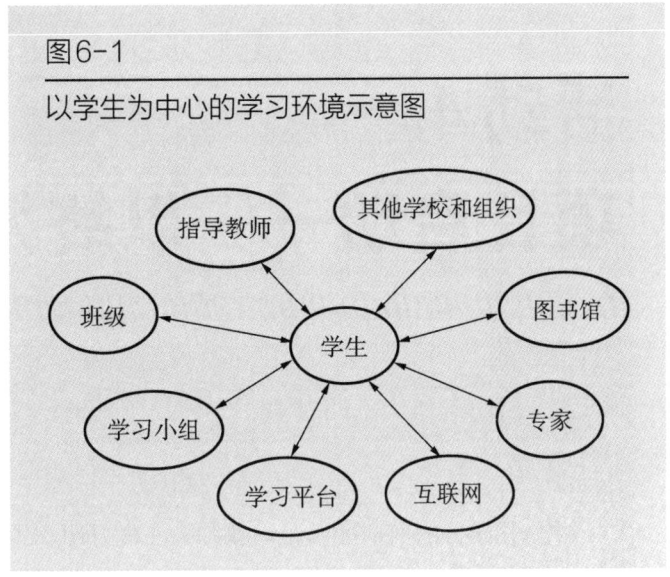

图6-1
以学生为中心的学习环境示意图

活动需要互联网和移动终端等硬件的支持,等等,这时候教师必须争取学校支持、同事的协助、家长的理解与配合,才能保证项目的顺利实施。

组织学生培训

项目化学习对照传统教学最大的变化是学生的学习方式,有许多场景和问题是学生平时没有遇见过的,因此在项目实施前有必要对学生进行培训,包括学会提问、调查的基本方法、互联网检索的注意事项和有关工具的使用方法、小组合作学习的技巧、沟通与合作的意识和技巧。只有前期的准备充分了,后续的学习才能顺畅。组织学生培训也是学情调查的一个很好的机会。在进行上述内容的培训之前,可以对学生的基础和能力进行调研,已经掌握的可以简要培训甚至无须培训,不具备的则必须补上这一课。另外,也可以借此机会调查一下学生的知识储备,便于教师调整后续的活动,例如:学生对项目核心概念的理解和学习需求,学生完成学习任务、项目成果可能遇到的困难,等等。KWL表既可以用于教师调查学情,也可以在项目启动时启发学生对项目基本问题进行思考。

> **思考与讨论**
> 1. 项目化学习的前期准备与平时的备课有什么不同?
> 2. 在项目化学习的前期准备中,通常有哪些问题是执教教师个人解决不了的?

活动 4
项目启动——以终为始

项目化学习的前期准备是以教师为主做好组织工作,项目启动环节则需要教师与学生共同确定本项目的目标、任务与成果,尤其是对于第一次参与项目化学习的学生,启动工作更要细致。此时会碰到的不确定因素有:

- 学生能否主动、积极地投入项目化学习?
- 怎样让每一位学生都能参与到项目化学习中来?
- 学习基础薄弱或学习能力不强的学生在项目化学习中会表现不佳吗?

为了应对这些不确定因素产生的问题,项目启动工作可以围绕项目启动会的筹备、学生分组的筹划、指导学生制订学习计划等方面来思考。

召开项目启动会

就像日常教学中的情境引入,项目启动会就是导入环节,学生人数多的话更像一个动员会。教师在会前要准备好介绍本项目概况的演示文稿,通过启动会让学生清楚地知道项目化学习与学科学习的不同点,通过真实情境的引入架起知识与实际生活的桥梁,激发学生的好奇心和学习兴趣,同时也让学生了解本项目的主题、目标、任务,讨论和确定评价方案和项目成果。成功的项目启动会能够给教师和学生带来强烈的仪式感,激励学生学习的主动性和积极性。

学生分组确定角色与任务

学习小组是项目化学习合作探究的组织形式,一般可以采用组间同质、组内异质的分组方法,便于各组任务的推进能够齐头并进。学习小组成立后关键是要明确每一位学生的分工和职责,如负责人、记录人、宣讲人等。分工时要根据学生的兴趣和专长,让学生知道大家都要为小组最后的成果做出自己的贡献,在后续的学习活动中强调人人参与、各司其职,并发挥每位学生的特长。学生确定各自的角色和任务后填写学习小组分工表(见表6-1)。

表6-1

学习小组分工表

学生姓名	组内角色	任务或职责	对项目成果的贡献

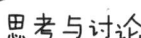

分组讨论确定学习计划

各学习小组在组长的带领下,认真领会本项目的目标、任务、评价方案和成果,然后就前期调查、探究实践、形成成果、展示评价、交流反思等学习过程制订学习计划,尤其是对成果的内容、形式和亮点做充分的沟通,遵循以终为始的原则。在这个过程中教师可以引导学生在调查中学习分析问题、在探究中学会解决问题,在形成成果中充分发挥聪明才智,在展示与评价中学会倾听别人的意见,同时勇于表达自己的观点,帮助学生建立规则意识。

> **思考与讨论**
> 1. 项目启动阶段的各项工作有什么作用和意义?
> 2. 如何让全体学生都能参与到项目化学习中来?

活动 5
项目实施中——确立学生的主体地位

项目实施中是项目化学习的主要阶段,在框架问题的引导下完成知识学习、调查和探究,为形成成果奠定基础。此时会碰到的不确定因素有:
- 学生的探究活动进行不下去了怎么办?
- 学生很快就完成任务形成成果了怎么办?
- 学生的投入和参与度不一致怎么办?

为了应对这些不确定因素产生的问题,项目实施中的监控管理工作可以围绕项目任务和目标的达成、过程监控和阶段反思、过程性资源的管理和积累等方面来思考。具体可参考下页表6-2。

有计划地完成项目任务和目标

对照项目目标,教师依据实施计划,指导学生逐步完成学习任务,在学习知识解决内容问题的基础上,通过探究依次解决单元问题、理解基本问题。学习进程中经常会有学生遇到困难停滞不前的状况出现,教师应及时掌握实际情况,为他们提出建议或给予指导,鼓励学生像专业人士一样用专业的方法进行思考,帮助他们改变思维困于课堂的窘境,引导他们更多地以开放的态度接触社会、融入真实生活,探寻解决方案,并顺利完成各阶段的任务,形成项目成果。

有预见性地进行过程监控和阶段反思

项目化学习应该以学生为中心,充分调动学生的主动性和积极性,但教师的指导和助推作用也不容忽视。教师要时刻注意收集学习过程中学生生成的新问题,拓宽学生的思路,将学生的思考引向深入;如果有学生的参与度不高甚至不利于小组活动,教师就要采用过程性评价的导向通过检查表等评价工具激励学生,引导学生积极投入到学习中来。如果学生很快完成任务并形成成果,教师就要用评价量规来指导学生对成果进行修改完善,提高学生的反思能力和质量意识。

有条理地做好过程性资源的管理和积累

项目化学习的过程不可能像预想中一样,通常时而顺利,时而举步维艰。因此,教师及时记录项目推进的每一个足迹对最后的反思非常重要。教师和学生要从不同角度利用文本、图片、视频做好资料的收集,同时学会用恰当的工具和方法做好资源的管理。项目化学习中过程性评价的资料和数据反映了教师和学生的成长,可以用于今后项目案例的展示,尤其是将项目化学习评价的数据经过处理和分析后能够生成数字画像,对于评估学生的学习成效可以起到参考作用。

表6-2

项目实施中教师自我检查表

序号	学习内容检测点	等第		
		好	较好	须努力
1	能够始终关注项目实施中的进展与目标的一致性。			
2	能够始终关注每位学生的参与度,调动学生的积极性。			
3	能够及时在学生有困难时给予帮助与支持。			
4	能够注意收集好项目实施中的各项资料。			

思考与讨论

1. 项目实施中如何促进学生的积极参与,做到一个都不能少?
2. 项目实施中过程性评价如何发挥激励与导向作用?

活动 6
成果展示——留给学生更多的选择

传统课堂教学中给学生展示和交流成果的机会不多，而项目化学习的亮点和要素之一就是成果展示。成果展示让学生既有仪式感又有成就感，在表达和倾听的转换中学会批判与接受、反思与改进。这个阶段会碰到的不确定因素有：

- 学生的展示效果不尽如人意怎么办？
- 学生的评价仅凭自己的感觉和想法怎么办？
- 成果展示后学生的作品如何处理？

为了应对这些不确定因素产生的问题，保障成果展示的顺利进行，成果展示可以围绕展示形式的设计、多元评价的利用、展示对象的安排等方面来思考。

创设多样化的展示形式，激励学生精益求精

学生不仅需要在项目化学习的探究活动与学习任务中投入精力，还要在完成项目成果的过程中不断磨炼和提升自己。受年龄和能力所限，学生往往会觉得完成任务即可，此时教师应该想办法"激励"学生再接再厉，追求项目成果的精益求精。例如项目化学习的成果展示可以安排多次、以多种方式进行，包括个人到小组展示、小组到全班展示、全班到全年级或全校展示，多次展示可以促进学生之间、小组之间相互交流、相互学习，在不断改进与完善中提升成果的质量，还可以邀请专业人士对学生成果进行论证或指导，提高成果的科学性和专业性，帮助学生开启专业思维。

善用评价方法挖掘和拓展学习的深度与广度

在成果展示中,学生的评价往往是对己从宽、对人从严,或者你好我好大家都好。此时教师要与学生一起重新阅读并思考评价量规的各项指标,同时对不合理的规则进行修改。为提升成果展示的效果,在展示之前要让学生理解展示给出的终结性评价不只是为了选出高低,更重要的是促进成果的优化与完善以及深度学习的实现。教师要善于设计并运用成果展示中的过程性评价,引导学生学会用欣赏的眼光发现他人的优点,用挑剔的态度反思、改进自己的不足。

组织多方参与展示,获取公众的认可与建议

项目化学习的成果展示绝不局限于师生,或者班级、课堂范围,可以借鉴成果发布会、推介会等方式,吸引或组织更多的观众来参与。这样既可以提高学生的自信心和表达能力,也可以让学生听到来自不同人群的建议,还可以为后续的总结积累素材,可谓一举多得。项目最后的成果来之不易,教师要保存好学生的作品。对于制作类的成果,有空间的可以标明作者陈列,空间有限的至少应该拍照保存;设计类和活动类的成果可以直接保留文档、视频和音频资料,有条件的可以编制专辑保存,也可以送给参与的学生留作纪念。

> **思考与讨论**
> 1. 怎样提升学生的成果质量意识?
> 2. 如何让成果展示的效益最大化?

活动 7
项目实施后的反思与总结
——让师生都能"增值"

成果展示并不是项目化学习的最后环节，就像课堂教学之后应该有教学反思一样，总结也是必不可少的工作，尤其是初次开展项目化学习的教师或学生，更需要从教师、学生和项目三个方面进行反思与总结。此时会碰到的不确定因素有：

- 反思和总结有必要吗？
- 反思和总结没有深度怎么办？
- 怎样找到项目化学习的亮点？

为了应对这些不确定因素产生的问题，项目化学习的反思与总结可以围绕教师、学生、项目设计与实施本身三个方面来思考。

教师反思教学设计和实践过程，总结经验，分享收获

项目实施后，为保证反思的深度和总结到位，教师可以回顾项目设计和项目实施的全过程，从教学维度进行反思与总结，具体可以参考下面列举的问题。

- 项目化学习目标的达成度怎样？
- 是否完整体现项目化学习的要素？
- 教学过程的设计在实施过程中是否根据进展不断调整与完善？
- 反思教师在学生学习过程中参与的比例，学生是否有创新的空间？

以上问题有答案后完成一篇教学反思，有意愿的还可以在此基础上撰写实践报告或论文提升自己的专业素养，留下项目化学习探索的足迹。

学生总结项目化学习的体验和收获,改进并推广项目成果

教师要引导学生从学生的体验和收获的角度进行总结,从知识、技能、情感态度价值观等不同维度谈收获与体会,就各自项目成果的进一步提升和应用推广,鼓励学生再作思考,扩大项目成果的影响力。同时,教师要对学生的收获进行汇总与分析,具体可以参考下面列举的问题。

- 学生的成长体现在哪些方面?
- 学生的收获是怎样产生的?
- 学生的体验与收获中,哪些是项目设计中预设的?哪些是项目设计时没有想到的?

回答这些问题往往能帮助教师找到项目的亮点,真正体现项目化学习以学生为中心的理念。

收集师生对项目的反馈和改进意见,规划后续的完善工作

项目完成后,教师还须重新审视整个项目的设计与实施,从教与学两方面反思与总结本项目的得失,具体可以参考下列问题。

- 本项目设计与实施的经验和不足分别有哪些?
- 教师下次开展项目化学习可以作哪些改进?
- 学生对今后开展项目化学习还有哪些期待?

有可能的话对学生进行知识、能力、素养等方面的前测与后测,通过数据来对比分析学生前后的变化。

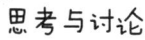

思考与讨论

项目化学习实施后进行反思与总结,其意义可以体现在哪些方面?

模块6
总结与反思

1. 请结合下列内容进行总结与反思

（1）项目化学习实施过程中的实施调控

首先，项目化学习的实施是在项目设计的基础上完成的，在实施过程中会有诸多不确定的因素。教师要关注学生学习的基础、需求、学习进展中遇到的困难，等等，及时调整项目实施的进度和方向，并给予学生必要的指导和帮助，为学生顺利完成项目化学习提供支持。

其次，教师需要尽可能为项目的实施做好保障，如项目实施的时间、争取其他教师乃至学校领导的支持、邀请校外的专家、取得家长的配合，在资源上形成合力。

（2）项目化学习实施过程中教师的角色转变

在项目化学习中，教师不再是主导者，学生才是整个学习活动的中心，因此，在项目化学习过程中要留给学生充足的发展和创新的空间，给予学生自主的选择权，充分激发学生的潜能。当然教师也不能置身事外，应该做好陪伴者、教导者、激励者等角色，提供指导，给予鼓励，这样才能保证项目实施的顺利进行，确保项目成果的形成和项目目标的达成。

2. 请使用下列评价工具进行自评与互评（见下页表6-3、表6-4）

表6-3

教师学习过程自查表

序号	学习内容检测点	学习评价(在对应的框内打"√")		
		优秀	良好	须努力
1	理解项目化学习设计与实施的关系。			
2	了解项目化学习实施各阶段的要点。			
3	能够预估项目化学习实施各阶段可能出现的问题并有相应的解决方案。			
4	完成"我的项目化学习"启动阶段的演示文稿。			

表6-4

项目化学习启动阶段演示文稿的评价量表(自评或互评)

要素	评价内容	评价结果(在对应的框内打"√")			
		优秀	良好	一般	不理想
项目概述	明确本项目的真实情境、目标、预期成果、学生的角色和任务等内容的概述。				
项目化学习的过程	明确本项目实施各阶段的学习内容和要求,介绍过程性评价的内容,提出对成果评价量规的讨论要求。				
学习的组织形式	将学生分成若干学习小组,指导学生分组讨论、制订学习计划、确定小组成员的分工与职责、提出项目成果的设想。				
演示文稿效果	演示文稿思路清楚,容易理解,发布后能够激发学生兴趣并有参与的积极性。				

附 录

项目化学习教学设计案例

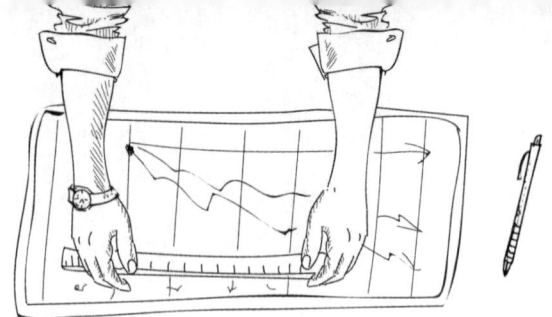

附录1　活动项目

案例1　设计"二宝"急救箱*

教师姓名	王蒙	学校	上海市七宝实验小学
涉及学科	道德与法治	项目实施年级	三年级
项目实施时间		2019年11月至2019年12月	

项目概述

随着二孩政策的到来，家中有弟弟妹妹的学生也越来越多了。学生扮演小小急救员，为弟弟妹妹设计"二宝"急救箱是应对年长老人看护"二宝"发生意外伤害的一个重要手段。在项目实施过程中，教师在学生可能产生问题的环节搭建了四种不同类型的学习支架，帮助学生快速建构知识，有效提升其学习效果。学生们以小组为单位开展团队协作，借助钉钉App、在线问卷调查平台收集、处理信息，完成任务单，并通过制作手册、实地操作、PPT讲解等多种不同的呈现方式将"二宝"急救箱项目向家长和同学们进行现场或网络展示，在这个过程中，学生的沟通能力、协作能力也在一定程度上得到提高。

对应的课程标准

1. 体会生命来之不易。知道应该爱护自己的身体和健康。知道日常生活中有关安全的常识，有安全意识和基本的自护自救能力。
2. 关心家庭生活，主动分担家务，有一定的家庭责任感。

——《品德与社会课程标准（2011年版）》

项目目标

1. 知识与技能：初步掌握家庭常见意外伤害的急救方法。
2. 过程与方法：在问题解决过程中学会沟通和协作。
3. 情感态度与价值观：树立自我保护的意识。

---

* 本案例来源于上海市闵行区教育学院JT项目。

（续表）

框架问题

基本问题：
我们怎样才能从容应对生活中的意外事件？

单元问题：
当家中儿童受到意外伤害时，你做好准备了吗？
为什么生活中的安全问题很重要？

内容问题：
1. 家庭生活中有哪些常见的意外伤害？
2. 发现弟弟妹妹受伤后，应当如何科学施救？
3. 施救时要注意什么？

项目时间线

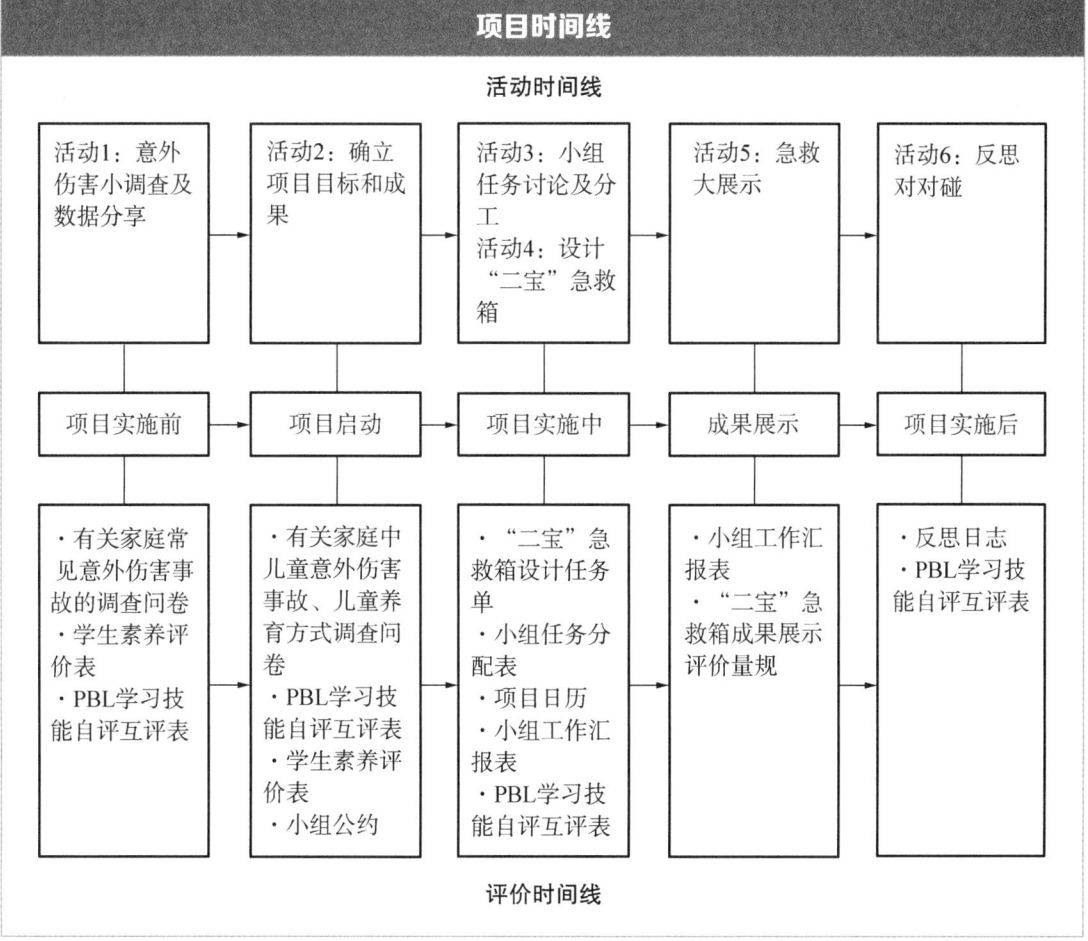

(续表)

教学过程	
项目实施前	
活动1:意外伤害小调查及数据分享	课时:1
活动内容和模式: 　　学习目标:引导学生联系生活实际,梳理出生活中潜在的意外伤害。 　　引导问题:生命是如此珍贵,有时却十分脆弱,如何才能保证大家健康、安全地成长呢? 　　为了帮助学生梳理生活中潜在的意外伤害,项目前期教师准备了学习支架,通过在线家庭常见意外伤害事故的问卷调查,学生自主梳理出家庭常见的意外伤害,书写于彩纸上,并张贴于教室学习板,供全班分享。 　　在教师引导下,学生从"意外伤害的类型""受伤害的对象"和"受伤害的场所"三个方面对信息进行分类和整合,从而了解生活中存在的安全隐患。学生可以选择自己最喜欢的呈现形式将1—2种意外伤害呈现在彩纸上。	**信息技术应用**: ● 问卷星:在线填写问卷,并实时进行数据整理与分析。
项目启动	
活动2:确立项目目标和成果,并分组	课时:1
活动内容和模式: 　　学习目标:培养学生信息处理和沟通能力;提升学生学习的主动性、沟通和社交技能;合理分组,提升团队意识和合作精神;确立项目成果,了解项目评价量规。 　　引导问题:我们怎样才能从容应对生活中的意外事件?当生活中的意外伤害出现时,你做好准备了吗?你会选择哪一类家庭急救箱?为什么? 　　1. 确立项目目标和成果 　　选择自己感兴趣的一类家庭急救箱,通过希沃白板5的思维导图功能分享自己选择该急救箱的原因。每位同学发言时间限1—1.5分钟,如果选择同一家庭急救箱,可以在前面同学发言的基础上进行补充。然后在"家庭中儿童意外伤害事故"和"儿童养育方式"问卷调查的基础上,通过信息处理和讨论交流,确立"二宝"急救箱作为本次项目化学习的成果。	**信息技术应用**: ● 希沃白板5思维导图功能:形象、直观呈现推荐急救箱的理由。 ● 问卷星:在线填写问卷,并实时进行数据整理与分析。 ● Excel:在Excel表格中呈现小组每个人的特长,打印并张贴于教室,便于后续分配设计任务。 ● 钉钉:学生可同时在线编辑小组公约,相较传统纸质文本,提高了学习效率和协作能力。

2. 组员大招募

为了使得不同特长、不同基础的学生在项目化学习中都有所收获，同时实现有效的小组合作，请学生填写学生素养评价表，客观地把握自己的优势，为在团队中明确每个人的角色和定位做铺垫。随后学生根据特长、性格、兴趣等多种因素自愿组合，一组6人为宜，注意组员之间能力和素质的合理搭配。

如果组员人数不够，学生可以大胆宣传自己小组的优势，吸引尚未参组的同学加入。

3. 合作有规矩

通过签订小组公约，培养学生的团队合作精神。

项目化学习绝大部分任务都要靠团队协作完成，学生需要自己分工、组织和协调，学会应对成员之间出现的分歧和摩擦，保障每个团队钻研精神浓浓的，效率高高的，氛围暖暖的。

学生经过组内讨论后也可以对公约中"我们的约定"板块进行补充，并讨论确定"二宝"急救箱成果展示评价量规。

项目实施中

活动3：小组任务讨论及分工	课时：1
活动内容和模式： 学习目标：在"二宝"急救箱设计任务单的启发下，小组讨论，共同构思"二宝"急救箱的设计方案；完成组内任务分配。 引导问题：家庭生活中有哪些常见意外伤害？受伤后我们如何做到科学急救？急救时需要哪些材料？ 1. "抓手"我会用 考虑三年级学生的年龄特点以及他们缺乏项目化学习经历的现状，教师给学生提供了"二宝"急救箱设计任务单。学生在引导下学会提问和质疑，就设计任务单的相关内容进行讨论，正确理解任务单的各项内容，丰富和完善本组的设计活动，初步构思"二宝"急救箱的设计图。也可以根据组员的经验与兴趣，设计针对某种具体伤害的"二宝"急救箱。 2. 任务我来担 小组成员根据自己的特长和能力讨论各自在"二宝"急救箱设计中承担的任务，并在线填写小组任务分配表，并请分组效率高的小组分享经验。	**信息技术应用：** ●希沃白板5投屏功能：各组将填好的设计任务单用手机拍照后，投屏到电子白板上，供全班学生分享。 ●钉钉：学生可同时在线填写小组任务分配表，提高学习效率。

(续表)

活动4:设计"二宝"急救箱	课时:1
活动内容和模式: 　　学习目标:通过互动探究的形式构建和完善各组的"二宝"急救箱设计方案,小组讨论确定"二宝"急救箱的展示形式,并完成制作。 　　引导问题:如何设计我们的"二宝"急救箱?如何展示我们的成果? 　　1. 设计总动员 　　学生根据"二宝"急救箱成果展示评价量规创建本组的设计方案。组内分工合作开展探究,有针对性地通过查阅书籍、互联网检索、询问亲友等方式获取信息,利用钉钉进行组内交流。随后在班级层面展示本组的"二宝"急救箱设计方案及展示形式,并就设计经历进行分享交流。其他小组可以现场提问或给出建议,如以头脑风暴的方式给出改进"二宝"急救箱的金点子,通过互动将学习引向深入。 　　2. 设计我能行 　　各个小组按照其他小组给出的建议,对本组设计方案进行修改完善。小组讨论确定"二宝"急救箱最终展示形式,并进行展示准备。思考:我们小组现有的资源是什么?我们可能需要哪些帮助?我们可以从哪里得到帮助?如何完善我们的成果展示形式? 　　教师要关注学生的准备过程、资源需求等,掌握学生的学习情况并及时给予帮助。	**信息技术应用:** ● 互联网检索:简便高效的资料搜集方式。 ● 钉钉:小组成员可通过视频会议交流收集到的信息,分享自己任务的进展,共同解决设计上的困难。
成果展示	
活动5:急救大展示	课时:1
活动内容和模式: 　　学习目标:在班级展示成果,学会根据评价量规客观、全面地评价各组成果,同时提升学生的表达和交流能力;通过各种渠道宣传本组的成果。 　　引导问题:你选择如何展示本组的成果?怎样公平地给其他组的成果打分? 　　在班级进行展示交流,学生依据"二宝"急救箱成果展示评价量规评价打分。选择评分最高的作品进行年级展示交流。拍摄视频、照片发在家长群、学校微信公众号和抖音公众号平台,鼓励学生将研究成果在网上发布。	**信息技术应用:** ● 希沃白板5:直观展示"二宝"急救箱的设计思路。 ● 微信/抖音:利用各种社交App宣传研究成果,提高学生参与项目化学习的成就感和信心。

(续表)

项目实施后	
活动6:反思对对碰	课时:1
活动内容和模式: 　　学习目标:总结本次活动的收获与不足,对个人协作能力等21世纪技能予以评价。 　　引导问题:我们怎样才能从容应对生活中的意外事件?你如何评价自己在本次学习活动中的表现? 　　每位小组成员撰写小结,总结本次项目化学习的收获,以及未来可以改进的地方,进一步思考"我们怎样才能从容应对生活中的意外事件",并进行讨论。	信息技术应用: ● 钉钉:小组成员利用钉钉在线编辑分享参与本项目的小结,方便互评,提高了学习效率。

评价计划		
阶段	评价工具	评价目的
项目实施前	有关家庭常见意外伤害事故的调查问卷	了解学生对家庭意外伤害的已有认知情况以及所具备的21世纪技能。
	学生素养评价表	帮助学生认识自身能力,为分组做准备。
	PBL学习技能自评互评表	帮助教师和学生了解学生如何更好地参与项目化学习。
项目启动	有关家庭中儿童意外伤害事故、儿童养育方式调查问卷	确立"二宝"急救箱项目的成果。
	PBL学习技能自评互评表	帮助教师和学生了解学生如何更好地参与项目化学习。
	学生素养评价表	帮助学生客观分析自己的特点,合理定位个人在小组内的角色。
	小组公约	确立小组合作规章。
项目实施中	"二宝"急救箱设计任务单	为设计"二宝"急救箱提供框架支撑。
	小组任务分配表	确定每个人在小组中所承担的任务与职责。
	项目日历	提醒学生每个任务的时间节点。
	小组工作汇报表	方便教师跟进项目任务进展。
	PBL学习技能自评互评表	方便教师对学生如何更好地参与项目化学习进行点评和反馈。

(续表)

成果展示	小组工作汇报表	方便教师跟进项目任务进展。
	"二宝"急救箱成果展示评价量规	指导和评价学生创建和展示"二宝"急救箱时的表现,评估学习目标达成度。
项目实施后	反思日志	总结经验,反思不足,分享交流。
	PBL学习技能自评互评表	方便教师对学生如何更好地参与项目化学习进行点评和反馈。
资源		
家长资源,电子白板,电脑,平板电脑,互联网,社交媒体,钉钉、问卷星与急救相关的图书、期刊或其他形式的资料		

附件

有关家庭常见意外伤害事故调查问卷

亲爱的同学:

你好! 意外伤害时有发生,威胁着人们的生命和健康。为了掌握同学们对家庭意外伤害的了解程度,我们面向本校学生开展此次问卷调查。希望你能认真、如实地回答下列问题。

谢谢你的配合和支持!

性别:□男　□女

1. 你家有急救箱吗?

A. 有

B. 没有

2. 你遇到有人(或身边的人)需要急救时的第一反应是:

A. 紧张害怕,不知所措。

B. 拨打急救电话并等待救援。

C. 拨打急救电话,并在救护车到达之前采取一定的急救措施。

D. 立即施救,时间就是生命。

3. 皮肤被烫伤后的正确处理方式是:

A. 涂抹酱油。

B. 涂抹牙膏。

C. 清洁冷水冲洗半小时,然后根据创伤情况选择去医院还是涂抹烫伤膏。

D. 涂抹烫伤膏后用纱布裹起来。

4. 被猫狗咬伤后,处理伤口的正确方式是:

A. 涂抹药膏后包扎伤口,送往医院注射疫苗。

B. 冲洗伤口,擦碘酒后包扎,送往医院注射疫苗。

C. 用肥皂水或清水反复冲洗,挤出伤口中的污血,送往医院注射疫苗。

5. 手指被纸的边缘划了道口子,该如何处理?

A. 暴露在空气中自然愈合。

B. 贴创可贴。

C. 用纱布裹住。

6. 遇到1岁以上儿童气管被瓜子皮卡住,憋气、脸部青紫,应当如何处理?

A. 使劲拍后背。

B. 尝试用手把瓜子皮抠出来。

C. 马上送医院。

D. 施行海姆立克急救法。

7. 你了解"海姆立克急救法"吗?

A. 非常了解。

B. 有一点了解。

C. 听说过但不了解。

D. 没听说过。

专家点评

学习支架——学生自主学习的阶梯

小学生在项目化学习中往往因为找不到解决问题的方法和途径,而处于畏难与困惑中。王老师用学习支架突破了这个难题。

学习支架是帮助学生跨越主要学习障碍的桥梁。在重要节点,提供合适的学习支架,会起到"四两拨千斤"的效果。因此何时提供学习支架、怎样设计学习支架的内容和形式,成为项目化学习教师的教学技术之一。

从广义看,除了学习单、图片、表格、辅助阅读材料,项目化学习的许多要素都有学习支架的作用,如框架问题、过程性评价等。本案例给了我们很好的启迪。

评价量规支架——发展学生核心素养的"尺子"。评价量规用权威的方式引导学生关注正确价值观、必备品格和关键能力。这里,我们看到教师用评价量规作为学习支架引导和评价每位学生的参与情况,学生通过这些评价量规的反馈还能进一步修改自己的任务。

问题支架——深入思考的"指路灯"。本项目中,面对整理后的信息,教师进一步抛出问题学习支架:受到伤害,我们可以为自己、为家人做什么?这个问题如一枚小石子投入学生的心湖,荡起一圈圈涟漪。有的学生建议召开安全讲座,有的学生建议为家人制作一本紧急救援电话本,有的学生根据切身经历想到了海姆立克急救法。学生一致确立了"'二宝'急救箱"的项目化学习主题,为"二宝"设计不同类型的急救箱。问题支架让大家脑洞大开,模糊的答案变得清晰起来。

方法类支架——科学、有序工作的"扶手"。如通过"家庭意外伤害事故问卷调查",学生梳理出生活中常见的意外伤害,书写于彩纸上并张贴于教室学习板上供分享。随后教师引导学生分组从"意外伤害的类型""受伤害的对象"和"受伤害的场所"三个方面对信息进行分类和整合。

本案例再次证明:在项目化学习中,能否正确地运用支架,取决于教师对项目化学习本质的理解,以及教师在项目设计和实践中对学生需求的观察力和感知力。

想要了解更多本案例相关内容,请扫描下方二维码!

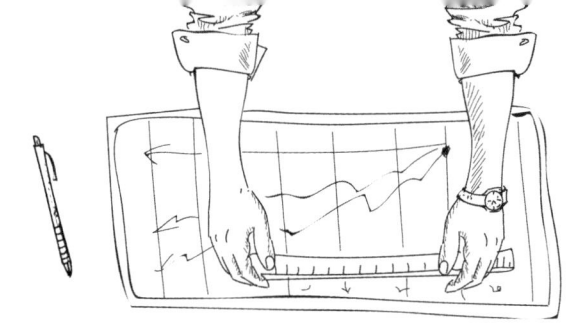

案例2 "我是小小讲解员"
——由《故宫博物院》开启的博物馆导览之旅*

教师姓名	唐伟	学校	上海市闵行区教育学院附属友爱实验中学
涉及学科	语文	项目实施年级	七年级
项目实施时间		2019年2月至2019年3月	
项目概述			

　　《故宫博物院》是一篇思路清晰,语言准确、优美的课文。怎样让这篇课文激起学生深度思考与实践的欲望?如何为博物馆等场馆设计出有创意的讲解方案?这些挑战学生设计思维的项目任务,让学生成为网络数据分析员、博物馆考察员、博物馆小小讲解员、社区周边展示场馆的创新讲解方案设计者。通过网络调查及数据分析、创作故宫景点讲解词、评选故宫最佳讲解员、服务周边场馆、成果公开展示等活动,促进学生对学科内容的深度学习与运用,提高学生对信息收集、整理的能力,发展学生的设计思维,在真实情境下培养学生语言表达的准确性、生动性、适切性,培养学生自主探究与实践的能力,帮助学生形成服务社会的意识。

对应的课程标准

　　1. 在通读课文的基础上,理清思路,理解、分析主要内容,体味和推敲重要词句在语言环境中的意义和作用。

　　2. 在阅读中了解叙述、描写、说明、议论、抒情等表达方式。

　　3. 能变换文章的基本内容或表达方式,进行改写。

　　4. 能就适当的话题作即席讲话和有准备的主题演讲,有自己的观点,有一定说服力。

　　5. 能从书刊或其他媒体中获取有关资料,讨论分析问题,独立或合作写出简单的研究报告。

　　6. 认识中华文化的丰厚博大,汲取民族文化智慧。

　　7. 能主动进行探究性学习,激发想象力和创造潜能,在实践中学习和运用语文。

——《义务教育语文课程标准(2011年版)》

---

* 本案例来源于上海市闵行区教育学院JT项目。

（续表）

项目目标
1. 学习《故宫博物院》行文思路，以及科学、准确的说明性语言的表达。小组合作完成故宫创意宣传单的设计和故宫讲解词的创作。 2. 培养学生对网络信息的搜索和辨别、分析和整合、挖掘和利用、反思与重建的能力。 3. 学生通过参观、考察、记录等方式，学习如何进行场馆的导览讲解，培养自主学习和探究实践的能力。 4. 学生结合生活实际，走进社区，服务社区周边场馆，设计讲解方案，体验真实场馆讲解工作，提高服务社会的意识。
框架问题
基本问题： 语言交流是怎样促进人与人之间沟通理解的？
单元问题： 1. 如何将课文《故宫博物院》改写成一份可以"征服"观众的现场讲解词？ 2. 如何做好你所在社区中的场馆"和平大院"的学生志愿讲解员工作？
内容问题： 1.《故宫博物院》一文中主要介绍了哪些景点？这些景点分别有什么特征？这些内容是怎样连缀起来的？ 2. 把《故宫博物院》一文印发给游客作为进入故宫博物院游览前的导览说明，你觉得合适吗？给出理由。 3. 如何为社区周边场馆"和平大院"设计出可实践、有创意的讲解方案？

附录1 活动项目

(续表)

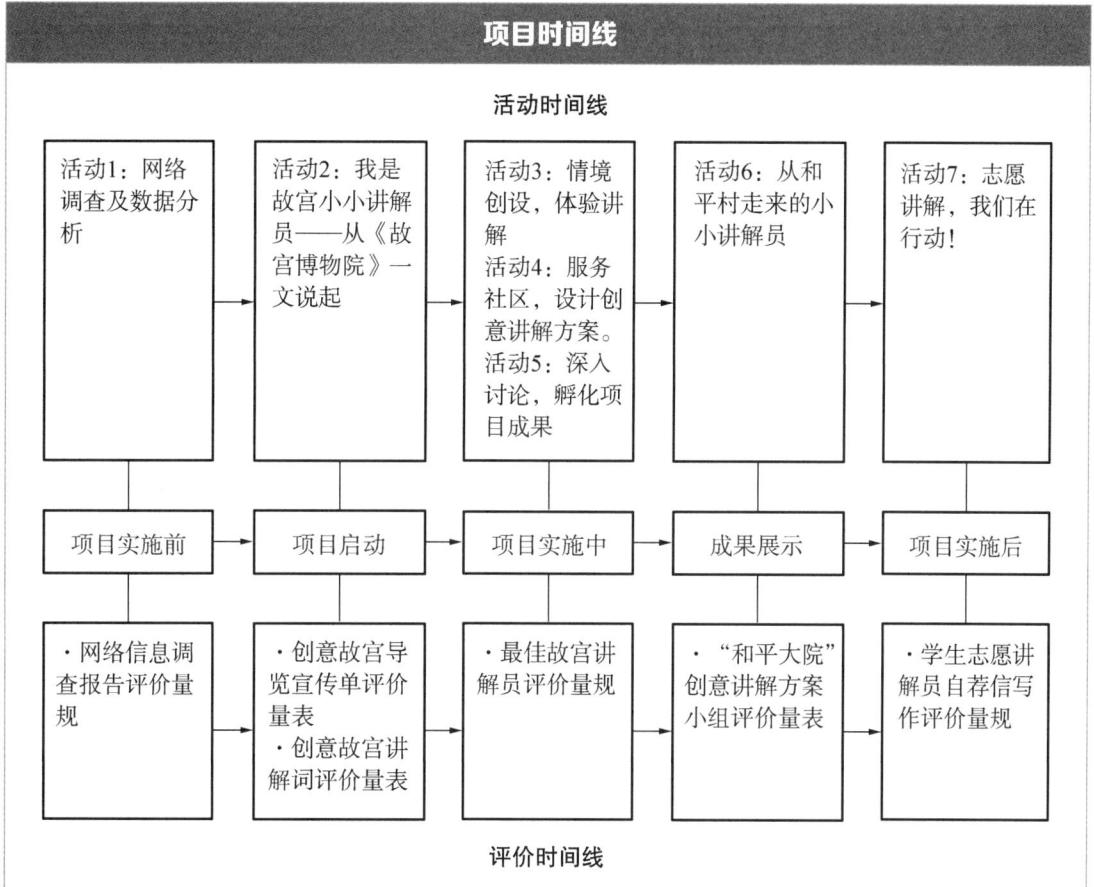

教学过程
项目实施前

活动1:网络调查及数据分析	课时:2
活动内容和模式: 　　学习目标:培养学生对网络信息内容的搜索与辨识、分析与整理、开发与利用、反思与重建的能力。 　　引导问题:为全家策划一次"故宫一日游",你会利用哪些资源来完成一份完美的旅行攻略呢? 　　一、向学生下发本项目学习单:"任务全菜单"和"单元学习全知道" 　　二、学生个人分享:"我家旅游的智能好助手" 　　(内容包括:网红旅游网站和App,旅游达人微博,旅游相关公众号、抖音、视频号,等等)	信息技术应用: ● 思维导图软件:条理清晰地呈现学生从网站App上搜集的有关故宫景点和线路的信息。 ● 统计分析软件:统计、分析故宫景区内游客打卡最多的景点、游客认为最值得看的景点、游客推荐的最佳线路、游客推荐的最适合亲子游览的线路。

177

(续表)

三、组建"故宫游览线路设计"项目团队 1. 对网络信息内容的分析和整理 （1）关于故宫景点：①景区内游客打卡最多的景点是哪些；②被游客认为最值得看的景点是哪些。 （2）关于故宫游览线路：①平台上游客发布的游记中推荐的最佳线路是哪几条；②平台上游客推荐适合亲子游览的线路是哪几条；③针对春、夏、秋、冬，分别绘制游览故宫的最佳线路图。 2. 对网络信息内容的反思与重建 （1）反思：游客"差评"中主要反映的问题跟故宫导览服务有关的有哪些内容。 （2）重建：针对网络调查及数据分析中所反映的问题，对故宫导览服务提出自己的建议和想法。 四、阶段成果：网络调查报告的撰写	● 绘图软件：绘制游览故宫的最佳线路图。
项目启动	
活动2：我是故宫小小讲解员——从《故宫博物院》一文说起	课时：1
活动内容和模式： 学习目标：组织学生启动项目。从课文出发，学习说明文行文思路与科学的、准确的说明性语言的表达。通过小组合作完成探究式学习，培养学生创造性思维。 引导问题：如何改编课文，让我们可以跟着课文去旅行？ 一、明确项目任务及评价方案，小组分工 1. 了解项目目标、任务和成果。 2. 讨论思考框架问题。 3. 制订评价量规。 4. 分组并明确角色与任务。 二、学习新课，以疑促思，探究问题 1. 设问：《故宫博物院》一文中主要介绍了哪些景点？有什么特征？这些内容是怎样连缀起来的？ 2. 将课文中介绍故宫的内容与之前开展网络调查及分析的数据资料进行综合比对分析。 三、小组合作探究，完成"课文内容再创作" 1. 设问：把《故宫博物院》一文印发给游客作为进入故宫博物院游览前的导览说明，你觉得合适吗？给出理由。 2. 制作创意宣传单：结合前期网络调查和对《故宫博物院》一文学习的基础上，创作一份图文并茂的故宫导览宣传单。	**信息技术应用：** ● 图文编辑软件：创作故宫导览宣传单，提升学生利用软件进行文案设计和图文编辑的能力。

(续表)

3. 创意讲解词:如果招募你为故宫小小讲解员,如何将《故宫博物院》一文改写成你的现场讲解词?改编或创作一份适合现场演说的故宫景点创意讲解词。(至少包含两个景点的介绍)	
项目实施中	
活动3:情境创设,体验讲解	**课时**:1
活动内容和模式: 　　学习目标:展示阶段性学习成果,通过多元评价促进小组内进一步开展反思重建;创设情境,激发学生创作积极性,模拟讲解,提升语言表达能力。 　　引导问题:如何成为一名优秀的故宫小小讲解员? 　　一、网络投票,学会从评价中反思、提升 　　1. 对"活动2"中小组完成的创意导览宣传单、创意讲解词,开展小组互评,利用网络投票选出"最佳故宫导览宣传单"和"最佳故宫讲解词"。 　　2. 小组反思并解决前期网络评价中所反映的问题,修改、完善讲解词,鼓励个性化的表达,并将讲解词撰写的过程性资料整理成册。 　　二、学会公开表达,我是故宫小小讲解员 　　1. 情境创设:如果举办一次"我是小小讲解员"的全球展示活动,请你作为故宫博物院的小小讲解员,你如何通过你的精彩讲解,让故宫博物院在全世界各大著名文化景点中脱颖而出? 　　2. 模拟"我是小小讲解员"全球展示现场,小组之间开展故宫最佳讲解员比赛。 　　3. 依据最佳故宫讲解员评价量规进行评价。	**信息技术应用**: ● 问卷星:利用问卷星进行网络投票,选出"最佳故宫导览宣传单"和"最佳故宫讲解词",统计结果即时生成,一目了然。
活动4:服务社区,设计创意讲解方案	**课外**
活动内容和模式: 　　学习目标:学生通过参观、考察、记录等方式对场馆导览服务形成初步的认识,培养学生在实践中自主学习和探究的能力。 　　引导问题:从"和平大院"大学生志愿讲解员身上学到了哪些实用的讲解技巧呢? 　　开展"实地研学,跟岗讲解"的社会实践活动。 　　学生完成知识与能力的迁移拓展后,结合真实生活,走进吴泾镇社区,为社区周边向公众开放的展示场馆"和平大院"设计一份可实践、有创意的讲解方案,实地训练,体验真实场馆现场讲解,提高学生服务社会的意识。	**信息技术应用**: ● 摄影、录音、录像设备:帮助学生在考察过程中收集照片、音频、视频资料,同时完整记录学生学习过程。

（续表）

活动5：深入讨论，孵化项目成果	课时：2
活动内容和模式： 　　学习目标：通过小组充分的讨论和合作探究，确定讲解方案，在这个过程中，增强学生的团队协作能力，学会有效沟通，学会相互学习。 　　引导问题：如何让我们小组的方案脱颖而出？ 　　一、初步构思讲解方案 　　小组内充分讨论、研究，完成讲解方案的初步构思。 　　二、组间交流 　　组与组之间充分交流、分享，反思讲解方案的各项内容。 　　三、确定讲解方案 　　小组确定讲解方案，形成以"和平大院导览宣传单"、"和平大院文创产品"、能"征服"观众的现场讲解为主要内容的项目成果。	**信息技术应用：** ● 学生自由选择，鼓励多种信息技术的应用，丰富项目成果的表现形式。
成果展示	
活动6：从和平村走来的小小讲解员	课时：1
活动内容和模式： 　　学习目标：鼓励学生探索有创意的表达，拓宽学生语文学习与运用的领域，加强项目化学习与生活的联系。 　　引导问题：今天，你会为你的讲解打几分呢？语言交流是怎样促进人与人之间沟通理解的？ 　　一、回顾单元学习经历 　　利用短视频回顾学生在本项目单元的学习经历。 　　二、根据评价量规交流修改意见 　　揭晓各组"和平大院导览宣传单"的网络投票结果，小组交流下一步修改意见。 　　三、"和平大院"部分展馆模拟现场讲解的汇报展示 　　1. 小组多种形式的模拟现场创意讲解。 　　2. "和平大院"专职讲解员对学生的表现进行专业点评和指导。 　　3. 学生现场改进讲解内容，注意讲解礼仪，吐字发音等方面，巩固提高现场讲解能力。	**信息技术应用：** ● 问卷星：对各组设计的"和平大院导览宣传单"进行网络投票。 ● 视频编辑软件：学生利用视频编辑软件，结合之前考察搜集到的素材，将"和平大院"模拟现场讲解制作成创意视频讲解。

（续表）

项目实施后		
活动7:志愿讲解,我们在行动!		课外
活动内容和模式: 　　学习目标:通过本项目学习,培养学生发现问题、解决问题的能力;培养学生关注家乡、热爱家乡、服务家乡、建设家乡的美好情感。 　　引导问题:请同学们思考"为了家乡更美好,'我'能做些什么呢?" 　　一、为美丽家乡人文建设添砖加瓦 　　结合本项目学习的经验,为"和平大院"场馆就讲解服务等方面提出意见和建议,发现问题的同时要思考解决问题的方案,使"和平大院"这一场馆今后更好地发挥服务大众的各项功能。 　　二、撰写自荐信 　　通过本项目学习,为自己撰写一份自荐信,应聘"和平大院"学生志愿者讲解岗位。		**信息技术应用**: ● 围绕志愿讲解工作,学生可以灵活选择各种信息技术,进行个性化的志愿服务。
评价计划		
阶段	评价工具	评价目的
项目实施前	网络信息调查报告评价量规	指导学生按要求有效地收集数据,处理信息,并以团队协作的形式完成调查报告。
项目启动	创意故宫导览宣传单评价量表	评价指标可以参考前期网络投票的数据和网友评论内容。拓宽评价渠道,从自评、他评、师评到网评,促进学生积极参与,激发学生学习的热情。引导学生利用评价量表推进项目学习,指导学生从课文学习走向对现实生活的探究。
项目启动	创意故宫讲解词评价量表	
项目实施中	最佳故宫讲解员评价量规	可以帮助学生更好地进入项目所创设的情境中,专注完成这一阶段的学习任务,明确评价指标,让学生初步了解场馆讲解需要关注的主要方面。

(续表)

阶段	评价工具	评价目的
成果展示	"和平大院"创意讲解方案小组评价量表	针对小组在创意讲解活动中的表现,评价量表对讲解主题、讲解内容、讲解形式、语言表达、现场效果五个评价指标进行了简要描述,确保项目小组有目标地开展项目,帮助小组做好自我评价和反思。
项目实施后	学生志愿讲解员自荐信写作评价量规	帮助学生回顾整个项目过程的学习经历,感受自身公开表达能力的提升,帮助学生建立公开表达的自信。
资源		
手机、电脑、思维导图软件、图文编辑软件、绘图软件、统计分析软件、问卷星、云录播教室、电子书包、互联网、录音设备、摄像机,以及讲解所需道具。		

附件

"和平大院"创意讲解方案小组评价量表

| 评价指标 | 简要描述 | 满分分值 | 评分 ||| 总分 |
			组长自评	组间互评	师评	"和平大院"专职讲解员评	
讲解主题	主题鲜明、独特、有创意。	10					
讲解内容	1. 角度新颖。	10					
	2. 内容生动、故事性强。	5					
	3. 善于挖掘、利用文化资源。	5					
	4. 有利于家乡文化的理解和传播。	5					
讲解形式	1. 灵活运用信息技术。	5					
	2. 讲解形式多样。	5					
	3. 创意和精彩程度。	5					
	4. 项目小组成员的参与度和合作意识。	10					

(续表)

评价指标	简要描述	满分分值	评分				总分
			组长自评	组间互评	师评	"和平大院"专职讲解员评	
语言表达	1. 讲述准确、流畅。	5					
	2. 掌握一定的讲解技巧。	5					
	3. 肢体语言自然大方。	5					
现场效果	1. 注重形体仪态。	5					
	2. 讲解风格独特。	5					
	3. 善于利用辅助讲解工具。	5					
	4. 与观众的互动多且效果好。	5					
	5. 现场应变能力强。	5					

专家点评

"更优质"的育人环境来自更精心的项目设计

项目结束后，唐伟老师感慨地说："这世界上最难的事情就是'想'与'做'。对项目化学习来说，'想'就是项目设计，'做'就是实践。我们是一群'做项目'的'追梦人'！"

唐老师设计的学习活动都是在小组合作中完成的。无论是项目设计还是实践，她都持续关注如何创建能产生积极的沟通氛围和协作关系的学习环境，满足不同学习风格和技能水平的学生的学习需求，吸引并激励厌学或对学习兴趣不高的学生参与项目化学习。所以唐老师做到了"一个都不能少"。

也有人把学生的学习过程设计当成"找点事情、填满瓶子"。其实，项目每个阶段的任务和活动都体现了设计者强烈的指向性和循序渐进的意图。如果说，本项目故宫博物院学习阶段更多的是让学生学会方法，那么和平大院阶段则给学生留出了较大的自主空间。学生的自主范围是逐渐扩大的，是一个从传承借鉴到自主选择和创新的发展过程。所以唐老师做到了"各展其才"。

霍华德·加德纳在其著作《智力的重构——21世纪的多元智力》中写道："精心设计的环境干预可以把资质平平的人培养成高度熟练的演奏者或者专家。实际上，'更优质'的环境、更强有力的干预和更多可利用的资源可以造就更多的人才，而这时人们特定的基因遗传就会变得更加无足轻重。"

项目化学习的教学设计本质上是调集诸多项目元素组成系统性"干预环境"。项目化学习的成功首先取决于精心的设计。

一个精心设计的好项目能释放学生智力的光与热。

一个精心设计的好项目使教师能在过程的"确定"与"不确定"之间从容地舞蹈。

一个精心设计的好项目背后,一定有一位正在崎岖的山路上奋力攀登的好教师!

想要了解更多本案例相关内容,请扫描下方二维码!

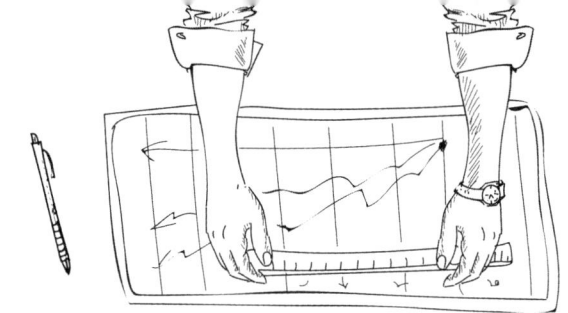

附录2　学科项目

案例1　《西游记》整本书阅读
——性格如何推动情节*

教师姓名	张鸿	学校	上海市致远中学
涉及学科	语文	项目实施年级	七年级
项目实施时间	2020年9月至2021年1月		

项目概述

由于七年级学生处于创意和逻辑共同发展阶段,又对游戏这一崭新的通俗文学载体有着充分的兴趣。为此,本项目尝试应用文字冒险游戏(AVG)的形式,将学生带入一个创编新情节的活动,体会小说人物性格与故事情节发展的关系,帮助学生拉近和古典神魔小说在时间、空间上的距离感,形成立体化的学习场域。

在项目中,学生结合自己对人物性格的理解,尝试自由改编原有的故事情节,AVG支持学生在小说人物性格不变的前提下,发掘情节发展的多种可能性及变化。学生根据自己在组内分配到的任务,细读、深读文本,在开放的学习时空里,开始自主探究合作式的学习实践,他们将判断自己选择的合理性,决定情节能否继续顺畅发展,同时开展批判、质疑、辨析和论证,深入理解与鉴赏原著。

本项目力求通过以上方式完成学生对于整本书从表层阅读到深层阅读的递进,并借助项目成果的多样化、趣味性、创造性激发他们对于书中人物性格的深入研究,进而培养语文学科的核心素养。

对应的课程标准

1. 在语文学习过程中,培养爱国主义、集体主义、社会主义思想道德和健康的审美情趣,发展个性,培养创新精神和合作精神,逐步形成积极的人生态度和正确的世界观、价值观。

2. 在发展语言能力的同时,发展思维能力,学习科学的思想方法,逐步养成实事求是、崇尚真知的科学态度。

---

* 本案例来源于上海市致远中学JT项目。

(续表)

3. 能主动进行探究性学习,激发想象力和创造潜能,在实践中学习和运用语文。

4. 具有独立阅读的能力,学会运用多种阅读方法。有较为丰富的积累和良好的语感,注重情感体验,发展感受和理解的能力。能阅读日常的书报杂志,能初步鉴赏文学作品,丰富自己的精神世界。

5. 能具体明确、文从字顺地表达自己的见闻、体验和想法。能根据需要,运用常见的表达方式写作,发展书面语言运用能力。

——《义务教育语文课程标准(2011年版)》

项目目标

1. 通过以小组为单位制作的《西游记故事新编》AVG剧本,深入理解西游记人物性格和故事发展的合理性,了解文学作品中人物性格和故事情节发展的关系,从而把握小说主题。

2. 在项目过程中开展生生互动,加强小组合作能力。

3. 培养阅读经典文学的兴趣。

框架问题

基本问题:

经典作品为何能经久不衰?

单元问题:

1. "西游小队"中的4个人的性格是怎样推动情节发展的?人物性格是复杂的,假如"西游小队"的4个人展示他们性格中不同的侧面,情节会怎样发展?

2. 西游记小说的独特魅力究竟体现在什么地方?

内容问题:

1. 一个好的故事包括哪些要素?

2. 西游小队中4个人分别担任什么样的角色?

3. 结局的不确定性和故事中的哪些因素相关?

(续表)

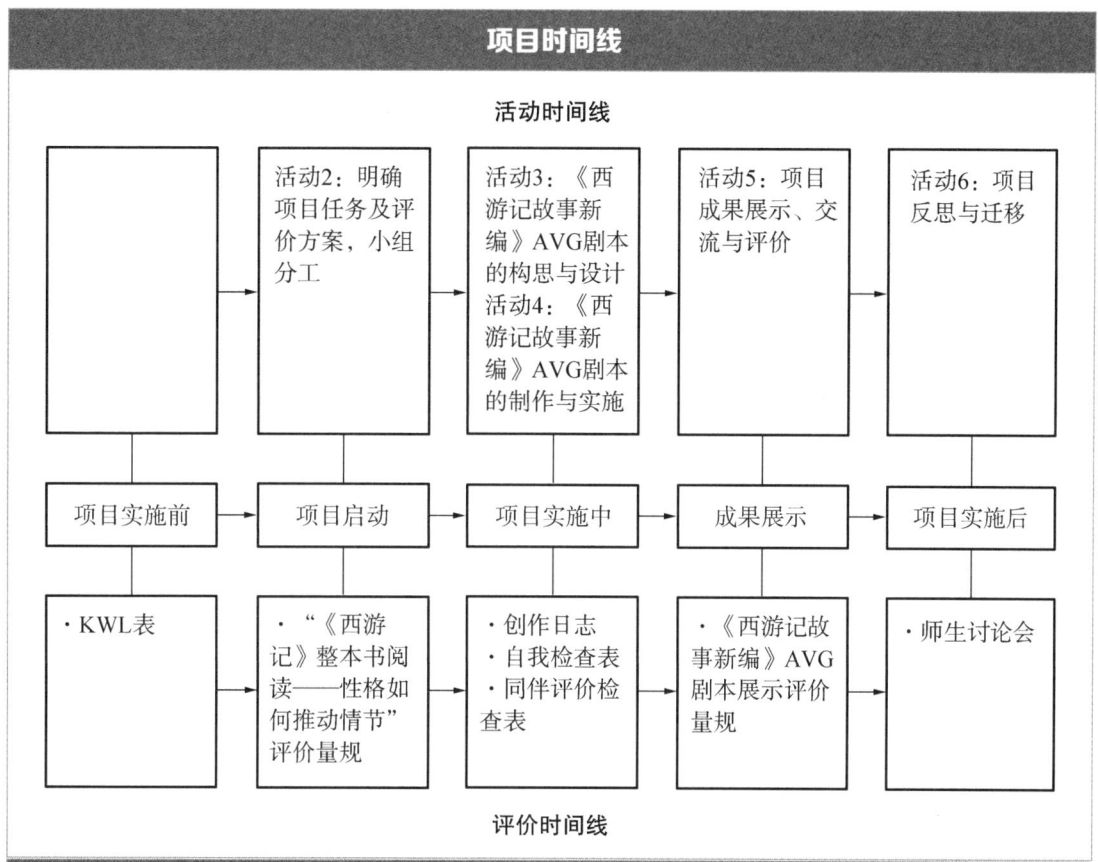

教学过程
项目实施前

活动1:了解《西游记》基本内容	课时:1
活动内容和模式: 　　学习目标:学生了解《西游记》基本内容(略读),小组讨论并确定具体精读篇章;评估学生对小说的理解、归纳总结人物性格,明确项目的研究主题。 　　引导问题:"西游小队"中4个人分别担任什么样的角色?"西游小队"中的4个人的性格是怎样推动情节发展的?人物性格是复杂的,假如"西游小队"的4个人展示他们性格中另外那些不同的侧面,情节会怎样发展? 　　1.提出单元问题,班级讨论交流。	信息技术应用: ● AVG游戏软件:用游戏的形式将学生带入项目活动,引起学生兴趣。

(续表)

2. 学生了解《西游记》基本内容，并确定项目主题，即要精读的具体篇章。 3. 介绍AVG的形式和规则：AVG又名电子小说，也被称为交互式小说，是以精彩的剧情为卖点的游戏。它以文字叙述为主，并以电脑图像或动画为辅演出剧情，并设有分支和多个结局。此类型游戏以软件模拟情境，令玩家使用文字指令控制角色，以影响周边的情境。其运作方式可以理解成是用电脑游戏来做文学叙事。 4. 结合KWL表，学生说明自己已有的知识和希望获得的知识。	

项目启动

活动2：明确项目任务及评价方案，小组分工	**课时**：2
活动内容和模式： 学习目标：组织学生启动项目。在问题引导下，学习相关的语文基础知识，如阅读、收集、整理、加工相关学习资料过程中的读写知识等，小组制订研究计划。 引导问题：经典作品为何能经久不衰？复杂性格中的侧面会对故事情节发展产生什么样的影响？结局的不确定性和故事中的哪些因素相关？ 1. 提出上述问题，组织学生讨论交流。 2. 根据学生特长与能力进行分工，确保每个学生都有重要岗位。 3. 明确任务，制订项目开展的计划：根据项目实施前确定的具体篇章，制作人物小传，确定故事改编方向，考虑制作《西游记故事新编》AVG剧本的故事大纲。 4. 明确项目成果的类型和形式：以小组为单位制作一份《西游记故事新编》AVG剧本作为主要成果，此外还包括作品创意阐释、游戏内部逻辑构建说明书及创作日志。所有成果在校内与自媒体平台上进行展示。 5. 讨论并制订项目评价方案。	**信息技术应用**： ● Word：撰写制作计划、人物小传。

项目实施中

活动3：《西游记故事新编》AVG剧本的构思与设计	**课时**：2
活动内容和模式： 学习目标：以小组为单位，完成《西游记故事新编》AVG剧本的构思与设计。 引导问题：一个好的故事包括哪些要素？你构思的AVG剧本有什么特色？它含有好故事的哪些要素？	**信息技术应用**： ● 互联网检索：收集AVG的各种资料，尤其是其剧本的特点。

1. 学生查阅资料,充分了解优秀的AVG剧本的特点;教师提供相关资讯平台,并指导学生如何查阅、筛选信息。 2. 学生构思设计AVG剧本主体。 3. 学生进行创意设计。	
活动4:《西游记故事新编》AVG剧本的制作与实施	**课时**:2
活动内容和模式: 　　学习目标:以小组为单位,完成《西游记故事新编》AVG剧本的制作与实施。 　　引导问题:"西游小队"中4个人分别担任什么样的角色?《西游记》的独特魅力究竟体现在什么地方? 　　1. 学生制作《西游记故事新编》AVG剧本,把小说的核心要素、人物形象、故事情节和环境描写的动态组合高效地连接起来,提醒学生保留底稿等制作过程记录。 　　2. 在AVG剧本制作完成后,配上作品创意阐释与游戏内部逻辑构建说明书。 　　3.《西游记故事新编》AVG剧本的制作与实施完成后,通过自我检查表和同伴评价检查表进行过程性评价。	**信息技术应用**: ● Word:通过制作游戏剧本直观感受小说人物性格与情节发展之间的联系。
成果展示	
活动5:项目成果展示、交流与评价	**课时**:1
活动内容和模式: 　　学习目标:选择最适合自己小组的成果展示方式,在班级进行展示,其他小组进行点评;优秀作品在校内展示。 　　引导问题:你的AVG剧本有什么特色?你想怎样展示和介绍《西游记故事新编》AVG剧本? 　　1. 学生选择作品展示形式,并据此进行准备。学生思考并解决:我们在该项目中学到了什么概念?是如何理解的?在项目中遇到了哪些问题,是如何解决的?小组展示现有的资源是什么?我们可能需要得到哪些帮助?我们可以从哪里得到帮助?如何完善我们的成果展示形式?教师关注学生的资源需求,并及时给予帮助。 　　2. 学生在班级进行展示交流,评价打分。选择最佳展示形式进行校内交流展示。拍摄视频、照片等在校内与自媒体平台进行展示。	**信息技术应用**: ● 视频、图片编辑软件:为展现作品做准备。 ● 视频、图片展示软件及PPT、自媒体平台:直接展现小组的项目成果。

(续表)

项目实施后	
活动6：项目反思与迁移	课时：1
活动内容和模式： 　　学习目标：总结经验，分析项目过程中的得失，便于以后更好地开展项目。 　　引导问题：在项目推进过程中，你是否有遗憾？如果想设计出更多有创意的《西游记故事新编》AVG剧本，你会选择哪些篇章？对于其他进行这个项目的同学，你有哪些好的建议？ 　　1. 教师再次提出基本问题"经典作品为何能经久不衰？"小组长组织成员开展最后阶段的讨论会，保证每位组员都参与进来。 　　2. 设问：如果想继续推进这个项目，设计出更多有创意的《西游记故事新编》AVG剧本，你有哪些建议？ 　　3. 每位小组成员撰写项目学习个人总结，主要围绕本项目学习的所得所失，以及可以调整、改进之处，并与组员交流。	信息技术应用： ● Word：撰写项目学习个人总结。

评价计划		
阶段	评价工具	评价目的
项目实施前	KWL表	了解学生对《西游记》的阅读情况和理解程度，对项目的认知情况和期望，根据学生已有的知识储备和学生的需求等调整学习活动。
项目启动	"《西游记》整本书阅读——性格如何推动情节"评价量规	通过评价量规、量表帮助学生明确评价标准所体现的项目目标，以引导学生的活动不偏离目标。
项目实施中	创作日志	教师通过日志监控学习进程，为后续教学内容做充足准备。
	自我检查表	通过评价实现学生的自我监督，形成自主学习意识。
	同伴评价检查表	学生听取别人的意见，形成反思意识。
成果展示	《西游记故事新编》AVG剧本展示评价量规	评价学生作品的目标达成度；通过复盘学习过程，培养学生创新和批判性思维；通过对作品的描绘，加强学生对作品内涵的理解；找出各组的优缺点，共同进步。

(续表)

阶段	评价工具	评价目的
项目实施后	师生讨论会	有效评价各组的展示成果,总结及反思,为整本书阅读打下良好基石。

附件

《西游记故事新编》AVG剧本展示评价量规

评价指标 (总分100)	评价等级标准				学生评价		教师评价
	A (100%—85%)	B (84%—75%)	C (74%—60%)	D (<60%)	自评	互评	
汇报交流 (40分)	积极主动,情节完整,语言表达清楚、生动、流畅,语句通顺,表情丰富。	情节完整,语言表达清楚、流畅,语句通顺。	情节比较完整,语言表达基本清楚,但不够流畅,语句比较通顺。	情节不够完整,语言表达基本清楚,但不够流畅,有些语句不通顺。			
成果展示 (40分)	作品集内容完整,版面设计美观、书写工整、图文并茂。表达的中心思想明确、条理清晰、语言优美。	作品集内容较完整,书写工整、图文并茂,但版面设计不够美观。表达的中心思想比较明确,条理比较清晰,语言平实。	作品集内容较完整,书写工整,但图片较少、版面设计不够合理。表达的中心思想不够明确,条理不够清晰,个别语句不通顺。	作品集内容不够完整,没有图片,书写不够工整。表达的中心思想不明确,条理混乱,较多语句不通顺。			
自媒体展示(20分)	能使用自媒体发布作品,并能清楚地表达自己的想法。	能使用自媒体发布作品,并能比较清楚地表达自己的想法。	能使用自媒体发布作品,但未能清楚表达自己的想法。	不会使用自媒体发布作品。			

专家点评

应用 AVG 剧本——新教师独辟蹊径

语文整本书阅读,好处多多,但在具体组织上,怎样不以教师的讲解代替或限制学生的阅读与思考,是对语文教师的一大挑战。

不少教师在整本书阅读引导中利用项目化学习模式创造了许多好方法。如,张老师灵光一现,把"性格与小说情节的关系"列为《西游记》阅读的主线,更让大家眼前一亮的是,她想用 AVG 剧本让学生在理解人物性格复杂性之时,体会情节发展的多种可能性,最后回归原著,通过对比"新编"和"原著",让学生感受经典之魅力。

张老师解释,借助 AVG 剧本,在人物性格原型不变的基础上给学生多种选择,把学生带入一个创编新情节的项目活动中,从而更好地体会小说人物性格与故事情节发展的关系。张老师也希望 AVG 剧本能帮助学生拉近和古典神魔小说在时间、空间上的距离感。

项目化学习的元素之一是"学习技术"——学生借鉴或运用技术来探究和解决项目问题。电子技术就在本项目中帮了大忙。张老师是一名新教师,当得知《2014地平线报告:教师角色转换正当时》早就提出"未来2—3年,游戏和游戏化与学习分析走进教学"时,她流露出吃惊的神情——自己一不小心就站到了时代前列?!了解学生的兴趣又熟悉新技术,可能是年轻教师们在设计项目化学习时拥有的一大优势吧。

想要了解更多本案例相关内容,请扫描下方二维码!

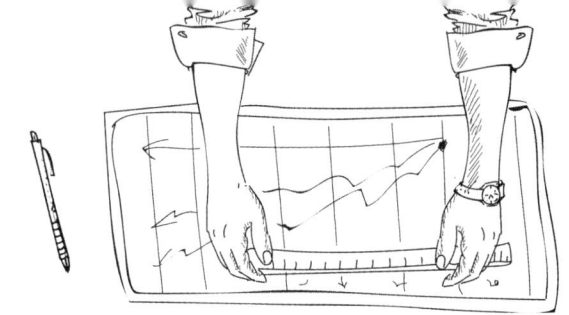

案例2　下一个星巴克*

教师姓名	乐声浩	学校	上海市民立中学
涉及学科	地理、数学	项目实施年级	高一年级
项目实施时间	2019年4月至2019年6月		

项目概述

假如在学校附近开一家星巴克,你认为最合适的位置在哪里?星巴克门店选址的探讨与预测激起了学生用地理和数学知识解决实际问题的热情。学生在半个学期的时间内,以小组合作学习的方式,利用问卷调查、实地考察等方法在南京西路街道范围内进行人流量、咖啡馆数量与位置、大型写字楼分布等数据搜集,并利用地理信息系统(GIS)技术,分析星巴克门店选址的合理依据;接着学生结合数学学科的概率统计思想,制作专题地图,做选址的数据分析。最后他们结合南京西路街道简图,预测下一家开在民立中学周边星巴克的位置并给出理由,再撰写创建星巴克门店商业计划书。在项目展示活动中,学生用《商业计划书评价量规》对各组作品进行评价,完成以星巴克经营情境为背景的综合练习,并交流对基本问题"什么决定着我们的城市规划"的思考。

对应的课程标准

1. 学生能够正确看待地理环境与人类活动的相互影响,深入认识两者相互影响的不同方式、强度和后果,理解人们对人地关系认识的阶段性表现及其原因,认同人地协调对可持续发展具有重要意义,形成尊重自然、和谐发展的态度。

2. 学生能够形成从综合的视角认识地理事物和现象的意识,对地理各要素之间的相互作用关系有较强的分析能力,并在一定程度上解释地理事物和现象发生、发展的过程,从而较全面地观察、分析和认识不同地方的地理环境特点,辩证地看待地理问题。

---

* 本案例来源于上海市静安区教育局JT项目。

(续表)

3. 学生能够形成从空间—区域视角认识地理事物和现象的意识,对地理事物和现象的空间格局有较强的观察力,并运用区域综合分析、区域比较、区域关联等方法认识区域,简要评价区域现状和发展。

4. 学生能够运用所学知识和地理工具,在室内、野外和社会的真实环境下,通过考察、实验、调查等方式获取地理信息,探索和尝试解决实际问题,具备活动策划、实施等行动能力。

——《普通高中地理课程标准(2017年版2020年修订)》

通过高中数学课程的学习,学生能获得进一步学习以及未来发展所必需的数学基础知识、基本技能、基本思想、基本活动经验(简称"四基");提高从数学角度发现和提出问题的能力、分析和解决问题的能力(简称"四能")。

在学习数学和应用数学的过程中,学生能发展数学抽象、逻辑推理、数学建模、直观想象、数学运算、数据分析等数学学科核心素养。

通过高中数学课程的学习,学生能提高学习数学的兴趣,增强学好数学的自信心,养成良好的数学学习习惯,发展自主学习的能力;树立敢于质疑、善于思考、严谨求实的科学精神;不断提高实践能力,提升创新意识;认识数学的科学价值、应用价值、文化价值和审美价值。

——《普通高中数学课程标准(2017年版2020年修订)》

项目目标

1. 通过商铺选址的数据处理和分析,认识商业区位的变化性和决策的复杂性,激发对现实生活中商业布局的关注意识和探究兴趣。

2. 通过商业计划书的撰写,体验创业从无到有的过程,体验数据搜集和分析的过程,提升对现实事物背后原因的综合分析思想与能力。

框架问题

基本问题:
什么决定着我们的城市规划?

单元问题:
1. 假如在学校附近开一家星巴克,你认为最合适的位置在哪里?为什么?
2. 如何制订完善可行的创建星巴克门店商业计划书?

内容问题:
1. 商业门店的选址原则有哪些?
2. 如何搜集数据?
3. 怎样进行数据分析?
4. 有哪些因素会影响商业布局?

附录2 学科项目

(续表)

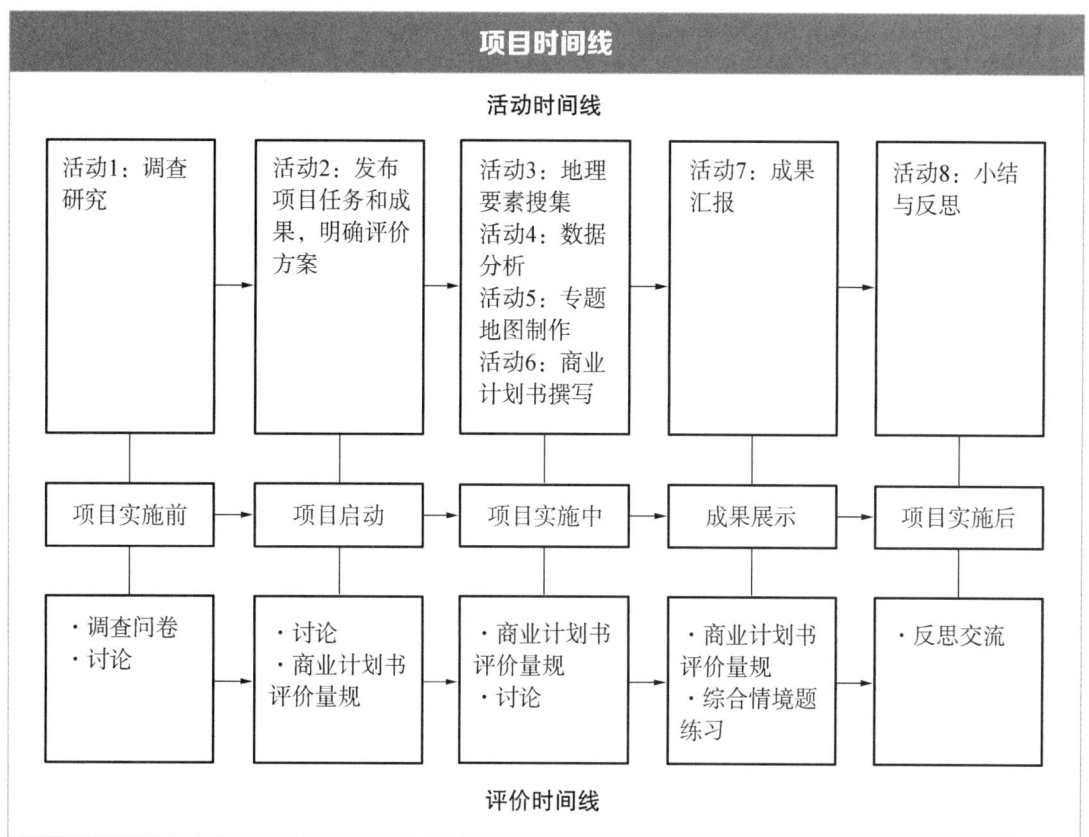

教学过程

项目实施前

活动1:调查研究	课时:1
活动内容和模式: 　　学习目标:开展社会调查,提升学生信息搜集和社会交流能力。 　　引导问题:下一家星巴克应该开在哪里?哪些方面决定了它的选址? 　　在民立中学周边1千米的范围内,分布着许许多多办公楼,所以在民立中学周围经常可以看到端着咖啡行走在路上的白领人士。本阶段,学生在一周时间内,利用周末和课余时间,通过实地考察、采访民立中学1千米范围内的行人,采集对咖啡产品的需求度和满意度,以及周边咖啡店的数量,应用问卷星在线调查统计各类人群对咖啡的需求度。在活动开始之前,由教师在课堂上初步讲解问卷设计、采访提纲撰写、样本统计方法等内容,确保学生在问卷调查和实地考察、采访过程中能	**信息技术应用:** ● 问卷星:在线调查统计各类人群对咖啡的需求度。

195

(续表)

够获得一定的样本量并实现样本的多样化,以保证数据的代表性和准确性。数据统计完毕后,需要学生将统计结果展示出来,在课堂上进行讨论和研究,得出周边人群对咖啡的需求度和咖啡店的饱和程度,以便决定项目下一步前行的方向。	
项目启动	
活动2:发布项目任务和成果,明确评价方案	**课时**:1
活动内容和模式: 　　学习目标:明确项目模式、要求与成果,引领学生合作学习方向。 　　引导问题:项目从哪几个方面进行?如何制订项目的评价方案? 　　发布本项目学习的目标,进行分组,明确项目任务和成果。与学生共同讨论项目的评价方案,制订评价量规。对前期的调查问卷活动进行讨论,帮助学生梳理存在问题及解决方案。布置下一阶段的任务,并进行相关基础知识和基本技能的教学。	**信息技术应用**: ● Word:用于制订评价量规。
项目实施中	
活动3:地理要素搜集	课外
活动内容和模式: 　　学习目标:利用多种途径,搜集具有专业性、时效性的基本数据,提升学生信息提取和判别数据能力。 　　引导问题:商业门店的选址原则有哪些?如何搜集相关数据? 　　通过上一阶段的活动,学生已经对周边人群的咖啡需求度和咖啡店的饱和度有了初步了解。在一周时间内,经过小组讨论并结合地理学科商业区位的部分内容,确定"下一家星巴克"位置的区位要素,例如人流量、车流量、消费水平、交通便捷程度等,通过本地统计局等机构获取该地区的人流状况、交通状况等数据。提示学生在搜集数据的过程中注意数据的时效性和准确性。在活动之前的课堂上,由任课教师初步讲解数据的搜寻过程和搜集要点。	**信息技术应用**: ● 互联网检索:搜集人流状况、交通状况等数据。
活动4:数据分析	**课时**:1
活动内容和模式: 　　学习目标:利用GIS技术分析数据,提升学生信息分析和处理能力。 　　引导问题:哪些因素可以影响商业布局?如何进行相关数据的分析? 　　GIS技术在地理教学中不可或缺,这一阶段学生要基本学会利用GIS技术对各类数据进行处理和分析。例如,利用GIS技术中的密度分析对所搜集的咖啡店数量等进行栅格分析,得出直观的结果;或是利用	**信息技术应用**: ● GIS技术相关系统:对相关数据进行处理和分析。

(续表)

GIS技术中的裁剪功能,使得各类分析所获得的栅格图像准确地展现在民立中学周边1千米范围内的地图上;最后,选择权重不同的要素进行综合分析,选取最适合开下一家星巴克的位置,培养学生的区域综合分析能力。	
活动5:专题地图制作	课时:2
活动内容和模式: 　　学习目标:利用GIS技术制作专题地图,直观展示数据,提升学生数据展示能力。 　　引导问题:怎样利用地图来表达数据处理的结果? 　　在一周时间内,学生对所获得数据进行分析和处理,并按照通用要求制作专题地图集。在制作过程中,学生在实践中应用地理学科中的"地图要素"内容(比例尺、图名、图例、指北针等)。	**信息技术应用**: ● GIS技术相关系统:对相关数据进行处理和分析。
活动6:商业计划书撰写	课外
活动内容和模式: 　　学习目标:利用常用办公软件感受商业计划书的撰写,提高学生数据处理、归纳能力。 　　引导问题:如何根据已经确定的位置制订完善可行的商业计划书? 　　商业计划书的内容包括通过对所制作专题地图的权重分析,确定下一家星巴克的选址,并说明理由,使得"下一家星巴克"更具竞争力。	**信息技术应用**: ● Word、Excel、PPT等办公软件:撰写商业计划书。
成果展示	
活动7:成果汇报	课时:1
活动内容和模式: 　　学习目标:结合自己所获结果,公开展示,提升团队协作与演讲能力。 　　引导问题:商业计划书是否体现了自己的理解? 　　各组汇报交流完成的商业计划书,并依据商业计划书评价量规进行互评与师评。教师出示综合情境题,对学生的理解程度做书面考核。	**信息技术应用**: ● PPT:展示商业计划书。
项目实施后	
活动8:小结与反思	课时:1

(续表)

活动内容和模式:	信息技术应用:
学习目标:结合项目经验,反思未来发展方向。 引导问题:自己获得了什么?还需要优化哪些地方?什么决定着城市的规划? 学生反思交流自己在项目中的不足和做得不错的地方,同时思考:如果再参与这类项目学习,自己将会尝试使用本项目中的哪些成功方法,或哪些经过改进的更好方法? 全班讨论交流项目基本问题:什么决定着我们的城市规划?	无。

评价计划

阶段	评价工具	评价目的
项目实施前	调查问卷	评估学生需求。
	讨论	评估学生实施项目前的知识准备。
项目启动	讨论	从讨论中了解学生的态度。
	商业计划书评价量规	明确任务与评估指标,鼓励学生通过自评不偏离项目目标
项目实施中	商业计划书评价量规	再次用评价内容提醒学生按照要求积极参与并完成项目。
	讨论	通过讨论了解学生的参与态度、项目进度。
成果展示	商业计划书评价量规	评价学生的商业计划书,检查学生完成的任务中达成目标的情况。
	综合情境题练习	评价学生知识获得情况和理解深度。
项目实施后	反思交流	评价学生知识获得情况和理解深度,激发学生内驱力,推动他们自主发展。

附件1

商业计划书评价量规

评价指标	等第及评价标准			
	优秀	良好	一般	待提高
信息提取和数据选择	从至少3个不同的要素出发,全面地搜集了学校周边的地理数据。数据的所有组成部分都可用于分析星巴克选址的需求。	从至少2个不同要素出发,大致搜集了学校周边的地理数据。数据大部分可用于分析星巴克选址的需求。	从1个以上的要素出发,部分搜集了学校周边的地理数据。有一部分数据对分析星巴克选址的需求有帮助。	简单搜集了学校周边的地理数据。数据对分析星巴克选址需求几乎没有帮助。
专题地图	在"我的专题地图"中选用的数据非常准确,数据量大、数据种类大于等于4种,地图三要素完备,专题地图十分美观。	在"我的专题地图"中选用的数据准确,数据量大、数据种类大于等于3种,地图三要素完备,专题地图美观。	在"我的专题地图"中选用的数据基本准确,数据量一般、数据种类大于等于2种,地图三要素完备,专题地图美观性尚可。	在"我的专题地图"中选用的数据不太准确,数据量不大、数据种类少于2种,地图三要素有缺漏,专题地图不够美观。
商业计划书构成	包含了所有要求的组成部分和3个以上可选部分。	包含了所有要求的组成部分和至少1个可选部分。	包含了所有要求的组成部分,没有涉及可选部分。	漏掉了至少1个要求的组成部分。
写作语言	条理清晰,内容详尽,趣味性强,无标点符号错误,图片清晰。引文无误,信息来源可靠、完整。	条理清晰,内容详尽,基本无标点符号错误,图片清晰。引文基本无误,所有引文注明信息来源,个别来源不够权威。	条理较清晰,有少量标点符号错误,图片较清晰。个别引文有误,个别信息来源没有说明,或不太可靠。	写作冗杂,无趣味性,标点符号错误较多,图片模糊。多处引用有误,没有注明信息来源。
演示文稿	主旨清晰,内容充实,详略得当,图文并茂,版面美观,有较强的说服力。	主旨较清晰,内容完整,图文结合,有说服力。	主旨不清,内容欠条理,图片很少,说服力一般。	主旨模糊,内容不全,图片很少或无,缺少说服力。

附件2

综合情境题

材料1：星巴克臻选上海烘焙工坊坐落于兴业太古汇内,面积达2700平方米,单体双层圆形建筑内设有咖啡烘焙区和顾客体验区两大功能区。从受咖啡烘焙曲线启发而打造的弧形楼梯和咖啡吧台,到灵感来自意式浓缩咖啡机增压手柄的木制天顶六角形拼片,每一处设计都彰显了对咖啡豆的热爱。在这里,游客还能体验星巴克首个增强现实(AR)体验之旅,探索"从一颗生豆到一杯香醇"的咖啡故事。

材料2：星巴克的咖啡豆来自全球30多个产区,大多分布在东南亚、非洲和拉丁美洲地区。经过初步处理后可长时间保存,大批量运输到上海烘焙工厂进行烘焙。

1. 星巴克烘焙工坊选择在兴业太古汇的原因是什么?

答:周边有地铁12、13、2号线,公交线路众多,公共交通便利;位于大型商业体内,人流量较大;周边布局着许多大型写字楼,消费水平较高,经济效益好,咖啡需求量大。

2. 若你是星巴克物流部的负责人,在下列6种情境下你分别会选择何种交通运输方式?

① 埃塞俄比亚产区的咖啡豆运至上海

② 危地马拉产区的咖啡豆运至上海

③ 四川攀枝花产区的咖啡豆运至上海

④ 烘焙工坊烘焙完成的成品豆运至南京各门店

⑤ 烘焙工坊所需的精密咖啡器具从海外运至上海

⑥ 烘焙工坊所需大量小麦粉从全国各地运至上海

答:

运输情境	运输方式	判断理由
①②	水运	咖啡豆经初步处理之后可以长时间保存,水运运量最大、运费低
③⑥	铁路	运量较大,运速快,运费低

(续表)

运输情境	运输方式	判断理由
④	公路	运量较少,灵活性最强
⑤	航空	速度最快,精密仪器体积小、价值大

专家点评

以应对复杂情境的表现来评价学生核心素养

普通高中地理学科课程标准重视"基于真实问题、开放式问题"的教学,在"实施建议"中强调"核心素养应通过学生在应对复杂现实情境时的外在表现加以推断"。

民立中学乐老师的项目"下一个星巴克"即基于课程标准的用心探索。"假如在学校附近开一家星巴克,你认为最合适的位置在哪里?"星巴克门店选址的探讨与预测激起了学生用地理和数学知识解决实际问题的热情。这里,我们分享一下乐老师为保障项目实施而设计的两个评价工具——商业计划书评价量规和以星巴克经营情境为题的综合练习。商业计划书评价量规依托"信息提取""数据选择""专题地图""商业计划书构成"等规范化要求,对学生地理综合思维和地理解释等核心素养的养成做了精准的引导。综合情境题既是对项目目标达成度的评价,又让学生感觉到项目化学习的评价可以与高中地理评价改革如此贴近。

练习中两段材料分别叙述了星巴克上海烘焙工坊的位置和设施、咖啡豆的国外产区,让学生分别回答烘焙坊位置选择的原因和各种情境下运输方式的选择及其理由。当学生根据自己的亲身体验回答情境问题时,一定会拥有实践带来的深刻理解与自信。在项目多样化的评价工具中增加综合情境题,目前并不多见。乐老师勇敢的尝试,为参与项目的学生提供了解决情境问题的智慧和自信。

高中地理学科课程标准提出了考试评价的新方向,"为了评价学生的核心素养,要高度重视复杂、开放性真实问题情境的创设,即把具体任务尽可能放在真实、复杂性的现实情境之中",其实也是许多学科评价改革的大方向。

或许未来试卷纸面上的分野,将是不同学习方式所造就的不同学生群体的表现的分界。我们深信,由于项目化学习的发展,将会有更多亲身参与者拥抱这样的考试;项目化学习也一定会成为许多师生喜欢的教学模式。

想要了解更多本案例相关内容,请扫描下方二维码!

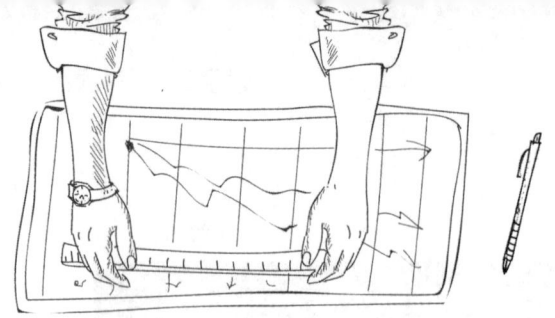

案例3　我的会徽我做主*

教师姓名	田利群	学校	上海市实验学校西校
涉及学科	数学	项目实施年级	六年级
项目实施时间	2019年11月至2019年12月		

项目概述

　　本项目基于沪教版六年级《数学》第四章《圆与扇形》的学习,学生已初步认识圆与扇形,掌握了有关圆的周长、弧长、圆的面积和扇形的面积的计算公式及其运算,并认识图形之间的关系。鉴于我校数学组即将开展主题为"构建模型,让基本图形活起来"的数学学科发展季活动,本项目以"我的会徽我做主"为主题。首先,学生上网查找国际数学大会的会徽设计和会徽含义的有关资料,然后学生分角色扮演设计师、文案编辑师、发言人等,历经设计小组推选、组内成员共同改进会徽并提出撰写寓意、全班交流听取改进建议、全校展示并评选等过程,确定本次数学学科发展季的会徽。本次项目化学习采用小组合作的学习方式,学生在创作过程中深入认识圆在会徽设计中的应用以及圆的其他相关知识及其文化魅力,并按照尺规作图或者画图的要求,以圆、圆弧等常见数学图形的组合设计出一个美丽的图案,同时用简短的文字阐述图案对于数学学科发展季的含义。作品在多次的展示交流中不断完善,学生得以发现数学美,体验创造美。

对应的课程标准

　　1. 认识平面和空间的基本图形,理解基本的几何变换;会画简单的平面图形和一些空间图形,掌握简单平面图形的基本性质和有关距离、长度、角度、面积的计算方法。

　　2. 关心现实世界中的数学现象并具有积极探索的兴趣。

　　3. 认识数学来源于实践又反过来作用于实践;有关内容的学习中,感受数学的美学价值,提高审美情趣。

　　4. 学习圆的有关概念及其周长和面积的计算;再从整体到部分,研究圆弧与扇形。

---

*　本案例来源于上海市闵行区教育学院JT项目。

（续表）

5. 通过操作活动，对圆的周长和面积、弧长与扇形面积等计算公式形成猜想或进行验证；会用公式进行简单度量问题的计算。

——《上海市中小学数学课程标准（试行稿）》

项目目标
1. 熟悉圆各部分的名称，会计算圆的周长、弧长，以及圆的面积和扇形的面积。 2. 在查找、分享、对比、分析、选择、交流中，了解与数学活动相关的会徽设计和圆在会徽设计中的作用。 3. 通过活动及展示等环节，提高问题分析、研究和解决能力以及思辨能力。 4. 通过小组任务，强化合作学习能力，增强个人和小组责任意识。 5. 经历尺规作图和准确画图的过程，培养严谨的科学态度。

框架问题
基本问题： 如何用数学创造美？
单元问题： 1. 如何用数学几何图形设计会徽？ 2. 如何诠释设计的会徽的意义？
内容问题： 1. 对圆和圆弧有哪些基本认识？ 2. 对数学会徽的设计有哪些认识？如何理解圆在会徽设计中的价值？ 3. 本次数学学科发展季活动的主题是什么？包含哪些内容？

(续表)

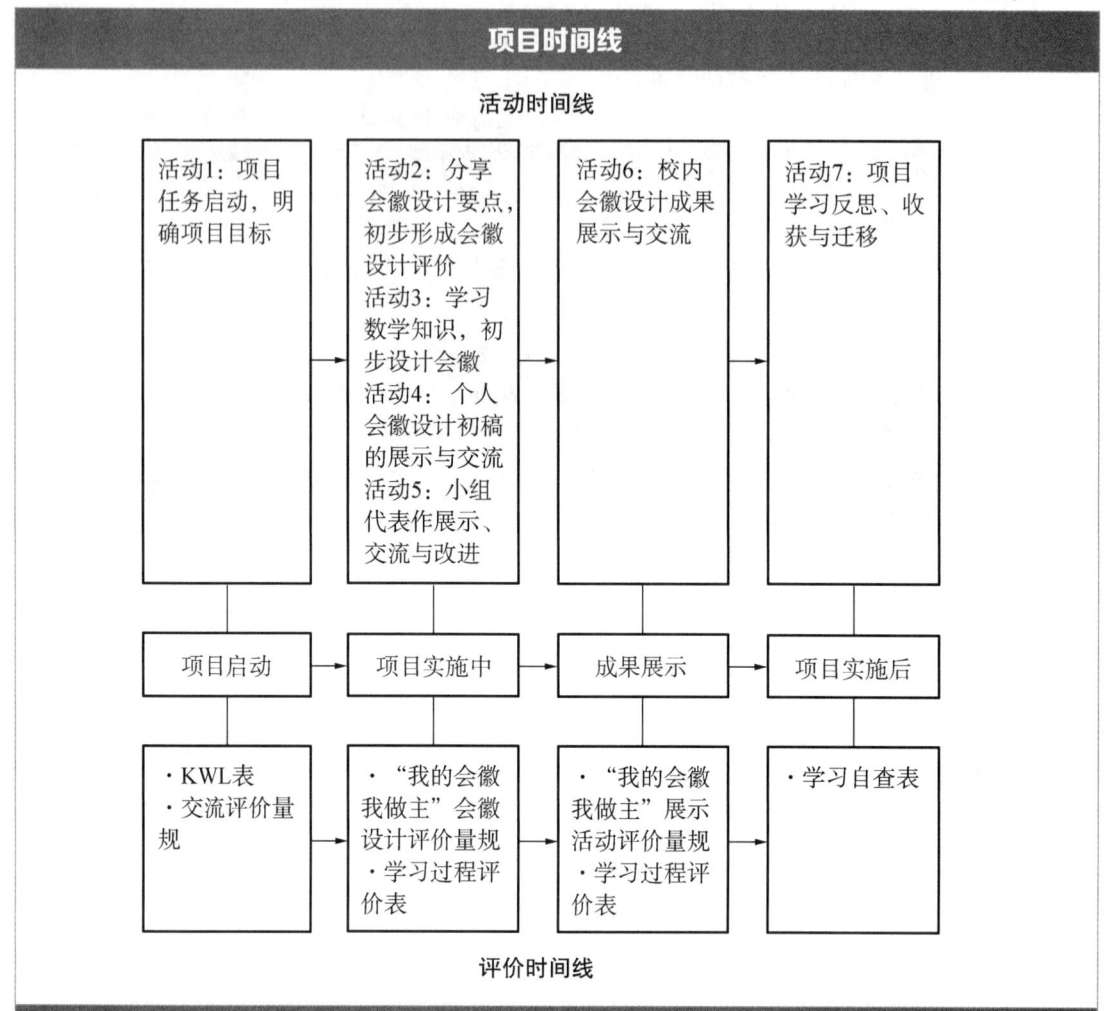

教学过程

项目启动

活动1：项目任务启动，明确项目目标	课时：1
活动内容和模式： 　　学习目标：了解项目活动背景以及项目活动的具体任务；搜索会徽设计的相关知识，重点了解国际数学大会的会徽设计和会徽含义。 　　引导问题：如何用数学创造美？ 　　教师介绍项目学习的背景和学生的任务：我校数学组即将开展以"构建模型，让基本图形活起来"为主题的数学学科发展季活动，其中一项子活动是以"如何用数学创造美"为基本问题开展项目化学习。因此本项目主题为"我的会徽我做主"，学生扮演设计师角色，完成本次数学	**信息技术应用：** ● 互联网信息检索：帮助学生查阅相关资料，了解数学大会会徽设计理念和寓意。 ● PPT：展示分享汇总提炼后的资料。

(续表)

学科发展季的会徽设计任务。

　　学生进行项目学习实施的前期准备的主要任务有:上网查找国际数学大会的有关知识,重点了解国际数学大会的会徽设计和会徽含义;了解在著名会徽设计中用到的圆和圆弧以及数学几何图形的要素,以及它们起到了什么作用;了解圆在会徽设计中常常体现了什么价值;将收集的资料进行汇总提炼,思考数学会徽制作的特点,制作PPT,准备分享交流。

项目实施中	
活动2: 分享会徽设计要点,初步形成会徽设计评价	课时:1
活动内容和模式: 　　学习目标:分享有关会徽设计的要点,理解圆与圆弧在会徽设计中的作用;师生共同讨论得出学校数学学科发展季会徽设计的评价量规。 　　引导问题:如何诠释设计的会徽的意义? 　　在全班范围内分享交流自己查找资料的内容,其他同学补充完善,在共同讨论的基础上汇总形成著名会徽设计的相关要素,尤其是总结数学会徽设计的特点与要素。 　　根据本项目学习是设计学校数学学科发展季会徽的任务,教师和同学共同归纳会徽设计的主要元素,然后师生讨论形成会徽设计这一项目成果的评价量规。 　　为提高评价量规的质量,教师可以从以下几方面加以提醒或指导:作图是否规范、科学;圆、圆弧等数学几何图形的架构是否合理、美观;会徽是否内涵丰富,是否具有数学的标志;设计是否具有整体美感和寓意是否积极向上。	**信息技术应用:** ● PPT:向全班同学分享、展示自己的观点和想法。
活动3: 学习数学知识,初步设计会徽	课时:3
活动内容和模式: 　　学习目标:通过操作,了解圆的周长和直径的比为定值,掌握圆的周长公式;探索并掌握圆的面积公式,并能解决简单问题。 　　引导问题:对圆和圆弧有哪些基本认识?如何运用圆、弧等基本图形设计会徽,图形对会徽的内涵有什么作用? 　　教师带领学生对圆和圆弧有关的基础知识进行学习,使后者更加具体地认识圆和圆弧,体验"化曲为直"与"无限逼近"的数学思想。学习数学史中圆周率与祖冲之等有关知识,并通过练习巩固基本的尺规作图内容的学习。	**信息技术应用:** ● Word:撰写阐述图案含义的文字。

(续表)

师生共同回忆会徽评价量规的指标,学生完成会徽的设计初稿。过程中教师进行指导,重点在于明确会徽设计要求:利用尺规作图或者画图的要求,以圆、圆弧等常见数学图形的组合设计出一个美丽的图案,用简短的文字阐述图案的含义。	
活动4:个人会徽设计初稿的展示与交流	**课时**:1
活动内容和模式: 　　学习目标:运用圆与圆弧等数学基本图形设计会徽,并阐述会徽的意义。 　　引导问题:如何用数学几何图形设计会徽?如何诠释设计的会徽的意义? 　　每位同学在班级展示交流自己设计的作品,其他同学对照评价量规进行评价。 　　同一小组成员之间就其他同学的作品进行详细讨论,重点提出修改建议,并在此基础上推选出小组代表作。组员重新确定各自的分工,然后合作改进代表作,为在全班交流做好准备。	**信息技术应用**: 无。
活动5:小组代表作展示、交流与改进	**课时**:1
活动内容和模式: 　　学习目标:小组合作,进一步运用评价量规进行会徽设计的改进。 　　引导问题:对数学会徽的设计有哪些认识?如何理解圆在会徽设计中的价值? 　　全班推选两个小组进行作品展示交流演练,介绍作品产生的过程和具体含义,包括:是如何用数学几何图形设计会徽的?会徽中的每个图形的寓意是什么?会徽整体的寓意是什么?其他同学依据会徽设计评价量规进行评价。 　　全班6个小组的作品分场地进行展示和交流。每个小组中9名组员的分工为:1名发言人、2名记录员、6名评价师,其中发言人和记录员留在本作品展示区,发言人向其他同学介绍会徽设计过程和含义,记录员记录其他同学对作品优缺点的评价。6名评价师分别到其他组的设计作品展示区倾听并做出评价。接着全班同学运用电子书包,按照评价量规对每个小组设计的作品进行具体评价。每个小组成员汇总整理其他同学的评价并讨论修改方案。	**信息技术应用**: ● Word:记录学生的评价内容。 ● 电子书包上的评价软件:对作品进行具体评价。

（续表）

成果展示	
活动6：校内会徽设计成果展示与交流	课时：1
活动内容和模式： 学习目标：学生体验最终成果的公平展示，并开展评价活动；培养学生表态、沟通及批判性思维能力。 小组成员将作品做最后的完善，制作展板，在学校成长广场进行小组作品展示。小组发言人向学校前来观看的同学和教师阐述作品设计的理念，同组成员共同对提出的问题进行解释和补充。每位观看的同学都有一张选票，投给自己最欣赏的那个作品，并且可以留言。在此基础上，学校确定数学学科发展季的会徽。	**信息技术应用**： ● PPT、摄影、录像设备、视频编辑软件：展示作品。
项目实施后	
活动7：项目学习反思、收获与迁移	课时：1
活动内容和模式： 学习目标：学生交流自己的学习体会与收获，梳理项目实施过程中的得失，促进学生深度思考与反思。 学生围绕以下几点进行反思和总结： ● 我学到了……知识 ● 我想表扬自己…… ● 我想感谢一个人……，因为……他/她让我感到…… ● 我遇到的困难是…… ● 我印象深刻的经历是…… ● 我的一个遗憾是…… ● 我获得的成长是…… ● 会徽设计可改进之处是…… 教师从以下几个方面对整个项目活动进行总结和反思： ● 设计会徽作品 ● 学生的语言表达、小组分工、团队合作 ● 项目化学习与传统课堂的差异	**信息技术应用**： 无。

（续表）

评价计划		
阶段	评价工具	评价目的
项目启动	KWL表	在项目开始时，用KWL表了解学生对圆的相关知识的了解情况、想要学到的内容及想到得到的帮助等情况。
项目启动	交流评价量规	在学生上台表述观点前，教师对学生的演讲内容、动作、观众意识等方面进行指导，以便于学生参照交流评价量规对同学的演讲进行学习、反馈、点评。
项目实施中	"我的会徽我做主"会徽设计评价量规	学生根据会徽设计评价量规设计和修改自己的作品。
项目实施中	学习过程评价表	学生根据学习过程评价表对小组任务的完成度进行自我参照，可以在小组活动的过程中从任务理解、沟通合作、问题解决等方面进行及时反思、调整。
成果展示	"我的会徽我做主"展示活动评价量规	展示活动评价量规是学生自己讨论并设计的评价工具，用它对展示环节所体现出的小组合作和展示的内容、方式、细节等问题进行自评、互评、师评，能使学生对小组在该项目化学习中的展示准备环节和展示环节的要求更加明确。
成果展示	学习过程评价表	学生根据学习过程评价表对小组任务的完成度进行自我参照，可以在小组活动的过程中从任务理解、沟通合作、问题解决等方面及时地反思、调整。
项目实施后	学习自查表	学生从图形概念、作图方法、数学美感、合作沟通、作品创建、作品表达6个方面进行自我评估，反思自己在项目实施过程中的变化，以及收获与不足。

附件1

"我的会徽我做主"会徽设计评价量规

评价指标	★★★★	★★★	★★	★	自评	师评
主题设计	充分体现会徽设计的特色，突出"数学季"主题特点，巧妙	体现会徽设计的特点，较为巧妙地反映"数学季"主题特	体现会徽设计和"数学季"主题的特点；包含"实验	包含实验西校和活动届次等必要信息，但会徽设		

(续表)

评价指标	★★★★	★★★	★★	★	自评	师评
	体现"实验西校"元素,包含届次等必要信息。	点;体现"实验西校"元素,包含届次等必要信息。	西校"和届次等必要信息。	计和"数学季"主题要素设计效果一般。		
数学内涵	有丰富的数学内涵,能充分、恰当地利用多种数学元素进行会徽设计,圆和圆弧等几何图形在其中起到关键作用。	有较为丰富的数学内涵,能利用数学元素进行会徽设计,圆和圆弧等几何图形在其中起到主要作用。	能利用数学元素进行会徽设计,包含圆和圆弧等几何图要素,但内涵不够丰富。	能利用数学元素进行会徽设计,包含圆和圆弧等几何图要素,但缺乏内涵。		
构图与造型	设计新颖别致,构图合理,造型优美。	设计较新颖别致,结构合理,造型优美。	设计创造性不足,构图和造型较为合理。	设计创造性不足,构图和造型欠合理。		
色彩和美感	色彩组合恰当,具有形式美感。	色彩组合合理,具有一定的形式美感。	色彩组合较为恰当,具有基本的形式美感。	色彩组合欠恰当,缺乏形式美感。		

附件2

"我的会徽我做主"展示活动评价量规

评价指标	★★★	★★	★	自评	互评	师评
徽标内涵	清晰说明徽标含义、组成结构、图形寓意等关键内容;清楚呈现徽标绘制过程,熟练演示如何用尺规作图展示各部分图案之间的关系。	能较为清晰说明徽标含义、组成结构、图形寓意等关键内容;较为清楚呈现徽标绘制过程,能够演示如何用尺规作图展示各部分图案之间的关系。	能基本清楚说明徽标含义、组成结构、图形寓意等关键内容;能呈现徽标绘制过程,能演示如何用尺规作图展示各部分图案之间的关系,但不熟练。			
创建过程	能用文档完整清晰地呈现徽标的整个设计和完善过程,以及小组的思考和收获。	能用文档完整地呈现徽标设计过程和结果,以及小组的思考和收获。	能用文档基本完整地呈现徽标设计过程和结果,及小组的思考与收获。			

(续表)

评价指标	★★★	★★	★	自评	互评	师评
展示与效果	能恰当使用图片、视频等多种媒体展示；展示形式新颖、有趣、有吸引力，展示效果令人印象深刻；小组成员分工合理，语言表达熟练、自信，能与在场其他小组成员良好互动，有针对性地解答对方的问题。	能较为合理地使用图片、视频等多种媒体展示；展示形式较新颖、有趣，有一定吸引力；小组成员分工明确，语言表达较为熟练、自信，能与在场其他小组成员互动，有针对性地解答对方的问题。	能图文并茂进行展示；展示形式较为新颖有趣；能表达展示内容，但不够熟练、自信，与在场其他小组成员有互动；小组有分工，但分工不太合理，以个别成员为主。			
小计						
简述 (请用描述性的语句列出小组的"亮点"和"待改进之处"各两点)						
亮点						
待改进之处						

专家点评

知之不若行之

古人云："见之不若知之，知之不若行之。"（《荀子·儒效》）项目化学习中，学生经历了知行结合、解决问题的美好过程。在这个为"数学学科发展季"设计会徽的项目中，学生以出色的表现体验了一次丰富而有教育意义的"数学生活"。

本项目设计了很好的驱动问题和评价量规，为学生的自主学习和合作探究起到了"支架"和"规矩"的作用。本项目以"如何用数学创造美"为基本问题，会徽设计评价量规推动学生在设计中不断追求数学与文化艺术的结合。

田利群老师的项目实践让我们看到:

一位优秀的数学教师可以在项目中做到兼顾数学知识的传授与学科能力的培养;可以让学生真正进入项目活动的角色,并在合作中体验快乐;可以让学生触及数学学习的最高境界——在美与创造并存的成果中展现数学智慧的光芒。

知之不若行之,对学生是这样,对教师自己何尝不是?

想要了解更多本案例相关内容,请扫描下方二维码!

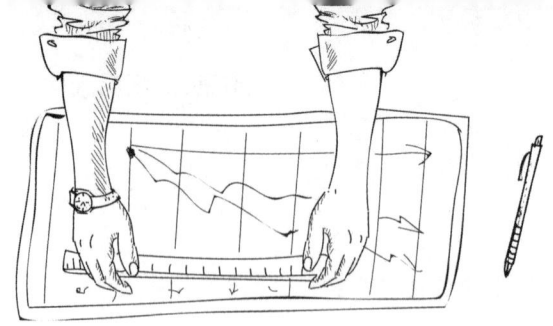

案例4　我的"合情合理"居家菜单*

教师姓名	林雁平	学校	上海市黄浦区北京东路小学
涉及学科	数学	项目实施年级	三年级
项目实施时间	2020年5月至2020年6月		

项目概述

中国在新冠肺炎疫情防控方面取得了积极的成效。因疫情防控而居家期间,提高免疫力很重要。我们在适当进行体育运动和确保充足的睡眠时间之外,还需要考虑合理的膳食。项目任务:根据人体营养需求以及防疫的特殊情况,编制一份"合情合理"的家庭菜单(包括早、中、晚三餐),在线交流。

项目将以设计合理的家庭菜单为任务,结合膳食营养常识,带动学生自主学习多位数的乘、除法,以及使用计算器计算等数学知识与技能,灵活运用"单价×数量=总价"的数量关系,并能运用数学知识表征方案(菜单),培养数学应用能力、劳动意识以及关爱他人的情感。

为满足疫情防控需要,本项目实施主要采用线上方式,记录、分享、评价学习活动的过程,教师适时线上跟进指导,最后学生各自在家完成自己菜单中某一道菜品的制作,并摄制照片和视频,在线展示与分享。

对应的课程标准

1.知道十进制记数法;会进行自然数、小数的四则运算,会用计算器检验笔算结果和进行大数目的四则运算;懂得运算律,知道四则混合运算的顺序,会进行简单的四则混合运算,并加以应用。

2.经历从现实背景中抽象出数与量、四则运算与数量关系、常见图形与统计图表的过程,积累数学事实与数学探究活动经验。

3.经历收集、整理、描述、分析数据的过程;初步学会统计的方法;体验统计在现实生活中的作用。

——《上海市中小学数学课程标准(试行稿)》

---

* 本案例来源于上海市黄浦区北京东路小学JT项目,系2021年度上海市教育科学研究市级一般项目"深度学习视域下小学中高年级数学单元学习活动设计与实施研究"成果之一。

（续表）

项目目标
1. 在解决具体菜品原材料的购买数量、价格等问题情境中,学习多位数乘、除法计算,运用"单价×数量=总价"的数量关系,提高数学知识的运用能力。 2. 通过探究日志、网络讨论、上传资料等方式,培养数学方面独立思考和合作学习的能力,培养反思质疑的学习习惯。 3. 通过制作某一道菜品,培养劳动意识与技能。
框架问题
基本问题: 什么是合情合理的生活?
单元问题: 1. 在疫情防控居家期间,家人的饮食与免疫力有何关系? 2. 你能否编制一份疫情防控居家时连续3天的家庭菜单,并完成其中一道菜品的制作?
内容问题: 1. 疫情防控期间人体每日膳食的结构和数量应是怎样的? 2. 两、三位数的乘法如何计算(包括算法、算理)? 3. 两、三位数的除法如何计算(包括算法、算理)? 4. 如何用计算器进行四则混合运算? 5. 制作一道菜品的一般程序是什么?

（续表）

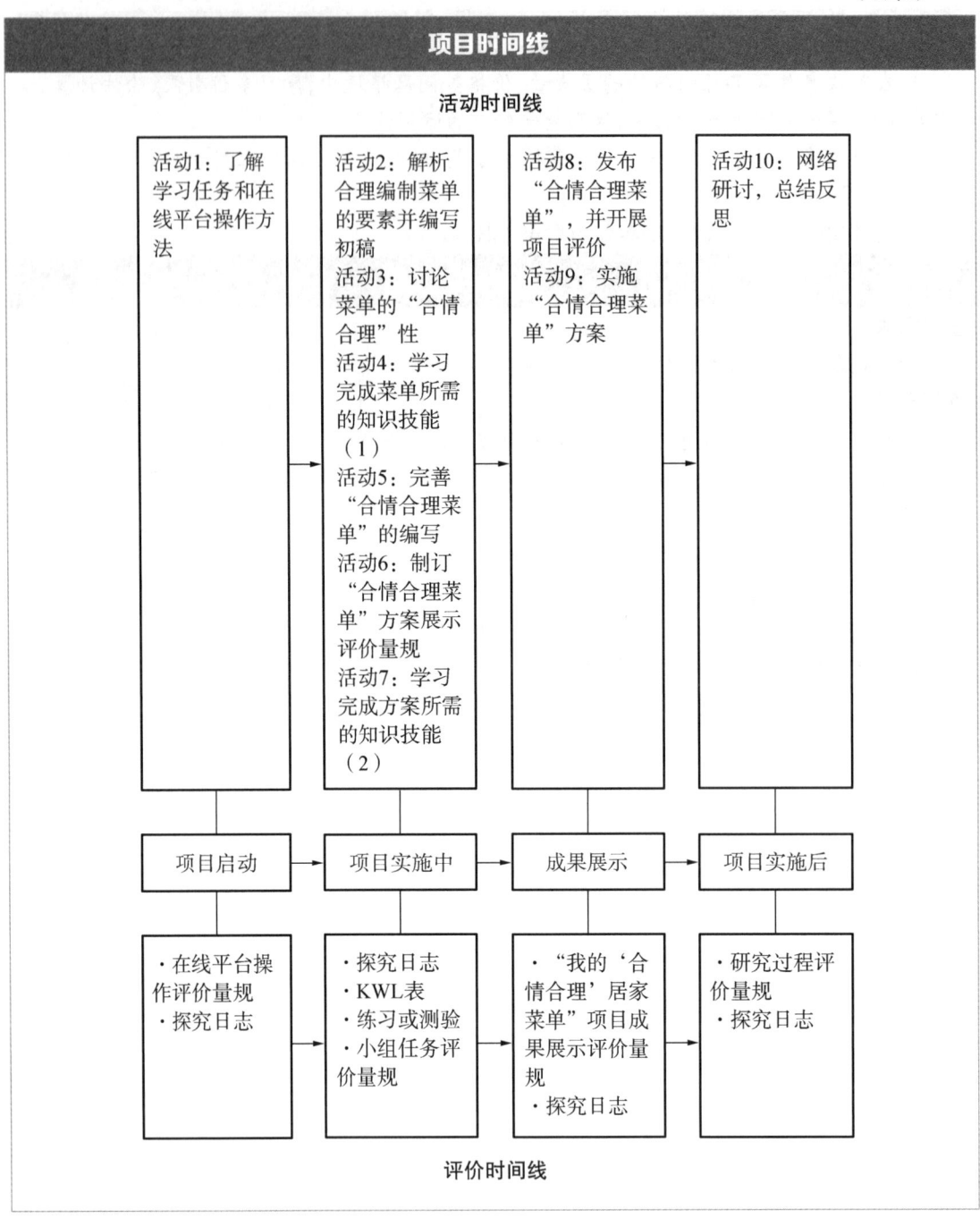

(续表)

教学过程	
项目启动	
活动1：了解学习任务和在线平台操作方法	**课时**：2
活动内容和模式： 　　学习目标：了解项目任务与成果，学会在线平台操作方法。 　　引导问题：什么是合情合理的生活？ 　　1. 学生讨论分析引导问题，教师小结：就菜单而言，"合情"是指考虑了家人健康状况和特殊口味，"合理"是指对价格、数量有整体考虑。 　　2. 教师在线布置学习任务： 　　（1）编写疫情防控期间居家3天的菜单，要体现合理性。菜品的选择要参照膳食营养要求以及家人的口味。 　　（2）菜单呈现需要有数学元素（如数量关系运用、正确计算多位数乘除法）。 　　（3）尝试学习制作菜单中的一道菜品。 　　3. 学生观看介绍JT项目化学习平台操作方法的微视频，了解在线平台上传、下载资料，提问、讨论的操作方法。 　　4. 学生通过在线平台提问。 　　5. 学生完成探究日志以及"在线平台操作评价量规"。	**信息技术应用**： ● 在线平台：提供资料下载、提问、讨论等功能，帮助学生了解任务。
项目实施中	
活动2：解析合理编制菜单的要素并编写初稿	**课时**：3
活动内容和模式： 　　学习目标：形成菜单初稿，培养学生合作学习能力。 　　引导问题：人体营养需求有何规律？ 　　1. 学生在线分享人体营养需求的内容，讨论编制菜单需要考虑的因素。（学生提出想法后，教师再提供相关资料，如卫健委公布的膳食营养数据、中国营养学会提出的"4+1营养金字塔"。） 　　2. 通过搜索引擎寻找需要的资料，如怎样的菜单符合人体营养需求，食品的单价等。 　　3. 学生结合疫情防控的需要、家庭情况等要素，初步完成3天菜品的选择，上传平台。 　　4. 学生在线讨论问题。 　　5. 学生完成探究日志。	**信息技术应用**： ● 在线平台：讨论菜单编制要考虑的要素。 ● 互联网检索：收集编制菜单所需要的资料。

(续表)

活动3:讨论菜单的"合情合理"性	**课时**:2
活动内容和模式: 　　学习目标:厘清"合情合理菜单"的要素,培养学生反思和质疑能力。 　　引导问题:我编制的菜单为什么"合情合理"? 　　1.学生在线分享各自的菜单。菜单以疫情防控期间膳食营养、家庭人员口味等要素为主要编制依据,其中涉及的数学元素,如奶制品一天需要300克。 　　2.学生在线讨论进一步完善菜单涉及的数学内容,如家庭人员数量、菜的单价、购买数量、总共需要花费的钱等。 　　3.学生在线讨论问题。 　　4.学生完成探究日志。	**信息技术应用**: ● 在线平台:分享并讨论每个人编制的菜单是否"合情合理"。
活动4:学习完成菜单所需的知识技能(1)	**课时**:3
活动内容和模式: 　　学习目标:初步掌握两位数相乘的算理与算法。 　　引导问题:这些知识和技能你会用了吗? 　　1. 学生依托数学课本、在线平台上的微视频等资源,自主学习乘数是两位数的乘法。 　　2. 师生线上交流两位数相乘的算法和算理。 　　3. 教师在线发布"两位数乘法"练习卷,学生在线完成练习,教师评价后与学生语音一对一反馈。 　　4. 学生完成探究日志。	**信息技术应用**: ● 在线平台:帮助学生自主学习两位数乘法的算理与算法。
活动5:完善"合情合理菜单"的编写	**课时**:2
活动内容和模式: 　　学习目标:培养学生独立思考和数学运算能力。 　　引导问题:我的菜单算不算"合情""合理"? 　　1. 学生运用搜索引擎或实地到大卖场,查询菜的单价、计算数量、总价(包括外卖的费用)。 　　2. 学生在菜单初稿的基础上,运用多位数乘法计算方法,明确"单价、数量、总价"的数量关系,完善菜单。 　　3. 学生完成探究日志。	**信息技术应用**: ● 搜索引擎:收集、比较菜的单价等信息。

(续表)

活动6:制订"合情合理菜单"方案展示评价量规	课时:2
活动内容和模式: 　　学习目标:完成评价量规,培养合作学习能力。 　　引导问题:用什么标准来评选菜单? 　　1. 学生讨论从哪些方面评价方案的"合情""合理"性。 　　2. 师生讨论形成"合情合理菜单"的评价角度及其量规等。 　　3. 学生在线讨论问题。 　　4. 学生完成探究日志。	信息技术应用: ● 在线平台:讨论项目成果的评价量规。
活动7:学习完成方案所需的知识技能(2)	课时:3
活动内容和模式: 　　学习目标:进一步学习两位数相乘。 　　引导问题:线上开展热身小竞赛。 　　如果给你100元,根据一天膳食营养需求以及家人口味,你会选择哪些菜品?(知道总价、单价,求数量) 　　1. 学生运用数学课本、在线平台的微视频等资源,自主学习两位数除法。 　　2. 师生线上交流两位数除法算法,对于学习困难的学生,教师提供一对一语音指导,有能力的学生也可以在线提供帮助。 　　3. 分层练习: 　　(1) 学生自己编一份多位数乘除法的练习卷,内含10道题,题目类型可以竖式计算、递等式计算、应用题,并给出参考答案。 　　(2) 学生完成教师的练习卷。 　　(3) 学生用计算器验算同学编的试卷参考答案的正确性。 　　4. 学生完成探究日志以及"小组任务评价量规"。	信息技术应用: ● 在线平台:帮助学生自主学习两位数除法的算理与算法。
成果展示	
活动8:发布"合情合理菜单",并开展项目评价	课时:2
活动内容和模式: 　　学习目标:进一步培养学生数学运用、反思及质疑能力。 　　引导问题:怎样判断自己的菜谱符合学习目标的要求? 　　1. 学生完成"合情合理"菜单的编制,方案中包含数学元素,如多位数乘除法的计算。 　　2. 学生上传方案,汇报交流。 　　3. 师生根据评价量规完成自评、互评、师评。 　　4. 学生完成探究日志。	信息技术应用: ● 在线平台:师生在线开展评价。

(续表)

活动9:实施"合情合理菜单"方案	课时:1
活动内容和模式: 学习目标:培养学生劳动意识与能力。 引导问题:你能从菜单中选一道菜,完成制作吗? 1. 学生在自己编制的菜单中任选一个菜品,完成制作。 2. 学生上传菜品制作过程的视频资料等。 3. 学生在线讨论问题。 4. 学生完成探究日志。	信息技术应用: ● 在线平台:让学生讨论菜品如何制作的过程等。
项目实施后	

活动10:网络研讨,总结反思	课时:1
活动内容和模式: 学习目标:培养学生合作交流及反思能力。 引导问题:菜单编写项目中,收获有哪些? 1. 学生填写"研究过程评价量规",小结反思"合情合理菜单"编写、实施的全过程,小结得失,并上传。如:能否从具体情境中提炼出数学问题;菜单中包含哪些数学元素;完成项目过程中的亮点。 2. 学生在线交流,了解其他组的小结情况,并说说自己感受、体会。 3. 学生在线提出项目结束之后的新问题。 4. 学生完成探究日志。	信息技术应用: ● 在线平台:交流探讨项目学习的得失,并尝试提出新问题。

评价计划

阶段	评价工具	评价目的
项目启动	在线平台操作评价量规	了解学生对于项目化学习平台操作方法的掌握情况。
	探究日志	记录学生对项目主题的认识与思考,促进学生元认知的发展。
项目实施中	探究日志	记录学生"合情合理菜单"的编写过程,判断学生能否在生活情境中应用数学知识解决问题;了解学生解决框架问题的思考过程,促进学生元认知的发展。
	KWL表	了解学生已有的知识经验和对项目化学习的需求。
	练习或测验	了解学生对相关数学知识和技能的掌握和运用情况。
	小组任务评价量规	学生自我评估合作交流的情况。

（续表）

阶段	评价工具	评价目的
成果展示	"我的'合情合理'居家菜单"项目成果展示评价量规	评价学生物化成果的完成情况,判断学生能否使用数学的方式表征问题。
	探究日志	记录学生解决问题的过程,促进学生元认知的发展。
项目实施后	研究过程评价量规	回顾问题解决过程——从具体情境中提炼出数学问题并解决。
	探究日志	记录项目解决过程,促进学生元认知的发展。
资源		
JT在线项目化学习平台、能上网的电脑设备若干、菜品制作设备。		

附件1

"我的'合情合理'居家菜单"项目成果展示评价量规

评价指标	★★★	★★	★	自评	互评	师评
学科内容（40%）	设计方案能凸显关键字"合情合理";能从具体情境中抽象出数学问题;呈现的方案具有较多的数学元素。	设计方案能结合关键字"合情合理";能结合具体情境描述数学问题;呈现的方案具有一定的数学元素。	设计方案没能结合关键字"合情合理";只叙述具体的情境;呈现的方案中基本没有数学元素。			
小组合作（20%）	小组展示分工合理,人尽其责。	以个别成员呈现为主。	小组分工不明晰;仅有个别成员参与任务。			
展示方式（20%）	用图文并茂或者多样的方式呈现;新颖、有趣、有吸引力。	最终展示形式呈现得比较完整。	最终展示准备草率,方式单一。			
展示细节（10%）	语言表达力好;熟练、自信;注重仪表。	语言表达能力较强;较熟练、较自信。	语言表达欠佳;不够熟练、自信;声音比较轻。			

(续表)

评价指标	★★★	★★	★	自评	互评	师评
掌控程度（10%）	能与其他小组成员在线上积极互动；时间控制在3—4分钟。	有少量线上互动；能总体把控好展示时间。	无线上互动；展示时间过长或过短。			
简述（请列出"亮点"和"待改进之处"，至少1条）						
亮点						
待改进之处						

专家点评

选题：限制了外延，丰富了探究内涵

本项目是2020年上半年居家防疫时的数学学科项目化学习。项目的任务是：根据人体营养需求以及防疫的特殊情况，编制一份"合情合理"的家庭菜单。该项目能带动学生自主学习多位数的乘、除法，以及用计算器计算等数学知识与技能，灵活运用"单价×数量=总价"的数量关系，并能运用数学知识表征方案（菜单），进而培养数学应用能力、劳动意识以及关爱他人的情感。

课程标准对数学的实际应用相当重视，而项目化学习对核心素养培养的坚守，使我们不仅关注数学在日常生活中的应用，也关注日常生活本身包含的复杂性。这就是林老师这个项目"合理"与"合情"的来由。

具体来看，"合情"指了解家人的健康状况和特殊口味；"合理"指学生用数学的眼光对价格、数量做出通盘考虑。

有的时候，"合情"不一定"合理"，"合理"又不一定"合情"。三年级的数学知识应用于生活情境时也变得复杂起来。

制作家庭菜单的任务加上"合理合情"的限制，是束缚了孩子们的手脚，还是放开了他们观察的眼睛和思考的大脑？从形式逻辑看，"菜单"的外延缩小了，但是它的内涵丰富了。

项目成果排除了任意编排的菜单、随便奉上的计算答案之后,孩子们必须学会用"带温度"的调查来了解家人的健康和需求,结合当季菜场或在线生鲜蔬菜平台做好疫情期间这份"合理合情"的选择和计算。

所以,选题不是随便撰写一个标题或任务,而是确定一个能体现项目基调的成果——这个成果,不仅与学习目标对应,而且可以激起学生跃跃欲试的兴趣;不仅有可操作性,而且有价值内涵。好的选题是项目成功的一半!

想要了解更多本案例相关内容,请扫描下方二维码!

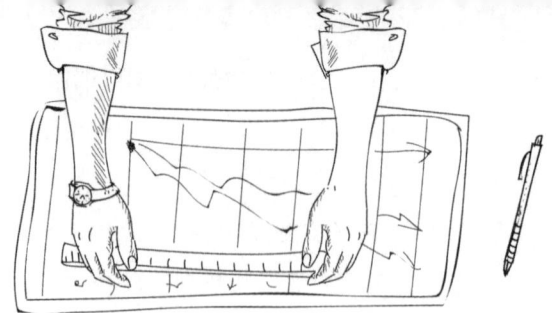

附录3　跨学科项目

案例1　外来物种入侵研究*

教师姓名	蒋爱芳、孔悠嘉、朱琦	学校	上海市洛川学校
涉及学科	地理、生命科学	项目实施年级	七年级、九年级
项目实施时间	2020年6月至2020年12月		

项目概述

"外来物种入侵"是近年的社会热点问题,它也是适合以地理和生命科学等学科融合的方式解决实际问题的项目化学习好主题。

在本项目中,七年级和九年级的学生分别从不同深度共同探索"外来物种入侵"。首先,学生以小组为单位搜集国内外来入侵物种的信息,并且尝试分类。接着他们设计社区调查方案并开展实践,对调查数据进行分析和讨论,探究其对环境的影响。最后,教师引导学生策划、撰写《应对外来物种入侵建议书》。学生在项目实践中,学习应用植物图鉴形色App、智图绘图软件、会声会影视频编辑软件等工具,完成外来入侵物种分类表、外来入侵物种分布图、数字故事、《应对外来物种入侵建议书》等一系列任务。

教师在项目过程中不断引导学生打开视野,从学生提出与外来物种入侵研究相关的方方面面问题开始,鼓励他们做好信息搜集、调查探究、分析总结、思考辨析和宣传推广等工作,使他们能够充分体验跨学科的学习,培养批判性思维和创新能力。

对应的课程标准

1. 初步了解生命科学与人类生存和发展的密切关系。
2. 能初步运用信息技术,获取、处理和表达有关生命科学的信息。
3. 初步认识人与自然和谐发展的意义,关注并乐于参与环境保护。

——《上海市中学生命科学课程标准(试行稿)》

---

* 本案例来源于上海市洛川学校JT项目。

(续表)

1. 学会阅读常用地图和简单地理图表的方法。
2. 初步学会搜集、分析地理信息资料的方法。
3. 初步形成正确的环境行为价值取向。
4. 初步树立可持续发展观。
5. 树立爱家乡、爱祖国的情感。

——《上海市中学地理课程标准(试行稿)》

项目目标

1. 通过调查社区外来入侵物种,学会归纳分析相关信息及数据。
2. 通过绘制社区外来入侵物种分布图,学会应用地图三要素。
3. 通过创设外来入侵物种数字故事,辩证思考外来物种入侵对环境的影响。
4. 通过策划《应对外来物种入侵建议书》,向身边的人宣传防治应对措施,为保护国家生态环境、维护生物多样性贡献自己的力量。

框架问题

基本问题:
怎样看待生态系统的稳定与变化?

单元问题:
1. 社区里发生的外来物种入侵是利还是弊?
2. 为应对外来物种入侵,我们可以做什么?

内容问题:
1. 生活中有哪些常见的外来入侵物种?
2. 外来入侵物种对我们的生活有哪些影响?
3. 常见的外来入侵物种防治方法有哪些?

(续表)

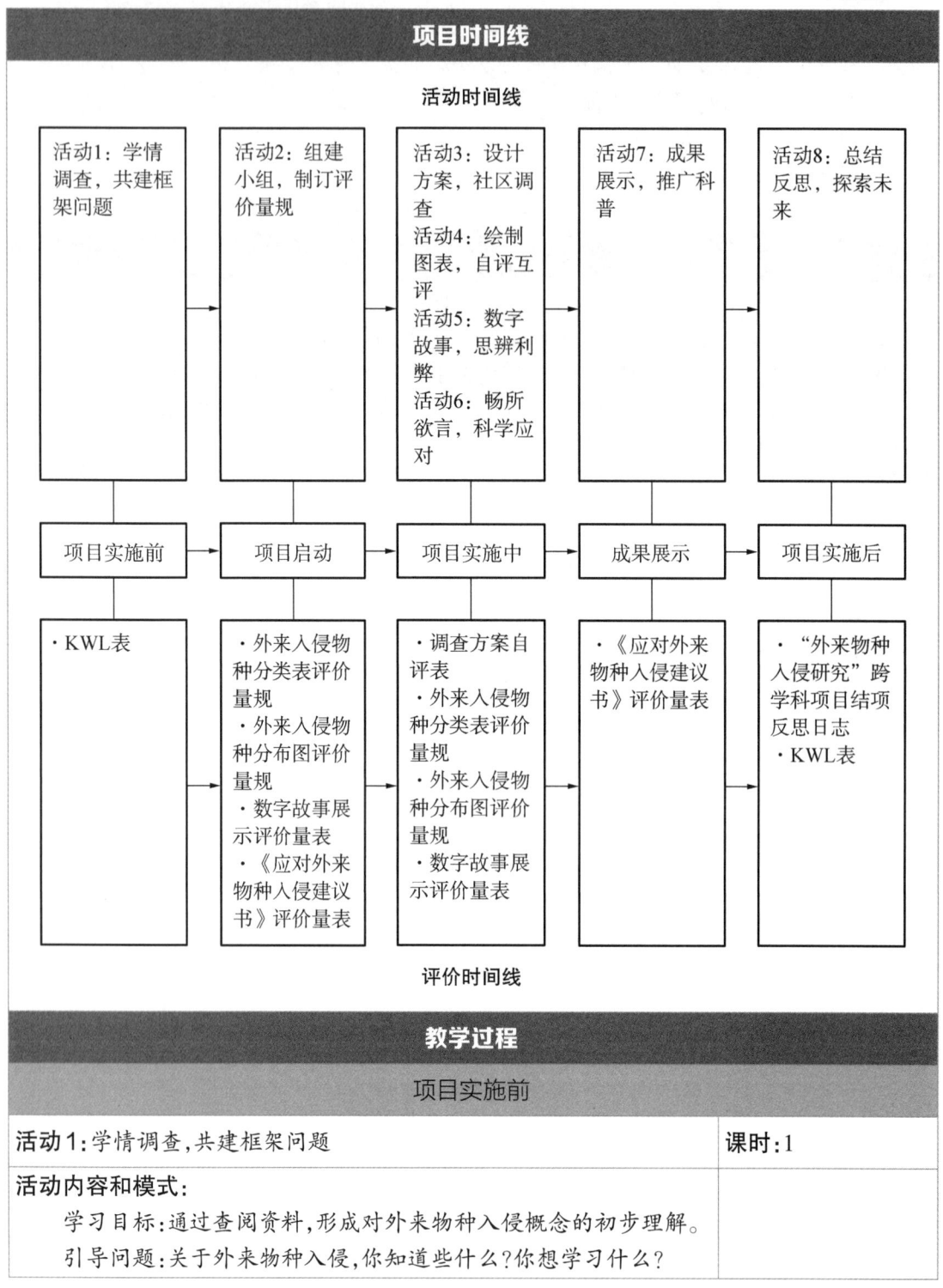

活动1:学情调查,共建框架问题	课时:1
活动内容和模式: 　　学习目标:通过查阅资料,形成对外来物种入侵概念的初步理解。 　　引导问题:关于外来物种入侵,你知道些什么?你想学习什么?	

(续表)

学生分组合作,对"外来物种入侵"进行头脑风暴,畅所欲言,充分挖掘与主题有关的内容,提出自己感兴趣的问题。教师借助KWL表格进行学情调查,归纳整理学生提出的问题,并在此基础上调整项目化学习的框架问题。 学生通过查阅网站、信息系统、书籍等渠道了解外来入侵物种的信息,搜集我国主要外来入侵物种名单、新闻报道、视频等,共同建立并分享项目知识素材库,上传至公共云盘或网盘。教师同步指导,和学生一起补充完善素材库资料。	信息技术应用: ● 云盘或网盘:共享外来入侵物种知识库。

项目启动

活动2:组建小组,制订评价量规	课时:1
活动内容和模式: 学习目标:明确项目任务及要求,完成小组分工,制订评价量规。 引导问题:本项目的成果有哪些?学习过程中怎样形成合作? 教师召开项目启动会,介绍本项目的主要内容和项目成果,让学生明确自己的角色和任务。 学生完成学习小组的组建,讨论形成小组学习公约,共同制订学习计划,明确各自的职责。 师生讨论形成项目评价计划。	信息技术应用: ● Word:制订学习计划。

项目实施中

活动3:设计方案,社区调查	课外
活动内容和模式: 学习目标:完成调查方案的设计,并实地考察。 引导问题:生活中有哪些常见的外来入侵物种? 学生分组进行调查方案的设计,然后通过填写调查方案自评表,完善调查方案。教师对学生进行分层教学,通过微课的形式指导学生设计调查路线图,并对学生设计的调查方案提出修改建议,帮助学生为实地考察做准备。 学生们利用暑假,在教师的指导下展开对身边外来入侵物种的调查和记录。九年级学生调查范围为洛川学校周边的两个居委会——宜川二村居委会和汪家井小区居委会,七年级学生调查范围为洛川学校内部和汪家井小区。	信息技术应用: ● 植物图鉴形色App:识别外来入侵物种。

(续表)

活动4:绘制图表,自评互评	**课时**:2
活动内容和模式: 　　学习目标:在评价量规的引导下,完成外来入侵物种分类表和分布图的制作。 　　引导问题:外来入侵物种对我们的生活有哪些影响? 　　小组分工,按照调查结果,对外来入侵物种进行归纳分析,完成外来入侵物种分类表的填写。教师通过学情调查,按照学生所掌握的绘图技术水平进行分层教学,对有需要的学生提供智图绘图软件的技术培训。学生可以选择手绘、电子绘图、手绘结合电子绘图等多种方式,小组合作完成外来入侵物种分布图绘制。 　　教师提供外来入侵物种分类表评价量规和外来入侵物种分布图评价量规,学生进行自评和互评。	**信息技术应用**: ● Excel、PPT、智图绘图软件:制作表格、绘制分布图。
活动5:数字故事,思辨利弊	**课时**:2
活动内容和模式: 　　学习目标:用辩论会、制作数字故事的方式,让学生辩证地看待外来入侵物种对人们生产生活的影响。 　　引导问题:社区里发生的外来物种入侵是利还是弊? 　　教师基于学生完成的分类表和分布图,提出引导问题与学生共同探讨交流。学生针对自己线上找到的外来入侵物种,通过查找文献、搜索资料,并结合实地考察的数据分析结果,探寻外来入侵物种的影响。 　　教师组织七年级学生分别选择不同的立场——"外来物种入侵弊大于利"和"外来物种入侵利大于弊"展开辩论。教师进行总结,引导学生认识到,辩论的目的不在于对错,而在于要用辩证的思维看待外来物种的入侵,全方位、综合地进行评判。 　　教师组织九年级学生创设数字故事,描述外来入侵物种的一生,并通过填写数字故事展示评价量表,完善作品,展示交流。学生分别展示自己小组选定的某一种外来入侵生物的故事,从其入侵原因、入侵途径、造成的影响、生长的环境和经历,陈述自己对外来入侵物种的立场,进一步加深对外来物种入侵利弊的思考。	**信息技术应用**: ● PPT:展示交流。 ● 会声会影视频编辑软件:制作数字故事。
活动6:畅所欲言,科学应对	**课时**:1
活动内容和模式: 　　学习目标:综合运用之前所学,完成《应对外来物种入侵建议书》的撰写。 　　引导问题:常见的外来入侵物种防治方法有哪些?为应对外来物种入侵,我们可以做什么?	**信息技术应用**: ● 互联网检索:收集国内外防治外来入侵物种的主要方法。 ● Word:撰写建议书。

	(续表)
学生通过网络搜索、书籍查阅以及资料库中的素材,整理得出目前国内外防治外来入侵物种的主要方法。然后学生结合外来物种的入侵原因、入侵途径、现状、目前的防治措施等,综合思考,策划、撰写《应对外来物种入侵建议书》,汇成项目最后成果。	

成果展示	
活动7:成果展示,推广科普	课时:1
活动内容和模式: 学习目标:交流展示项目成果。 学生通过《应对外来物种入侵建议书》评价量表进行评价,选择观点明确,证据充足的建议,汇成项目最后成果——《应对外来物种入侵建议书》,并将其电子版上传进行网上展示,其纸质版存放学校阅览室。 七年级和九年级学生共同布置线上、线下宣传栏,向身边的朋友、家人宣传生活中常见的外来入侵物种、其对环境的影响、人们对其的利用和防治措施等,提高人们对外来入侵物种的防范意识,共同保护家园的生态环境。教师邀请地理、生命科学方面的专家,与同学们分享中国对于外来入侵物种的最新政策和措施,以及国内外外来入侵物种研究的最新进展。	**信息技术应用:** ● 会声会影视频编辑软件:制作电子版建议书,用于视频展示。

项目实施后	
活动8:总结反思,探索未来	课时:1
活动内容和模式: 学习目标:总结反思项目学习的收获,以及对核心概念的深入理解。 引导问题:怎样看待生态系统的稳定与变化? 学生填写线上问卷调查,尝试像科学家那样,预估某种外来入侵物种的发展变化;完成"外来物种入侵研究"跨学科项目结项反思日志,总结开展项目期间的收获和体会。教师借助项目基本问题"怎样看待生态系统的稳定与变化"引导学生思考还可以从哪些角度继续探究。 教师收集项目过程中的资料和项目成果,从项目的设计和实施的各个环节进行反思总结,为今后继续开展项目化学习积累经验。	**信息技术应用:** ● 问卷星:搜集信息。

评价计划		
阶段	评价工具	评价目的
项目实施前	KWL表	借助KWL表格,学生以小组为单位,围绕"外来物种入侵"这个主题,交流已知和想学的具体内容,教师在此基础上,根据需要进一步调整项目目标和框架问题。

(续表)

项目启动	外来入侵物种分类表评价量规	在了解项目的主要内容和项目成果的基础上，师生共同制订四项项目成果的评价量规，便于后续项目成果创建过程中对照着评价量规来完善。
	外来入侵物种分布图评价量规	
	数字故事展示评价量表	
	《应对外来物种入侵建议书》评价量表	
项目实施中	调查方案自评表	学生通过调查方案自评表，逐项检查自己设计的调查方案是否完整、是否融合了地理和生命科学、是否注意和伙伴合作等，并根据需要修改完善。
	外来入侵物种分类表评价量规	学生通过对照外来入侵物种分类表评价量规，了解自己和其他小组的分类准则、分类结果等，并根据需要修改完善。
	外来入侵物种分布图评价量规	学生通过使用外来入侵物种分布图评价量规，对自己和其他小组作品的合理性、准确性、美观性进行评估，为地图的完善提出建议。
	数字故事展示评价量表	学生使用数字故事展示评价量表，为自己和其他小组的数字故事进行评价，对故事的完整性、流畅度、呈现形式、科学性、思考深度等方面逐一打分，评选出优秀故事。
成果展示	《应对外来物种入侵建议书》评价量表	学生使用《应对外来物种入侵建议书》评价量表，为自己和其他小组的建议书进行评价，对建议书的完整性、流畅度、呈现形式、科学性、思考深度等方面逐一打分，评选出最佳建议书。
项目实施后	"外来物种入侵研究"跨学科项目结项反思日志	学习结束，学生回顾本项目的学习，进行反思、记录。
	KWL表	填写KWL表最后一栏，"关于'外来物种入侵'这个概念我学到了什么"。
资源		
植物图鉴形色App、Excel、PPT、智图绘图软件、会声会影视频编辑软件等。		

附件1

KWL 表

关于"外来物种入侵"这个概念我知道什么	关于"外来物种入侵"这个概念我想学习什么	关于"外来物种入侵"这个概念我学到了什么

注：项目实施前填写前两栏，项目实施后填写最后一栏。

附件2

调查方案自评表

要素	评价内容	评价结果（在对应的框内打"√"）		
		优秀	良好	一般
调查目的	能否体现探究的问题、是否结合调查分类表和地理分布图。			
调查路线	是否省时，能否覆盖小区大部分地方。			
调查内容	是否简洁、具体。			
调查方法	能否应用植物图鉴形色App识别和运用中国外来入侵物种信息系统检索。			
小组分工	是否具体、明确、合理。			

附件3

外来入侵物种分布图评价量规

评分标准		优秀	良好	一般	自评与互评打分	
					自评	互评
地图的特性和要素	比例尺	比例尺的选用非常合理,数值准确。	比例尺的选用比较合理,数值比较准确。	比例尺的选用不太合理,数值存在误差。		
	地图方向	地图上方向标识非常准确,非常清晰。	地图上方向标识比较准确,比较清晰。	地图上方向标识不太准确,清晰度有待提高。		
	图例	图例非常清晰、准确。	图例比较清晰、准确。	图例的清晰度和准确性有待提高。		
	注记	注记非常清晰、准确。	注记比较清晰、准确。	注记的清晰度和准确性有待提高。		
地图绘制的综合评价	内容完整性	围绕目标街道,内容非常完整。	围绕目标街道,内容比较完整。	围绕目标街道,内容存在遗漏。		
	数据真实性	地图绘制所使用的数据完全符合真实情况。	地图绘制所使用的数据比较符合真实情况。	地图绘制所使用的数据与真实情况有差异。		
	制图科学性	绘制的地图非常贴合所需解决的问题。	绘制的地图比较贴合所需解决的问题。	绘制的地图与所需解决的问题有所脱离。		
	整体美观性	地图外观非常整洁美观。	地图外观比较整洁美观。	地图外观的整洁性和美观性有待提高。		

附件4

"外来物种入侵研究"跨学科项目结项反思日志

姓名：_____　　班级：_____　　日期：_____

问题1：在这个项目中，你学到了什么新知识？提升了哪些能力？

问题2：参与项目化学习对你的学习和生活有哪些影响？（从利、弊两方面来阐述）

问题3：你认为这个学习项目中最有趣的活动是什么？

问题4：如果再参加项目化学习，你会在哪些方面（学习态度、探究方法、展示方式等）做改进？你希望教师在项目的安排上做哪些改进？

专家点评

让跨学科项目变得"有趣有料"

　　打造一个非常生活化、能吸引不同个性特长的学生参与的、"有趣有料"的项目不是轻而易举能成功的。

　　一个跨学科项目是否有利于学生跨学科分析能力的提高，关键在于学生能经历多少有价值的事项，能否在实践中有效体验发现问题和解决问题的过程。这取决于教师"放手"和引导的搭配技巧。许多教师担心学生初次参与项目化学习，不忍心"放手"；还有的教师嫌"放手"带来更多麻烦又不善引导，干脆包办到底。结果许多活动被教师讲授占据了，剥夺了本该属于学生的体验与收获的机会。

　　本项目最可贵的，就是设计中即为学生的思与做"留白"，为学生各种发展可能性着想。实施时学生对外来物种入侵，从概念到现象，提出了上百个问题，给启动前的头脑空间"刷了个满屏"。接着，在对外来物种调查结果分类活动中，教师并未发下分好类的表格，而是鼓励学生自己尝试分类，并说出理由。之后，在学生绘制外来物种社区分布地图时，教师只给出地理上关于绘制地图的原则要求，鼓励学生大胆做富有个性化的创意表达。五花八门的地图出现了，师生再根据外来物种入侵分布图评价量规给以点评。整个过程中教师鼓励学生写数字故事，创意表达。

不知道习惯于把现成答案奉送给学生的教师，会不会嫌这样做"拖泥带水"，但是没有这样的"拖泥带水"，何来学生在跨学科学习中提取信息、处理信息的能力？何来问题分析与质疑的能力？何来结论阐述与创新的能力？至于跨学科分析问题的思维习惯，参与和解决简单真实问题的能力更是无从谈起。

直面真实情境，在解决真实问题中体验和领悟，是项目化学习的优势。假如在设计中没有给学生的参与和体验"留白"，在实施时又被教师的强势指挥"快刀"斩了"乱麻"，项目化学习就会失去它的价值和意义。

《基于课程标准的STEM教学设计》一书的副标题是"有趣有料的STEM跨学科培养教学方案"。该书作者很想告诉大家，这个"有趣有料"来自他们"STEM+创意写作"的创造。该书在"阅读指南"中反复强调："我们希望学生能够去探索和发现，然后在这个过程中不断开发自己的创造力，我们希望让更多的学生加入进来，特别是那些认为自己不适合学习科学的学生，我们还希望点明艺术与科学之间诸多异常迷人的关系。"

这可能也是项目化学习力行者的共识。

想要了解更多本案例相关内容，请扫描下方二维码！

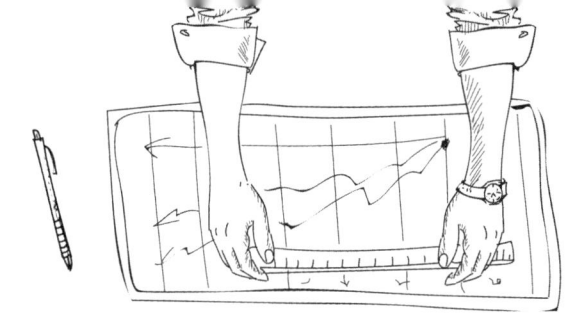

案例2　畅想机翼的发展*

教师姓名	陈斌	学校	上海市市北初级中学北校
涉及学科	数学、物理	项目实施年级	七年级
项目实施时间		2019年10月至2019年12月	

项目概述

本项目主要来源于实验活动及航宇科普中心参观过程中学生产生的问题。实施中采用"校—馆—校"的活动模式，让学生带着研究问题去参观场馆学习后再回到学校。本项目为跨学科研究项目，内容涉及初中数学八年级上册的函数章节、九年级上册的向量章节，以及八年级上册物理的运动与力章节的相关知识。学生在项目学习中扮演着机翼演变的数据分析者和解释者的角色，采用函数图像以及向量工具对机翼中变量和常量进行客观的数学分析，为机翼选型变化找到科学的解释，并畅想未来机翼发展的趋势。在项目启动阶段，学生填写了KML表格进行评估，并按照评估结果进行分组。在项目实施阶段，学生学习了函数、向量知识和控制变量法实验要求，探究了纸飞机升力来源，进行了动力纸飞机实验，还通过参观了解了飞机的发展历史。活动中，在获取知识、应用知识的基础上，他们解决了动力纸飞机在实验中出现的问题，掌握了运用实验数据解释飞行原理的方法，并对机翼进行了创新构想。最后，每个小组都以飞机升力探究报告、场馆参观学习单、小报、飞行原理实验设备、创新机翼设计图来展示小组在项目学习中的收获。在这个过程中，学生提升了解决数学问题的能力，发展了数据分析观念以及数学建模思想。

对应的课程标准

1. 关于数学探究能力、应用能力和创新能力：懂得从数学的角度去思考问题，能通过数学的操作实验或理性活动进行合情推理，提出猜想并进行判断；会利用已有的知识经验，自主进行探索和尝试解决新情境中的数学问题；在实践应用中逐步积累有关发现、叙述、总结数学规律的经验，能解决一些简单的实际问题。

---

* 本案例来源于上海市静安区教育局JT项目。

(续表)

2. 关于研习能力、批判思维能力、自我调控能力、交流与合作能力：能在教师指导下自主进行学习和探究；初步学会对知识学习和解决问题的过程进行自我批评和调控，对知识进行系统整理；初步学会对已有的知识经验进行反思、质疑和对问题进行多方面分析、发散性思考，能提出自己的见解；乐意与他人进行交流、沟通和合作。

——《上海市中小学数学课程标准（试行稿）》

1. 能够注意和感受身边的物理现象，对有关的物理对象进行分类、比较，认识其基本特征。

2. 能对给定的探究任务表达自己的见解，实施探究方案；能初步运用简单实验手段和科学方法获得证据，并针对探究的目标要求，得出初步的结论。

——《上海市中学物理课程标准（试行稿）》

项目目标

1. 通过纸飞机飞行距离实验掌握实验的基本方法——控制变量法。
2. 为纸飞机添加动力，展开飞行实验并总结经验，思考动力飞行和滑翔的不同，为场馆参观活动做准备。
3. 通过参观上海航宇科普中心，寻找影响飞机飞行机翼的变量或飞行原理。
4. 通过小组实验完成一份实验报告或者一个验证模型，说明本小组寻找到的机翼变量如何影响飞机飞行。
5. 针对当前飞机飞行中存在的某个问题，设计一种新型飞行器。

框架问题

基本问题：
在设计中应该怎样考虑功能与结构之间的关系？

单元问题：
1. 机翼形态蕴含着哪些知识？
2. 什么是未来机翼的发展趋向？

内容问题：
1. 机翼的外形是怎么变化的，为什么这么演变？
2. 滑翔机阶段哪些变量影响了滞空时间和飞行距离？人类如何控制这些变量？（用数学工具说明）
3. 动力飞行初期莱特兄弟的双翼飞机是如何设计的？有什么优缺点？（用数学工具说明）
4. 单翼机"布莱里奥11型"是如何设计出来的？有什么优缺点？（用数学工具说明）
5. 机翼由长方形演变到椭圆形再到后掠翼的原因是什么？（用数学工具说明）

（续表）

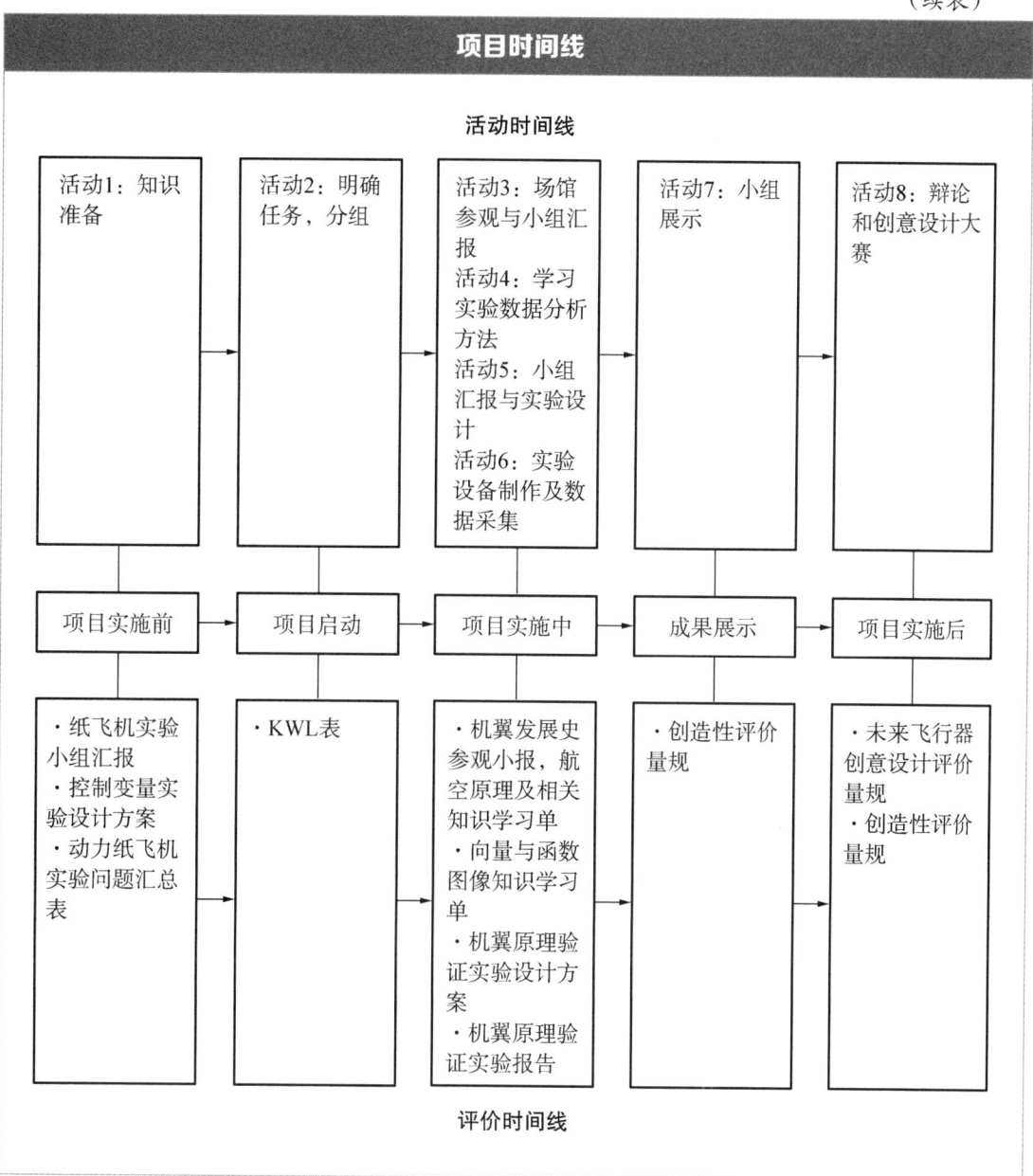

(续表)

教学过程	
项目实施前	
活动1：知识准备	**课时**：5
活动内容和模式： 　　学习目标：初步掌握和本项目相关的基础知识，包括变量和常量、控制变量法的原理。 　　引导问题：纸飞机飞行中有哪些变量和常量？如何用控制变量法研究变量间的关系？动力纸飞机如何飞上天空？ 　　一、认识变量与常量 　　1. 学生分组，分别对常规纸飞机、世界知名纸飞机——"苏珊""复仇者"等几种纸飞机展开飞行试验，利用激光测距仪、秒表收集飞行数据。 　　2. 在老师帮助下，学生通过讨论准确描述纸飞机飞行中的变量和常量，总结描述变量和常量的特点。 　　3. 学生通过互联网检索信息，找出让"苏珊"纸飞机长时间滞空的主要变量（飞机重心、机翼仰角）。 　　4. 师生合作通过观察讨论和互联网检索信息的方式，找出让"复仇者"纸飞机长时间滞空的主要变量（机头和机翼重量比接近于黄金比例）。 　　5. 学生总结经验，展开小组汇报并再次展开纸飞机设计。 　　二、学习控制变量法 　　1. 学生学会运用身边的测量工具（手机水平仪App、风力测试仪、激光测距仪、直尺、量角器、秒表）测量飞机迎角、风力、飞行距离、飞行时间，机身各部位长度和角度变量，并设计出一种科学的控制变量实验。通过实验设计方案评价学生是否能通过控制变量法开展科学实验。 　　2. 学生通过纸飞机发射器实验，确定常规纸飞机迎角为多少时滞空时间最久（运用控制变量法得出迎角35°时飞机飞得最久）。 　　三、总结经验，提出问题 　　1. 在教师的指导下，学生给纸飞机加上power up电驱可遥控飞行动力系统，将无动力滑翔纸飞机变成动力纸飞机。 　　2. 学生使用秒表、激光测距仪测量其飞行距离和滞空时间并记录数据。 　　3. 师生针对飞行测试结果总结原因。在改进过程中，学生会面对以往的纸飞机设计者曾经遇到的相同问题，比如机翼仰角过大或过小，只关注机翼面积而不考虑重心，材料强度不够导致机翼容易变形等问题。	**信息技术应用：** ● 互联网检索：收集世界知名纸飞机相关资料。 ● 手机水平仪App：收集实验数据。

(续表)

4. 教师引导学生将动力纸飞机实验出现的问题汇总成问题清单，讨论并筛选出有价值的问题加以思考，为后续参观场馆做准备。 5. 教师通过动力纸飞机实验问题汇总表中语言描述的准确性，以及与数学的关联度评价学生提问的能力。	
项目启动	
活动2：明确任务，分组	课时：1
活动内容和模式： 学习目标：了解项目化学习的评价方法和流程；完成研究小组分组。 1. 学生使用问卷星完成KML表。 2. 学生根据问卷结果自行分组。 3. 学生明确任务学习的内容，教师说明后期任务的评价指标及成果展示形式。	**信息技术应用：** ● 问卷星：了解学生情况，便于分组。
项目实施中	
活动3：场馆参观与小组汇报	课外
活动内容和模式： 学习目标：在场馆参观中找到之前研究问题的答案；发掘新的值得研究的数学和物理问题。 引导问题：飞机是如何发展的？飞机机翼设计体现了哪些科学原理？ 学生根据问题清单中列出的问题前往上海航宇科普中心进行参观，学习飞机的发展历史以及机翼的科学原理。参观过程中，学生通过手机相机及录音软件记录场馆展品和讲解内容，并在馆内完成学习单。 各组利用周末时间绘制参观小报，在班级对场馆中学到的知识以及产生的疑问进行汇报。汇报内容主要包括： 1. 滑翔机，采用狭长的机翼，即有较大的机翼展弦比。不足：适合长时间滞空，但不适合高速飞行。可借鉴处：机翼采用了上反角的设计，稳定了上下翼面的压力。 2. 早期动力飞机，采用上下翼面弦长不同的双长方形翼面设计。优点：升力稳定。缺点：翼面摩擦力大，能量浪费。 3. 二战时期的飞机，采用椭圆形单翼设计，保留上下翼面弦长不同的设计。优点：升力稳定，翼面摩擦减少。缺点：超过0.3倍音速时会出现失速的情况。 4. 二战后的飞机，采用上下弦长一致的超临界翼面，配合后掠翼的设计。优点：可进行超音速飞行。缺点：低速时升力不够。	**信息技术应用：** ● 手机相机、录音软件：记录参观内容。

(续表)

活动4:学习实验数据分析方法	课时:1
活动内容和模式: 　　学习目标:学习函数和向量的初步知识;学会使用函数和向量的知识来解释实际问题。 　　引导问题:什么是函数图像?什么是向量?它们有什么用处? 　　1. 师生对各组小报的优点和缺点进行讨论和评价。 　　2. 师生合作分析馆内的函数图像以及向量分力图,明确其说理的直观性。 　　3. 学生学习向量知识以及函数散点图的知识。 　　4. 学生完成向量以及函数散点图的学习单。 　　5. 学生试着用向量知识和函数知识优化本小组的汇报情况,让汇报成果更具科学性。	**信息技术应用**: 无。
活动5:小组汇报与实验设计	课时:1
活动内容和模式: 　　学习目标:学会使用数学工具来分析实验数学。 　　引导问题:如何用数学工具验证一种飞行原理或找到一种机翼上的数学规律? 　　1. 各组使用向量知识和函数知识优化参观小报,并进行讲解。 　　2. 各组汇报航宇科普中心中收集到的资料以及产生的疑问,针对参观中产生的问题展开实验设计。 　　3. 小组讨论实验设计方案的可行性并向老师提出实验设备需求。 　　4. 师生共同讨论并评价实验设计方案的可行性。	**信息技术应用**: 无。
活动6:实验设备制作及数据采集	课时:1
活动内容和模式: 　　学习目标:学会采集数据、分析数据,生成函数图像或向量分力模型。 　　引导问题:如何采集数据、分析数据,以及生成函数图像或向量分力模型? 　　1. 学生利用支架、电子秤、鼓风机等完成实验设备的制作。 　　2. 学生利用力学传感器、风力仪等采集实验数据。 　　3. 学生使用Excel、SPSS分析数据,生成函数图像或向量分力模型,并完成实验报告。	**信息技术应用**: ● Excel、SPSS:收集实验数据、完成数据分析。

(续表)

成果展示	
活动7:小组展示	课时:1
活动内容和模式: 　　学习目标:学会运用数学模型展示实验发现。 　　引导问题:如何解决场馆参观中出现的问题? 　　1. 学生使用展板对本项目研究进行介绍。 　　2. 以滑翔机、双翼机、单翼机的机翼形状演变为汇报主题,以四人小组为单位,学生利用PPT以及自制实验设备或数据分析展开实验汇报。实验汇报包括本组在场馆中的收获以及实验验证解释。 　　3. 学生小结本活动的内容与收获。 　　4. 教师介绍钱学森图书馆中有关滑翔弹道的展品,为后期研究做铺垫。	信息技术应用: ● PPT:展示实验设计和实验数据。
项目实施后	
活动8:辩论和创意设计大赛	课时:2
活动内容和模式: 　　学习目标:在辩论中体会创新的源头;尝试运用创新思维完成未来飞行器设计。 　　1. 学生以"机翼设计应当先考虑拓展功能还是改变形态"为主题展开辩论。根据创造性评价量表对每组的发言进行评价。 　　2. 学生通过MAYA软件开展未来飞行器设计大赛展望未来飞行器的设计。	信息技术应用: ● MAYA软件:绘制未来飞行器草图。

评价计划			
阶段	评价工具		评价目的
项目实施前	纸飞机实验小组汇报		指导学生对各组关于变量和常量的描述的科学性和准确性进行评价,推动学生在这个过程中逐步掌握如何对变量和常量进行科学系统的描述。
项目实施前	控制变量实验设计方案		通过对设计方案可行性的讨论和评价,帮助学生学会如何更好地控制变量,并掌握控制变量法。
项目实施前	动力纸飞机实验问题汇总表		以学生是否能清晰表达问题并建立与数学知识的联系为评价标准,评价学生问题提出的能力。同时,引导学生汇总问题,为参观场馆做好准备。

(续表)

阶段	评价工具	评价目的
项目启动	KWL表	对学生进行合理分组。
项目实施中	机翼发展史参观小报，航空原理及相关知识学习单	了解学生在参观场馆中对机翼知识的了解情况以及在参观中产生的问题。
项目实施中	向量与函数图像知识学习单	了解小组组员对向量和函数图像知识的掌握情况，以调整教学活动或开展个别辅导。
项目实施中	机翼原理验证实验设计方案	评价实验设计方案的可行性，为后续教学内容做充分准备。
项目实施中	机翼原理验证实验报告	教师评价学生能否使用数学工具或者物理原理来解释机翼设计的原理，以及其中蕴含的规律。
成果展示	创造性评价量规	学生对小组展示中学生发言的创造性进行客观的评价，引导学生听取他人意见。
项目实施后	未来飞行器创意设计评价量规	师生评价设计者是否能从功能或者形态出发，完成创意设计。
项目实施后	创造性评价量规	学生互相对辩论的创造性进行客观有效的评价，总结与反思。

资源

场馆中独有的真实飞机和模型，风洞设备以及飞行原理介绍等资源。

附件

未来飞行器创意设计评价量规

评价指标	优秀	良好	一般	待提高	自评	师评
模型设计	设计出了确实有创意的飞机模型,能体现很多不同的视角和多种策略。	有很多很新颖的模型设计思路,体现不同的视角和一二种策略。	融合了已有的飞机创新设计的几种想法,体现不同的视角。	没有创新想法,几乎一直从同一视角思考。		
设计说明	能够用数学工具和物理原理科学地解释飞行器的优越性,并增加相关和有用的细节来使想法成为现实。	能增加细节来使想法成为现实。	需要帮助增加细节来使想法成为现实。	不能使一个想法成为现实。		
语言表达	能使用有趣、有影响力和让他人感到愉悦的语言,表达清晰明确。	语言有趣,表达明确。	使用了一些有趣的语言,表达较准确。	语言没有新意,表达不清。		

专家点评

通往跨学科大概念的项目化场馆学习

项目化学习任务的最终完成总是令人振奋的,但对教师来说,他们更关注在项目过程中学生的思维是否发生"成长性转化"。

具有良好素养的教师尊重学生,但不是陪学生在思维的原点踏步,他们善于用开放性问题与学生积极对话,使学习成为意义创造过程之中的"旅行"。

在陈斌老师"畅想机翼的发展"项目中,师生对话发端于航宇科普中心现场学生提出的"平板升力"问题,展开于"机翼形态蕴含哪些知识""什么是未来机翼的发展趋向",终结于基本问题"在设计中应该怎样考虑功能与结构的关系"。

结构与功能是世界公认的七个科学领域跨学科大概念之一,"这些概念在物理、化学和生物学科中各有不同的内涵。一方面,全面系统地理解这些重要的概念,既需要各个学科之间的交叉渗透,也需要各个学科反复强化并建立有效的联系。另一方面,反复使用这些概念进行教学,可以强化学生对学科核心概念的理解"(美国科学教育专项标准《下一代科学课程标准》,2013年颁布)。

如果我们只在辩论、讨论、头脑风暴中感受学生参与的热度,那是不够的;我们还要编织递进式的框架问题,引领不断深化的对话。如果说框架问题是项目化学习的核心设计,那么每一位教师都拥有这把破解秘诀的"钥匙"。

想要了解更多本案例相关内容,请扫描下方二维码!

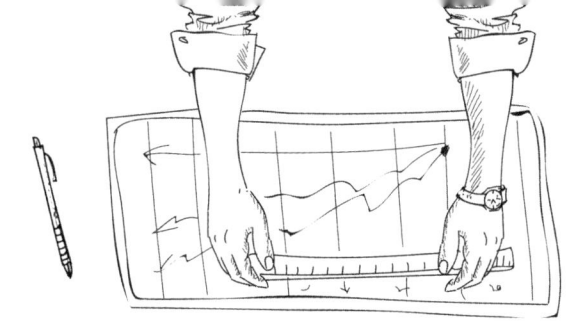

案例3 苏州河生态岸坡改造方案研究*

教师姓名	曹宇红	学校	上海外国语大学苏河湾实验中学
涉及学科	地理、生命科学	项目实施年级	七年级
项目实施时间	2020年10月至2021年1月		

项目概述

苏州河生态岸坡改造方案研究项目源自《上海市乡土地理》"专题三:上海的江河湖海"和《生命科学》"生态系统"的相关知识。苏州河是上海的母亲河,我校正位于静安区苏河湾区域,学生对苏州河本身就比较熟悉。在本项目中,学生将作为河道水环境治理专家,通过小组合作开展一系列自主学习活动,最终完成一份未来理想生态系统的苏州河岸坡改造设计图。

项目开始,教师通过情境引入和问题驱动,引导学生探究苏州河的昨天、今天和明天。在了解苏州河岸线变迁的历史后,以小组为单位实地考察苏州河,选择不同河段拍摄、取样、检测、记录,感受苏州河治理的成效。学生通过查阅资料,整理、分析实地观测的信息和数据,了解河道岸坡在河流治理中的作用,以及影响城市河道生态岸坡的诸多因素,同时思考苏州河生态岸坡改造的前景和未来。接着,教师从如何选择和评估适合苏州河生态岸坡的植物出发,组织学生就形成河道生态岸坡的一个重要因素——植物,展开实验探究。学生通过小组讨论、资料搜集、整理与分析,设计不同植物对水质影响的实验方案,以作业形式在课外进行实验并得出结论,在此基础上完成苏州河生态岸坡植物选择方案并进行交流、分享与评价。其间,邀请校外河道治理专家为学生讲解如何对城市河道生态岸坡进行改造,启发学生绘制具有理想生态系统的苏州河生态岸坡改造设计图。

对应的课程标准

1. 学会阅读常用地图和简单地理图表的方法;初步学会搜集、分析地理信息资料的方法;学会进行简单的地理观察、地理观测和地理调查的基本方法;初步形成自主学习地理的能力。

---

* 本案例来源于上海市静安区教育局JT项目。

(续表)

2. 培养地理学习兴趣和地理审美情趣;培养质疑、对话、交流的地理学习习惯;初步养成关心世界、中国和本地区地理问题的习惯;初步形成正确的环境行为价值取向;初步树立可持续发展观;树立爱家乡、爱祖国的情感。

——《上海市中学地理课程标准(试行稿)》

1. 能从整体和系统的角度关注生物及其环境的相互关系,探究影响生态系统稳定性的因素,知道生物对环境的适应性,了解生态系统的物质和能量的流动,感受生态系统的开放性、复杂性,并认识人类活动对生态系统的影响,懂得保护自然、珍爱生命。

2. 让学生体验完整的科学探究过程,加深对科学探究过程各要素的认识,发展学生的科学探究能力。学生应该能发现并提出问题,设计探究方案,选择仪器、设备、工具来搜集数据,分析数据并形成概念和构造问题的答案,交流探究过程和探究结果,并作反思或评价。

——《上海市中学生生命科学课程标准(试行稿)》

项目目标

1. 通过实地考察和检测,了解苏州河现状,通过资料收集、整理与分析,了解苏州河污染的原因、苏州河河岸变迁、苏州河各阶段治理的对策和措施。
2. 在真实问题的研究过程中,带领学生体验跨学科学习的"过程"和"经历"。
3. 运用学生已掌握的地理和生命科学等学科知识,对苏州河河道岸坡改造中的实际问题加以分析,提高学生综合分析问题、解决问题的能力。
4. 关注地理与生命科学相关的社会问题,增强学生主动参与社会决策的意识,提升学生地理实践的能力。

框架问题

基本问题:
生态系统各个组成部分是怎样相互影响的?

单元问题:
1. 从建设苏州河理想生态空间的愿景来看,苏州河河道岸坡改造是否需要优化?
2. 如何评估和选择适合苏州河生态岸坡的植物?
3. 如何对苏州河生态岸坡进行全面改造?

内容问题:
1. 生态系统由哪些部分组成?各部分在生态系统中分别起到怎样的作用?
2. 生态系统稳定性的内涵及基本特征是什么?
3. 生态系统失去稳定性的主要原因是什么?
4. 河流污染的原因有哪些?河流治理的主要措施有哪些?
5. 常见河道岸坡可以分为哪些类型?

附录3 跨学科项目

(续表)

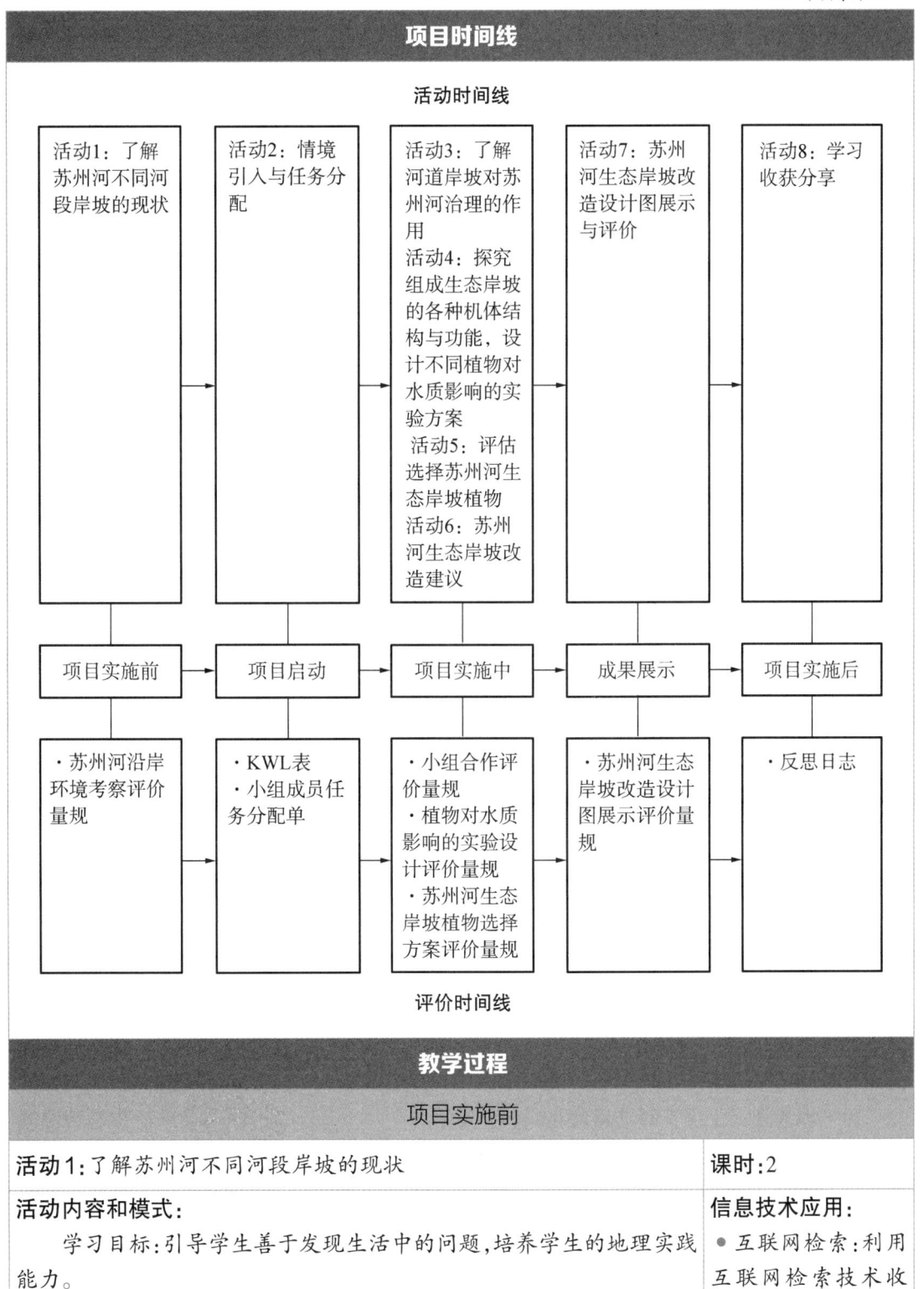

教学过程	
项目实施前	
活动1:了解苏州河不同河段岸坡的现状	课时:2
活动内容和模式: 　　学习目标:引导学生善于发现生活中的问题,培养学生的地理实践能力。	信息技术应用: ● 互联网检索:利用互联网检索技术收

(续表)

引导问题:什么是河道岸坡?常见的河道岸坡有哪些? 1. 小组合作,实地观察、拍摄苏州河的不同河段,包括河面和河道岸坡。培养学生合作意识,增强地理实践能力。 2. 对苏州河不同河段进行取样观察,同时测定苏州河河水的pH,使用苏州河河段水质检测记录单记录,让学生亲身感受苏州河综合治理的成效,树立人地协调观。 3. 学生用钉钉分享视频,了解苏州河不同河段的河道岸坡情况。 4. 查阅资料,了解比较不同地域河流的河道岸坡。 5. 使用苏州河沿岸环境考察评价量规,对本次苏州河考察活动进行评价。	集、整理信息,了解、比较不同的河道岸坡设计及其环境。 ● GPS:实地考察时用于定位。 ● 微录(vlog):用视频直观、准确地记录苏州河河面、河道岸坡、两岸城市的景观。 ● 钉钉:线上交流;分享视频。
项目启动	
活动2:情境引入与任务分配	**课时**:1
活动内容和模式: 学习目标:从统计和收集学生的问题出发引入项目化学习,激发学生参与的兴趣。 引导问题:治理河流是否有必要对河道岸坡进行改造? 1. 对比学生查阅的资料和实地考察的资料,进行情境引入。 2. 使用KWL表,共同梳理所学知识及已有信息,将重点问题列入探究任务。 3. 根据学生观点进行分组,分配小组内角色与任务,制订小组合作评价量规。 4. 明确项目成果及其评价量规。	**信息技术应用**: ● 问卷星:资料的筛选和处理;收集和统计学生的问题。
项目实施中	
活动3:了解河道岸坡对苏州河治理的作用	**课时**:1
活动内容和模式: 学习目标:培养学生信息甄别和处理的能力。 引导问题:岸坡改造是否是苏州河治理的重要措施之一?目前苏州河生态岸坡是否需优化? 1. 可以用什么方法了解苏州河岸线的变迁? 2. 请学生利用图片和文字完成苏州河岸线变迁研究报告,并交流分享。 3. 分享校外专家讲解河道治理的视频,学习河道治理相关知识。	**信息技术应用**: ● 互联网检索:搜集有关苏州河岸线变迁的资料。 ● 钉钉:信息的分享与交流。

(续表)

活动4:探究组成生态岸坡的各种机体结构与功能,设计不同植物对水质影响的实验方案	课时:1
活动内容和模式: 　　学习目标:体验跨学科学习的经历,通过合作的方式对项目所要解决的问题进行持续探究。 　　引导问题:生态系统由哪些部分组成?在河流生态系统中,植物对水质有影响吗?实验时应遵循哪些实验原则?在实验过程中,我们会用哪些方法记录实验现象? 　　1. 探究活动:学生观看水治理专家对上海苏州河岸坡建设的介绍,重点了解箱型砌体挡墙、水陆交融地带的构造阶梯式生态石笼等。学生讨论影响生态岸坡的多种因素,以及苏州河岸坡生态系统各组成部分及其依存关系。 　　2. 设计实验:以小组为单位,围绕如何控制变量、实验现象的记录方法,讨论、交流实验设计方案。 　　3. 全班交流各组实验方案,教师公布并说明该实验的评价量规,同时在学生讨论过程中予以启发和指导。 　　4. 布置课后作业:小组合作实施实验,参考评价量规认真观察与记录实验现象,然后撰写实验报告——苏州河岸坡植物选择方案。 　　(本活动是一个长周期的观察活动,教师的任务主要包括:课堂上组织学生探究如何进行实验设计,引导学生观察植物的生长情况及其与水质变化之间的关系,认识植物对水质的影响,从而进一步理解生态系统各组成部分之间的相互作用;课后布置作业,组织在线讨论以及分享、交流观察记录,指导学生撰写实验报告。)	**信息技术应用**: 无。
活动5:评估选择苏州河生态岸坡植物	课时:1
活动内容和模式: 　　学习目标:评估适合苏州河生态岸坡的植物,提高学生综合分析问题、解决问题的能力,体验跨学科学习的"过程"。 　　引导问题:植物对苏州河生态建设有什么作用?适合河道岸坡种植的植物应具备怎样的特点?如果你是生态学家,你将如何为苏州河选择岸坡植物?你会选择哪些植物? 　　1. 通过互联网查阅资料,了解常见的河道岸坡植物。 　　2. 根据植物的主要性状,评估是否适合用于苏州河生态岸坡。 　　3. 结合实验报告的结果,择优选择适合苏州河生态河道植物。 　　4. 结合不同河段的特点,对各种植物进行组合,完成苏州河生态岸坡植物选择方案。	**信息技术应用**: ● 互联网检索:搜集有关常见河道岸坡植物的信息,以及各种植物的特点。

(续表)

（本活动中，学生运用已掌握的气候、生态方面的知识，以及信息甄别和处理能力，评估适合苏州河生态岸坡的植物，可以提高学生综合分析问题、解决问题的能力，同时体验跨学科学习。）	
活动6：苏州河生态岸坡改造建议	**课时**：1
活动内容和模式： 　　学习目标：通过过程性评价引导学生完成任务，在合作中完成项目成果设计，培养学生的思维品质。 　　引导问题：苏州河生态岸坡可以实现怎样的功能？如何对目前的岸坡进行生态化改造？并阐述理由。 　　活动内容： 　　1. 邀请河道治理专家讲解城市河道生态岸坡改造工程的概况。 　　2. 查阅资料，比较不同结构、材质在生态岸坡中的作用。 　　3. 与学生共同创建苏州河生态岸坡改造设计图展示评价量规。 　　4. 以小组为单位，讨论、设计具有理想生态系统的苏州河生态岸坡改造设计图，在这个过程中老师及时进行指导和反馈。 　　（本活动中，学生以水环境治理专家的角色对河岸生态化的措施做出全面评估，绘制出苏州河生态岸坡改造设计图。）	**信息技术应用**： ● 问卷星：依据问卷星的统计结果，各组设计苏州河生态岸坡改造设计图展示评价量规。 ● 钉钉：各组通过钉钉提交苏州河生态岸坡改造设计图展示评价量规，并在班级内展示，师生共同讨论，确定最终的评价量规。
成果展示	
活动7：苏州河生态岸坡改造设计图的展示与评价	**课时**：1
活动内容和模式： 　　学习目标：利用评价量规引导学生客观、全面评价评价项目成果，在展示交流中进一步思考项目成果的应用。 　　引导问题：如何对苏州河生态岸坡进行全面改造？ 　　1. 回顾苏州河生态岸坡改造设计图展示评价量规。 　　2. 在班级中展示各组作品，同时进行交流与评价。 　　3. 根据前期的学习，在教师引导下畅想"都市生态河流的明天"。	**信息技术应用**： ● PPT：通过PPT展示各组项目成果。 ● 问卷星：利用问卷星及时统计各组的得分情况，如果各组对同一件作品评分差异较大，分析、交流原因，并利用问卷星重新评分。
项目实施后	
活动8：学习收获分享	**课时**：1
活动内容和模式： 　　学习目标：通过分享项目实施过程中的体会和感悟，引导学生讨论、思考基本问题，激发学生的深度思考和持续探究。	

(续表)

引导问题:生态系统中各个部分是怎样相互影响的?	信息技术应用:
1. 小组整理项目学习过程中的反思日志,分享改进后的苏州河生态岸坡改造设计图,交流学习本项目的收获。 2. 教师提出本项目的基本问题,激发学生深度思考,并进行小组交流,加深学生的认识。	● 钉钉:通过钉钉提交、分享项目过程中的实验报告、设计图、日志等过程性资料。

评价计划			
阶段	评价工具	评价目的	
项目实施前	苏州河沿岸环境考察评价量规	评估学生在对苏州河沿岸环境进行实地考察的过程中,运用地理知识的水平。	
项目启动	KWL表	了解学生对苏州河河道治理、河道生态岸坡功能、植物对水质的影响等方面的认识情况,通过本项目想要学到的知识以及想要得到的帮助等。	
	小组成员任务分配单	记录小组成员每个人的角色和具体负责的任务。	
项目实施中	小组合作评价量规	根据每位组员在活动中的表现进行自评和互评,作为评估本项目学生合作探究、共同解决问题能力的重要依据。	
	植物对水质影响的实验设计评价量规	对实验设计的合理性和科学性进行自评、互评、师评,有助于下一个环节活动的实施。	
	苏州河生态岸坡植物选择方案评价量规	对苏州河生态岸坡植物选择方案的合理性进行自评、互评、师评,以及活动过程中参与度评价的依据。	
成果展示	苏州河生态岸坡改造设计图展示评价量规	是对苏州河生态岸坡改造设计图完成水平及展示效果的评价标准,有助于学生对任务的理解和问题的解决,有助于学生对设计图进行修改或调整,有助于学生了解成果展示环节的标准和要求,是评估本项目学习目标达成度的关键依据,是本项目的终结性评价。	
项目实施后	反思日志	通过整理项目学习过程中的反思日志,促进学生元认知的发展。	

资源
vlog、问卷星、GPS、钉钉、水质检测相关设备。

附件1

植物对水质影响的实验设计评价量规

评价指标	5分	3分	1分	自评	互评	师评
关于实验设计	我们的实验设计符合实验目的,可操作性强。	我们的实验设计符合实验目的,但可操作性不强。	我们的实验设计不符合实验目的。			
实验对象选取	我们选择了上海河道常见的植物,种类有3种以上。	我们选择了上海河道常见的2—3种植物。	我们选择了上海河道常见的植物,只有1种植物。			
实验设计是否遵循实验原则	我们的实验设计体现了平行重复原则,实验次数不少于3次。	我们的实验设计体现了平行重复原则,实验次数少于3次。	我们的实验设计没有体现平行重复原则,只有1次实验。			
	我们的实验设计设置了对照组,遵循单一变量原则。	我们的实验设计设置了对照组,没有遵循单一变量原则。	我们的实验设计没有设置对照组,没有遵循单一变量原则。			
实验环境设计	我们设计的实验装置接近真实河流环境。	我们设计的实验装置比较接近河流环境。	我们设计的实验装置没有模拟河流环境。			
实验记录表设计	我们的实验记录表设计合理,观察项目完整,很好地体现了实验目的。	我们的实验记录表设计合理,观察项目大致完整,基本体现了实验目的。	我们的实验记录表无法体现实验目的。			
小组讨论表现	小组讨论积极,每个人都提出了合理建议。	小组讨论比较积极,大部分同学提出了合理建议。	小组讨论不积极,只有少数人参与。			
交流分享后,本设计还需改善的地方						

附件2

苏州河生态岸坡改造设计图展示评价量规

展示组：_____　　评价组：_____　　日期：_____

评价指标	5分	3分	1分	评分
地理和生命科学相关知识的运用	在设计图的绘制中，可以综合运用地理和生命科学学科所学处理一些比较复杂的问题，完全达到跨学科学习的要求。	在设计图的绘制中，可以综合运用地理和生命科学学科所学处理问题，基本达到跨学科学习的要求。	在设计图的绘制中，只能利用地理和生命科学学科所学获取一些表面的信息，或者做一些简单的处理，没有达到跨学科学习的要求。	
植物选择	能够对苏州河生态岸坡改造选用的植物做出全面、合理评估，提出5种以上植物。	能够对苏州河生态岸坡改造选用植物做出合理评估，提出3—5种植物。	能够对苏州河生态岸坡改造选用的植物做出的评估不够合理，提出植物不满3种。	
岸坡改造各要素考量	考虑植被与岸坡材料、结构的配合。	仅考虑植被与材料或结构的配合。	仅考虑植被情况，没有考虑其与岸坡材料、结构的配合。	
周边环境考量	充分考虑周边环境。	部分考虑周边环境。	没有考虑周边环境。	
不同河段的设计	各有特色。	有细微差别。	没有差别。	
可操作性	大部分改造措施合理且可以实施。	有1—2条改造措施明确并可以实施。	改造措施不明确，实施难度大。	
色彩和美感	图示规范，说明文字清晰，色彩搭配美观大方。	图示和文字基本能够说明设计，画面整洁。	图示和文字不完整、不清晰，没有美感，不能说明生态岸坡的设计。	
展示方式	展示形式多样、新颖、有趣，展示内容清晰完整。	展示比较完整地呈现了展示内容，展示形式比较单一。	展示内容不完整，展示形式单一。	
表达能力	语言表达能力强；讲解熟练、自信；注意仪表。	语言表达能力尚可；讲解熟练，不太自信。	语言表达能力欠佳；不够熟练；声音比较轻，不太自信。	

(续表)

评价指标	5分	3分	1分	评分
小组合作	小组分工合理,人尽其责。能与在场其他同学互动,气氛活跃;展示时间控制在4—5分钟。	小组分工不够明晰,只有部分成员参与展示。有现场互动但气氛不活跃;展示时间与约定的4—5分钟相比稍有出入。	仅有个别成员参与展示;无现场互动;展示时间大于5分钟或小于2分钟。	
得分总计				
简述 (请分条列出"亮点"和"待改进之处",每栏至少1条)				
亮点				
待改进之处				

专家点评

基于课标方向的跨学科探究

本案例呈现了上海外国语大学苏河湾实验中学的学生为学校附近的苏州河生态岸坡改造制作设计图的过程。学生以小组为单位,实地考察苏州河,并对河水取样、检测、记录,亲身体验苏州河治理的成效,了解河流岸坡在河流治理中的作用。他们用不同的方法了解苏州河岸线的变迁,在实地观察、比较的基础上,通过资料的搜集、筛选与实验,选择适合苏州河岸坡的植物,完成苏州河生态岸坡植物选择方案,交流分享。通过实验比较,评估并择优选择生态岸坡改良的材料和结构。最后,在河道治理专家的帮助下,绘制出拥有理想生态系统的岸坡改良设计图。

本项目也包含苏州河形成的历史、苏州河治理的历史,引导学生在实践中学习严谨、规范的科学表述,学习数据采集的方式,重视实验数据的记录和分析……

本项目中,学生探究涉及的学科主要包括地理和生命科学。跨学科的项目化学习与诸多学科在真实问题解决中自然融合,在解决问题的过程中,探索像漫过堤岸的潮水一样,不分学科壁垒,不问概念所属的条块,只是根据探究问题的需要,不断把相关的知识熔铸成探索的利器。

需要注意的是，语数外的项目化学习在寻找与其他学科相关的项目载体和真实情境时，其他学科的项目化学习设计如忽视语数外这样的基础学科知识的运用，则会变成思维的自我禁锢和画地为牢。而在这个跨学科项目中，参与者在数学知识应用和语言表达等方面都做了有意义的实践探索。

想要了解更多本案例相关内容，请扫描下方二维码！